普·通·高·等·学·校
计算机教育"十二五"规划教材
立体化精品系列

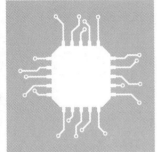

办公自动化

实用教程

杨威 主编

张健 汤赫男 副主编

人民邮电出版社

北 京

图书在版编目（ＣＩＰ）数据

办公自动化实用教程 / 杨威主编. -- 北京：人民
邮电出版社，2015.8
普通高等学校计算机教育"十二五"规划教材
ISBN 978-7-115-39095-0

Ⅰ．①办… Ⅱ．①杨… Ⅲ．①办公自动化－高等学校
－教材 Ⅳ．①C931.4

中国版本图书馆CIP数据核字(2015)第084701号

内 容 提 要

本书以办公自动化所需知识为基础，结合日常办公应用，以 Office 办公软件的使用、网络办公的方法、常用办公工具的使用、办公设备使用与维护等为例，系统讲述了办公自动化所需的技术。内容主要包括办公自动化的功能与技术支持、Word/Excel/PowerPoint 2010 的基本操作、常用办公工具软件 WinRAR/Adobe Acrobat/迅雷/ACDSee/光影魔术手的应用、网上信息交流、网络办公资源搜索与下载、打印机/扫描仪/投影仪等办公设备的使用与维护、计算机安全维护等。

本书内容翔实，结构清晰，图文并茂，每章均以理论知识点讲解、课堂案例、课堂练习、知识拓展和课后习题的结构详细讲解相关知识点。书中大量的案例和练习可以引领读者快速有效地学习到实用技能。

本书不仅可供普通高等院校二、三类本科和独立院校及高职院校作为办公教材使用，还可供相关行业及专业工作人员学习和参考。

◆ 主　编　杨　威
　　副主编　张　健　汤赫男
　　责任编辑　邹文波
　　执行编辑　吴　婷
　　责任印制　彭志环
◆ 人民邮电出版社出版发行　　北京市丰台区成寿寺路 11 号
　　邮编　100164　电子邮件　315@ptpress.com.cn
　　网址　http://www.ptpress.com.cn
　　三河市祥达印刷包装有限公司印刷
◆ 开本：787×1092　1/16
　　印张：18　　　　　　　2015 年 8 月第 1 版
　　字数：446 千字　　　　2024 年 9 月河北第 27 次印刷

定价：48.00 元（附光盘）

读者服务热线：(010)81055256　印装质量热线：(010)81055316
反盗版热线：(010)81055315

前　言

　　随着近年来本科教育课程改革不断发展，也随着计算机软硬件日新月异升级，以及教学方式不断发展，市场上很多教材的软件版本、硬件型号、教学内容等方面已不再适应目前的教授和学习。

　　鉴于此，我们认真总结了教材编写经验，用了2~3年的时间深入调研各地、各类本科院校的教材需求，组织了一批优秀的、具有丰富的教学经验和实践经验的作者团队编写了本套教材，以帮助各类本科院校快速培养优秀的技能型人才。

　　本着"学用结合"的原则，我们在教学方法、教学内容和教学资源3个方面体现出了自己的特色。

教学方法

　　本书精心设计"学习要点和学习目标→知识讲解→课堂练习→拓展知识→课后习题"5段教学法，激发学生的学习兴趣，细致而巧妙地讲解理论知识，对经典案例进行分析，训练学员的动手能力，通过课后练习帮助学生强化巩固所学的知识和技能，提高实际应用能力。

◎ **学习目标和学习要点**：以项目列举方式归纳出章节重点和主要的知识点，帮助学生重点学习这些知识点，并了解其必要性和重要性。

◎ **知识讲解**：深入浅出地讲解理论知识，着重实际训练，理论内容的设计以"必需、够用"为度，强调"应用"，配合经典实例介绍如何在实际工作当中灵活应用这些知识点。

◎ **课堂练习**：紧密结合课堂讲解的内容给出操作要求，并提供适当的操作思路以及专业背景知识供学生参考，要求学生独立完成操作，以充分训练学生的动手能力，并提高其独立完成任务的能力。

◎ **拓展知识**：精选出相关提高应用知识，学生可以深入、综合地了解一些提高应用知识。

◎ **课后习题**：结合每章内容给出大量难度适中的上机操作题，学生可通过练习强化巩固每章所学知识，从而能温故而知新。

教学内容

　　本书的教学目标是循序渐进地帮助学生掌握办公自动化的相关知识，具体包括掌握Word 2010、Excel 2010、PowerPoint 2010的相关操作；使用常用办公工具与办公设备辅助办公的方法；计算机的安全维护。全书共12个项目和1个附录，可分为如下几个方面的内容。

◎ **第1章**：概述办公自动化的功能，包括文字处理、数据处理、图形图像处理、通信处理和文件处理，以及办公自动化功能的技术支持和层次模型。

◎ **第2章~第7章**：主要讲解利用Office 2010三大组件制作办公文档的设置与操作方法。

◎ **第8章~第10章**：主要讲解办公常用的工具软件、网络办公应用技巧，以及办公设备的使用与维护。

◎ **第11章：**主要讲解查杀计算机病毒与木马、维护计算机安全的相关知识。

◎ **第12章：**以撰写广告文案为例，从前期资料准备到广告预算表制作、资料分析、演示文稿的制作、文件的打印机与复印来体现办公自动化的流程。

◎ **附录：**包含了5个项目实训。

 ## 教学资源

提供立体化教学资源，使教师得以方便地获取各种教学资料，丰富教学手段。本书的教学资源包括以下3方面的内容。

（1）配套光盘

本书配套光盘中包含图书中实例涉及的素材与效果文件、各章节课堂案例、课堂练习及课后习题的操作演示动画以及模拟试题库3个方面的内容。模拟考试题库中含有丰富的关于办公自动化的相关试题，包括填空题、单选题、多选题、判断题、问答题和操作题等多种题型，读者可自动组合出不同的试卷进行测试。另外，还提供了两套完整模拟试题，以便读者测试和练习。

（2）教学资源包

本书配套精心制作的教学资源包，包括PPT教案和教学教案（备课教案、Word文档），以便老师顺利开展教学工作。

（3）教学扩展包

教学扩展包中包括方便教学的拓展资源以及每年定期更新的拓展案例两个方面的内容。其中拓展资源包含Word、Excel、PowerPiont教学素材和模板资源，办公设备使用录像等。

特别提醒：上述第（2）、（3）教学资源可访问人民邮电出版社教学服务与资源网（http://www.ptpedu.com.cn）搜索下载，或者发电子邮件至dxbook@qq.com索取。

本书由杨威任主编，安徽三联学院计算机工程学院张健、汤赫男任副主编。其中杨威负责编写第1~5章教材，张健负责编写第6~8章教材，汤赫男负责编写第9~12章和附录。虽然编者在编写本书的过程中倾注了大量心血，但恐百密之中仍有疏漏，恳请广大读者及专家不吝赐教。

编者

2015年4月

目　录

第1章

办公自动化概述

　　本章将详细讲解办公自动化的基础知识，主要包括办公自动化的功能、技术支持、层次模型等内容。读者通过学习可以了解办公自动化的一些基本知识。

 学习要点

- ◎ 办公自动化的功能
- ◎ 办公自动化的技术支持
- ◎ 办公自动化的层次模型

 学习目标

- ◎ 掌握办公自动化的功能模块
- ◎ 熟悉办公自动化的技术支持

1.1 办公自动化的功能

办公自动化（Office Automation，简称OA）也称为无纸办公，它是一种将现代化办公和计算机网络功能结合起来的新型办公方式，也是信息化社会的必然产物。随着三大核心支持技术——网络通信技术、计算机技术和数据库技术的成熟，OA已具有以下4个方面的特点。

◎ **集成化**：软硬件及网络的集成、人与系统的集成、单一办公系统同社会公众信息系统的集成，因此组成了"无缝集成"的开放式OA系统。

◎ **智能化**：面向日常事务处理，能辅助人们完成智能性劳动，如汉字识别、辅助决策等。

◎ **多媒体化**：包括数字、文字、图像、声音和动画的综合处理。

◎ **运用电子数据交换（EDI）**：通过计算机网络，可在计算机间进行交换和自动化处理。

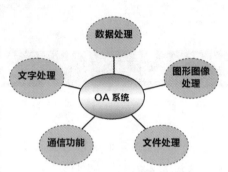

图1-1 办公自动化功能示意图

办公中都会进行大量的文件处理业务，如公文、表格和演示文稿的制作与管理等，办公自动化将这些独立的办公职能一体化，提高自动化程度，从而提高办公效率，也获得了更大的效益，创造了无纸化办公的优越环境。办公自动化系统的基本功能如图1-1所示。下面将对其功能进行介绍。

1.1.1 文字处理

文字工作是办公室的主要工作之一，文字处理就是利用计算机处理文字，如常见的使用Word制作文档，其工作流程如图1-2所示。

图1-2 文字处理一般流程

办公自动化系统的文字处理功能可对多种文字数据进行处理，其主要功能有以下几点。

1. 录入和编辑文字

在文字处理软件中可任意输入中、英文，并对其进行相应的编辑操作，主要包括设置文本格式，复制、粘贴、查找与替换文本等，还可根据需要在文档中添加图片等多媒体对象，以增加文档的观赏性。

职业素养 制作的办公文档格式应符合相应的规范和要求，在使用图片时要注意与主题相符，不宜制作得过于花哨。

2. 编辑文档版式

当在一篇文档中完成基本的文字输入和编辑操作后，还可设置文档的版式，完善文档制作效果。版式的设计主要包括设置文档页面中的各项参数，包括分栏、页码格式、页眉和页脚等。版式设计可使文档更美观、规范和专业。图1-3所示为制作的文档效果。

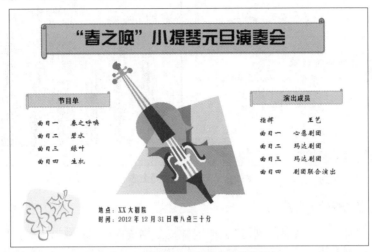

图1-3 使用Word制作的文档效果

3. 制作表格

表格是一种非常直观的表达方式，使用表格进行表达的效果往往比使用一段文字更清楚。在OA系统中使用表格并对其进行格式化设置，不仅可以美化文档，还能增加文档说服力。

4. 智能检查文档

常见的各种文字处理软件都内置了基本字典和自定义字典，以及用户自定义的词库。通过使用这些工具可以对文档进行拼写和语法检查，以确保用户在编辑文档时及时发现错误并进行更正。

1.1.2 数据处理

数据处理是信息处理的基础，它是指把来自科学研究、生产实践和社会活动等各个领域的原始数据，用一定的设备和手段，按一定的目的加工成另一种形式的数据。在办公自动化中，可利用Excel对数据进行收集、存储、加工、运算、统计分析等一系列活动。

1. 方便快捷的数据录入

一个电子表格可以完成数据的快速录入，而且在录入的过程中不仅能灵活地插入数据行或列，还能对有规律的数据实现自动生成，并根据函数生成特定的基于数据表的数据，同时进行自动计算等。

2. 根据数据快速生成相关图形或图表

图形或图表能更好地表达数据统计的结果，使其一目了然。对于有数据的电子表格，Excel软件可根据其强大的内嵌功能自由地选择模板生成图形或图表，如图1-4所示。当表格中的数据发生变化时，图形或图表也会根据新的数据发生相应的变化，便于数据的更新。

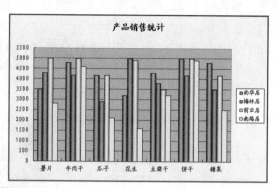

图1-4　根据数据生成图表

3. 强大的数据统计功能

电子表格中设计了统计各种数据的方法。常用的数据统计功能有数据排序、筛选和分类汇总等，通过合理使用可方便地对表格中的数据进行相应的操作，制作出工作中需要的各种表格。

1.1.3　图形图像处理

将信息转换成图形来描述，有助于用户理解复杂情况和加深印象。图形是指静态图形或影像，图像则是指随时间不断变化的动态图形。图形图像处理的基本流程如图1-5所示。

图1-5　图形图像处理基本流程

1. 图形和图像的输入

输入是图形和图像处理功能的基础。图形和图像的输入方式有很多种，图形输入可用鼠标、数字化图形板和扫描仪等，图像输入则可以通过扫描仪和数码相机等。

2. 存储和编辑

图形和图像的存储是把通过设备输入的图形或图像存储到计算机中的特殊位置，存储之后即可对其进行编辑，包括裁剪大小、调整色调和转换格式等。

3. 输出

对图形和图像进行处理后，即可将其输出到终端，如通过打印机打印出来。

4. 识别图形

识别图形是指对图形的判定和区分，是图形图像处理的重要功能之一，包括文字符号的识别和指纹鉴定等。

1.1.4　通信功能

OA系统的通信功能实现了各个部门间的协同工作，与传统的办公系统相比，大大提高了办公效率。OA通信功能主要包括及时提醒、远程通信、远程监控和屏幕互换几个方面。

当工作人员远离办公室，而又需要了解单位的某些数据时，可通过网络连接远程计算机，完成相关办公事宜，如图1-6所示。

图1-6　使用通信功能协同办公

1.1.5　文件处理

在任何企事业单位中，文件处理都是一项重要工作。传统的手工文件处理方式不仅效率低、消耗大，而且会占用工作人员大量时间，已经无法满足办公自动化和远程办公的要求。OA系统的文件处理系统真正实现了数字化办公，大大提高了工作效率，其主要表现在以下两个方面。

◎ **资源共享**：利用OA系统的网络可使内部成员方便地共享文件，经过授权的用户可通过访问网络资源来获取文件。

◎ **文件处理流程系统化**：在传统的文件处理流程中，需要专门的人员进行分发或催办工作，而在OA系统中，可通过基于OA网络的文件处理系统真正实现网络化处理，有效缩减处理时间，如图1-7所示。

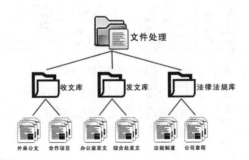

图1-7　文件处理系统

文件处理主要指对文件这一整体形式进行的各种处理，如文件的复印、输入、存储、管理和传输，以及邮件处理等。

1. 收发文件

收发文件主要包括公文的拟定、收发、审批、归档、查询检索和打印等工作的全程处理，可实现文档收发自动化。

2. 输入和存储文件

输入和存储文件就是在OA系统中实现对文件的自动输入，并将输入的信息存储起来。

3. 处理邮件

通信工作是办公活动中工作量最大的活动之一，具有非常重要的作用。随着计算机、通信和网络技术的发展，电子邮件成为了办公主流通信方式，其综合了电话传递信息迅速和邮政信件提供文字记录复制的优点。

1.2 办公自动化的技术支持

在办公自动化技术中，计算机的作用是最重要的，也是使用最广泛的，它是信息处理、存储与传输必不可少的设备。办公自动化设备由硬件和软件两大部分组成，硬件即计算机和外部设备等，软件指安装在计算机上的各种程序，如Windows 7操作系统、Office办公软件和各种工具软件等。要想发挥办公自动化的各种功能，硬件和软件缺一不可。

1.2.1 办公自动化系统的硬件

一个完整的办公自动化硬件系统由计算机主机、输入/输出设备、控制设备和各类功能卡等组成，图1-8所示为硬件系统的组成。

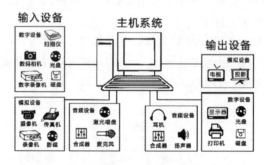

图1-8 计算机硬件系统的组成

在实际应用中，常根据需要决定除主机外的其他设备的取舍，无需将所有的设备都购置和接入。最常见的计算机硬件系统一般包括主机（包括主机箱、主板、电源、CPU、硬盘、内存、光驱等）、显示屏、键盘、鼠标、打印机、扫描仪、复印机等，图1-9所示为常见的计算机主机。

◎ **主机箱**：计算机硬件的载体，主机重要部件都放置在机箱内，包括主板、硬盘和光驱等。质量较好的机箱拥有良好的通风结构和合理布局，这样不仅有利于硬件的放置，也有利于各部件散热，其外观如图1-10所示。

图1-9 常见办公计算机

◎ **电源**：计算机主机的供电设备，为其他硬件提供稳定的电能，保证其正常工作，其外观如图1-11所示。

知识提示　若需要得知硬件的型号，可查看硬件产品的说明书、包装盒或产品表面；使用硬件检测工具软件（如EVEREST或360硬件大师等）也可查看硬件设备的芯片或型号。

图1-10　主机箱　　　　　　　　　　　　　　图1-11　电源

◎ **主板**：又称为主机板、系统板或母板（MotherBoard），其上集成了各种电子元件和动力系统，包括BIOS芯片、I/O控制芯片和插槽等。主板的好坏决定着整个计算机的好坏，主板的性能影响着计算机工作的性能，其外观如图1-12所示。

◎ **CPU**：简称为微处理器，是计算机处理数据的核心，负责处理和运算所有数据。CPU主要由运算器、控制器、寄存器组和内部总线等构成，其外观如图1-13所示。

图1-12　主板　　　　　　　　　　　　　　图1-13　CPU

◎ **硬盘**：计算机主要的存储设备，能存放大量的数据，且存取数据的速度也很快。硬盘主要有存放大小、接口类型和转速等参数，其外观如图1-14所示。

◎ **内存**：在计算机中的功能是用于临时存放数据和协调CPU的处理速度，其外观如图1-15所示。

◎ **光驱**：光盘驱动器的简称，可读取光盘中的信息，然后通过计算机将其重现，其外观如图1-16所示。

图1-14　硬盘

图1-15　内存条

图1-16　光驱

◎ **显示器**：计算机的输出设备，主要有CRT（阴极射线显像管）显示器和LCD（液晶）显示器两种。CRT显示器可以将色彩更好地还原，适用于设计等对色彩要求较高的行业；液晶显示器更为轻便，而且能有效地减少辐射。两种显示器的外观如图1-17所示。

图1-17　显示器

◎ **鼠标和键盘**：计算机的输入设备，通过它们用户可向计算机发出指令进行各种操作，鼠标和键盘的操作是计算机学习中最基本的操作。鼠标和键盘外观如图1-18所示。

图1-18　鼠标和键盘

◎ **音箱或耳机**：计算机主要的声音输出设备，在操作计算机时通过它们才能听到声音，其外观如图1-19所示。

◎ **打印机**：文秘办公中必不可缺的硬件设备之一，它可以打印文件、合同、信函等各种文稿。按其工作原理，可以分为针式打印机、喷墨打印机和激光打印机3种，现在经常使用的是喷墨打印机和激光打印机，图1-20所示即为激光打印机。

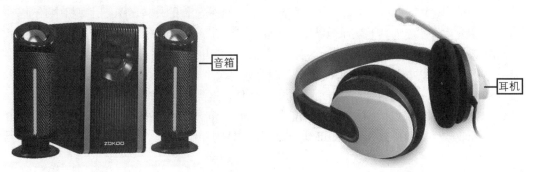

图1-19　音箱和耳机

◎ **扫描仪**：一种可以将实际工作中的文字或图片输入计算机中的硬件，它诞生于20世纪80年代初，是一种光机电一体化设备。扫描仪分为手持式扫描仪、平板式扫描仪和滚筒式扫描仪等，图1-21所示为平板式扫描仪。

图1-20　打印机

图1-21　扫描仪

◎ **传真机**：可以不受地域限制，以高速、高质量、高准确度的方式向目标位置传输信息，是自动化办公中常用的硬件设备，如图1-22所示。

◎ **复印机**：复印机的功能是复印文件，在自动化办公中也会经常使用，如身份证复印、各种职称文凭的复印等，如图1-23所示。

图1-22　传真机

图1-23　复印机

1.2.2　办公自动化系统的软件

软件是计算机的灵魂，利用计算机进行的各种操作实际上都需要通过软件来完成。计算机软件可以分为系统软件、工具软件和专业软件3大类。

◎ **系统软件**：是其他软件的使用平台，其中最常用的是Windows操作系统软件，图1-24

所示的是Windows操作系统之一的Windows 7系统软件的外包装图。计算机中必须安装系统软件才能为其他软件提供使用平台。

◎ **工具软件**：种类最为繁多，这类软件的特点是占用空间小、实用性强，如"暴风影音"视频播放器软件、"ACDSee"图片管理软件等。

◎ **专业软件**：指拥有某一领域强大功能的软件，这类软件的特点是专业性强、功能多，如Office办公软件是办公用户的首选，Photoshop图形图像处理软件是设计领域常用的专业软件。图1-25所示为Office 2010办公软件的外包装图。

图1-24　Windows 7操作系统软件

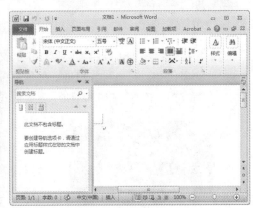

图1-25　Office 2010办公软件

1.3　办公自动化的层次模型

办公自动化系统的层次根据功能可分为三级，即事务型、管理型和决策型办公自动化系统。

1.3.1　事务型办公自动化系统

事务型办公自动化系统包括基本的办公事务处理系统和机关行政事务处理系统两大部分。基本的办公事务处理包括文字处理、日程安排以及公文、信函和文件资料等方面的管理；机关行政事务处理包括人事、工资财务和资源等方面的管理。具体功能如表1-1所示。

表1-1 事务型办公自动化系统的功能

功能	包含项目	具体内容
办公事务管理	文字处理	主要用于完成各种文件、报告、命令、通知、总结和计划等文字材料的起草、修改、删除和打印等
	日程安排	主要有为各级办公人员或办公部门安排相关活动日程和活动计划的功能，具备自动提醒、提示和警告等功能
	公文管理	包括发文的草拟、审核和签发，外来文签收、传阅、承办、归档销毁和查询，流程监控、公文催办和公文流程定制等
	信函管理	分为信件分类、拆信或包裹、收发信件登记、分信和回执等方面
	文件资料管理	主要用于管理个人、部门或者企业的一些文件，具备系统检索功能，能根据用户的需要检索出所需的文件

功能	包含项目	具体内容
机关行政事务处理	人事管理	包括人事档案的录入、查询、报表和打印功能，可生成树状的组织架构，还提供了绩效、考勤和培训等管理功能
	工资财务	可对人员工资进行增加、删除、修改和查询，自动计算人事管理及工资发放中的相应项目
	资源管理	包括订单、采购、库存、计划、生产制造、质量控制、运输、分销、服务与维护等项目

1.3.2　管理型办公自动化系统

管理型办公自动化系统是支持各种办公事务处理活动的办公系统与支持管理控制活动的管理信息系统相结合的办公系统，除了具有事务型的全部功能外，主要增加了管理信息系统（MIS）的功能。MIS主要是面向物质的信息流，即经济信息流或社会信息流的处理和加工，而办公信息系统处理的是抽象的公文类型的信息流。从整体上看，经济信息与社会信息主要在操作层次与管理层之间流动，公文信息则主要在管理与决策层之间流动，因此将两者结合起来完成信息的从底层至顶层的平滑流动。

1.3.3　决策型办公自动化系统

决策型办公自动化系统位于最高层，以事务型和管理型办公系统的大量数据为基础，同时又以其独有的决策模型为支持，除了应具有前两种模式的功能外，还应具备决策或辅助决策的功能。它使用由综合数据库系统所提供的信息，针对需要做出决策的课题，构造或选用决策数字模型，结合有关内部和外部的条件，由计算机执行决策程序，作出相应的决策。与决策支持密切相关的是建立各种模型，包括经验模型和数字模型。具有较高水平的决策支持系统除了应以数据库为基础管理信息，还应以数据仓库和决策工具为基础。

1.4 拓 展 知 识

办公自动化是现代信息社会的重要标志，它涉及管理学、社会学、系统工程学和人机工程学等学科基本理论，以及计算机、通信、自动化等技术。我国的办公自动化从20世纪80年代中期发展至今，大致经过了以下3个阶段。

1. 准备期（20世纪70年代）

◎ 引进OA技术，包括与国外公司联合举办展览会、研讨会和学术座谈会；联合生产某些办公设备，如组装生产复印机和针式打印机等。

◎ 汉化微型计算机软-硬件系统，解决汉字的输入和输出，汉化了部分应用软件。

◎ 进行典型试点，小范围内开发某些办公自动化系统，探讨我国办公自动化的模式，指定我国办公自动化发展规划等。

办公自动化在我国发展的该阶段的主要标志是办公过程中普遍使用现代办公设备，如传真机、打字机和复印机等。

2. 发展期（1985~1990年）

◎ 有计划地在全国范围内开展了办公自动化试点工作。

◎ 开发了许多汉字处理系统，如CCDOS和希望汉字UCDOS系统等。

◎ 开发了大量的汉字输入法，如五笔字型和拼音等。

◎ 开发了一些著名的文字处理系统，如方正排版和WPS系统等。

◎ 传真技术、复印技术和局域网技术在我国得到普及。

◎ 办公自动化设备形成了一定的生产力，逐步实现某些办公自动化设备的国产化。

办公自动化在我国发展的该阶段的主要标志是办公过程中普遍使用计算机和打印机，通过计算机和打印机进行文字处理、表格处理、文字排版输出和人事财务等信息的管理。

3. 完善普及期（1990年至今）

◎ 自动化技术在我国银行、保险业、邮政业和航空业等各个行业有了巨大发展。

◎ 我国国家级、省级和高校大中型图书馆基本实现了计算机管理。

◎ 全国各单位实现了不同程度的计算机业务和人事管理等。

办公自动化在我国发展的该阶段的主要标志是办公过程中网络技术的普遍使用，该阶段在办公过程中通过使用网络，实现了文件和网络打印共享，完成网络数据库管理等工作。

随着计算机技术和通信技术的发展，随着社会的进步所带动的对改善工作环境的要求，新的现代办公设备与技术不断发展，并呈现许多新的发展趋势。

（1）办公自动化设备将向着高性能、多功能、复合化和系统化的方向发展，新的现代办公设备将不断推向市场并被广泛使用。

（2）办公自动化系统向着数字化、智能化、无纸化和综合化的方向发展。主要体现在多媒体办公计算机软件的进一步丰富和完善，多媒体网络信息的快速反应和实用化，计算机系统和网络系统信息传送技术的进一步提高，计算机系统和网络安全保密技术的进一步加强等，并逐步实现各类信息的处理综合化。

（3）通信技术和设备在现代办公中将发挥更大的作用。计算机网络的通信速度将会更快，用户将切身体会到远程办公和本地办公几乎无时间差。办公自动化系统将充分利用多种通信介质来建立全球性的数据处理网络体系。

（4）自动化办公设备将会更加符合人机工程的设计标准，使用户能够在充满友好和情感的现代办公自动化设备和环境中愉快地进行办公活动。

1.5 课后习题

（1）打开计算机主机的外壳，观察各组件的外观。

（2）下载并安装Word 2010软件，然后启动程序并尝试使用。

（3）熟悉办公自动化系统的层次结构，并了解各层次间的关系。

（4）在网上阅读关于办公自动化的相关知识，深入了解办公自动化的内容。

第2章

编辑Word文档

　　本章将详细讲解Office 2010办公软件中的文字处理软件Word 2010，它是办公自动化的首选文档编辑软件，熟练使用Word 2010是办公自动化用户必会的技能。读者通过本章的学习能够掌握Word 2010的基本操作，如设置文档相关格式等，并能够掌握相关办公类文档制作基础知识。

学习要点

- ◎　新建、打开、保存、关闭文档
- ◎　输入与编辑文本
- ◎　设置字符和段落格式
- ◎　添加项目符号和编号
- ◎　设置边框和底纹
- ◎　设置特殊版式

学习目标

- ◎　掌握Word 2010的基本操作
- ◎　掌握文档格式的设置方法
- ◎　熟悉项目符号和编号的添加方法

2.1 Word 2010的基本操作

在使用Word 2010进行文档编辑前，首先需要掌握Word 2010的基本操作，包括认识Word 2010的工作界面，新建、保存、打开和关闭文档，输入和编辑文本等。本节将详细讲解Word 2010基本操作的相关知识。

2.1.1 认识Word 2010的工作界面

启动Word 2010后，将打开如图2-1所示的工作界面，它主要由快速访问工具栏、标题栏、选项卡、功能区、文本编辑区、状态栏和视图栏等部分组成。

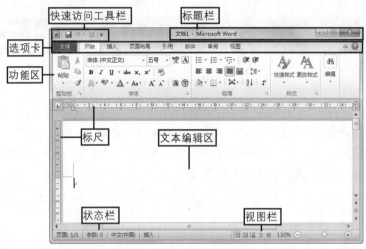

图2-1　Word 2010工作界面

1. 快速访问工具栏

默认情况下，快速访问工具栏中只显示"保存"按钮🖫、"撤销"按钮🔄和"恢复"按钮🔄。为了操作方便，用户可单击▾按钮，在弹出的菜单中选择命令，将其对应的命令按钮添加到快速访问工具栏中，若选择"在功能区下方显示"命令将改变快速访问工具栏的位置。

2. 标题栏

标题栏用于显示文档名和程序名，若单击标题栏右侧的"窗口控制"按钮可控制窗口大小，单击"最小化"按钮🗕可缩小窗口到任务栏并以图标按钮显示；单击"最大化"按钮🗖则全屏显示窗口，且🗖按钮变为"向下还原"按钮🗗，再次单击该按钮将使窗口恢复到原始大小；单击"关闭"按钮✕退出Word 2010。

3. 选项卡

标题栏下方有多个选项卡。每个选项卡代表Word执行的一组核心任务，并将其任务按功能不同分成若干个组。

4. 功能区

单击某个选项卡即可展开相应的功能区，在功能区中有许多自动适应窗口大小的工具栏，每个工具栏中为用户提供了相应的组，每个组中包含了不同的命令、按钮或列表框等。

5. 文本编辑区

文本编辑区是输入和编辑文本的区域。其中包括文本插入点（即编辑区中不断跳动的竖线光标"|"）、水平和垂直滚动条（当窗口缩小或编辑区不能完全显示所有文档内容时，可拖动滚动条中的滑块或单击滚动条两端的 ▶ 按钮使其内容显示出来）等组成部分。

6. 状态栏

状态栏位于工作界面最底端的左侧，用来显示当前文档页数、总页数、字数、当前文档检错结果和输入法状态等内容。

7. 视图栏

视图栏位于状态栏的右侧，主要用于切换视图模式、调整文档显示比例，方便用户查看文档内容。

2.1.2 新建和打开文档

在进行文档编辑前，需要先新建文档或者打开已有的文档进行编辑。

1. 新建空白文档

新建空白文档主要有以下几种常用方法。
◎ 在Word工作界面中选择【文件】→【新建】菜单命令，在中间的"可用模板"列表框中选择"空白文档"选项，在右下角单击"创建"按钮 📄 即可。
◎ 在快速访问工具栏中添加"新建"按钮 📄，然后单击该按钮。
◎ 按【Ctrl+N】组合键。

2. 新建模板文档

在Word 2010中可以利用其自带的模版创建各种带格式的文档，其具体操作如下。
（1）选择【文件】→【新建】菜单命令，在中间的"可用模板"列表框中选择一种模板样式，如图2-2所示。
（2）单击"创建"按钮 📄，即可新建名为"模板1"的模板文档，如图2-3所示。

图2-2 选择模板样式　　　　　　　图2-3 通过模板样式新建文档

3. 打开文档

在Word 2010中可打开已存在的Word文档，其具体操作如下。

（1）选择【文件】→【打开】菜单命令。

（2）打开"打开"对话框，在"查找范围"下拉列表框中选择需打开文件的路径，在其下的列表框中选择要打开的文档，单击 打开(O) 按钮，如图2-4所示。

操作技巧　在"打开"对话框中双击需打开的文档可快速将其打开，或在计算机中找到文档存放位置，双击也可打开。

图2-4　打开文档

2.1.3　保存和关闭文档

完成文档的编辑工作以后，应立即对其进行保存，避免重要信息丢失，也方便下一次对文档查阅和修改，最后还应关闭文档，以节约计算机资源。保存文档分为保存新建文档、保存已存在的文档、另存为文档和自动保存文档4种情况。

1. 保存新建文档

保存新建文档的具体操作如下。

（1）选择【文件】→【保存】菜单命令或单击快速访问工具栏中的 按钮。

（2）打开"另存为"对话框，在"保存位置"下拉列表框中可设置文档的保存路径，在"文件名"下拉列表框中可设置文档的保存名称，单击 保存(S) 按钮，如图2-5所示。

（3）完成保存新建文档操作，此时新建文档标题栏中显示的名称将变为保存时输入的名称。

2. 保存已存在的文档

已存在的文档是指已经保存过的文档，对这类文档进行修改后，选择【文件】→【保存】菜单命令或单击快速访问工具栏中的 按钮直接覆盖文档原有的内容，而不会打开任何对话框。

3. 另存为文档

另存文档可分为在同一路径另存文档和在不同路径另存文档两种情况。

◎ **同一路径另存文档**：选择【文件】→【另存为】菜单命令，打开"另存为"对话框，在"文件名"下拉列表框中输入另外的名称，然后单

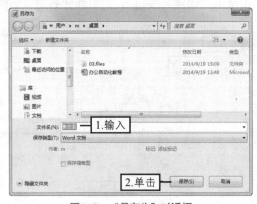

图2-5　"另存为"对话框

击 保存(S) 按钮。

◎ **不同路径另存文档**：选择【文件】→【另存为】菜单命令，打开"另存为"对话框，在"保存位置"下拉列表框中选择另外的保存路径，然后单击 保存(S) 按钮。

4. 自动保存文档

为了防止操作失误或意外断电造成的文档无法修复的情况，可以对文档进行自动保存设置，其具体操作如下。

（1）选择【文件】→【选项】菜单命令。

（2）打开"Word 选项"对话框，单击"保存"选项卡，在"保存文档"栏中单击选中"保存自动恢复信息时间间隔"复选框，在其右侧的数值框中设置时间间隔，单击 确定 按钮，如图2-6所示。

图2-6　"Word 选项"对话框

5. 关闭文档

除了用退出Word的方法关闭文档外，还可用以下几种方法关闭文档而不退出Word程序。

◎ 选择【文件】→【关闭】菜单命令。

◎ 按【Ctrl+W】组合键。

2.1.4 输入文本

输入文本是使用Word编辑文档的最重要操作，在Word 2010中可输入普通文字、特殊字符、时间与日期等，下面分别进行讲解。

1. 输入普通文字

输入普通文字的方法为：切换至某种中文输入法状态，直接输入所需的文字，此时文字将在当前光标插入点处显示，当输入的文字到达右边界时，文字会自动跳转至下一行继续显示。输入的过程中按【Enter】键可使文字换行。

2. 输入特殊字符

Word文档中除了可以输入文字外，还可以输入一些特殊字符，其具体操作如下。

（1）在文档编辑区中单击定位文本插入点，在【插入】→【符号】组中单击"符号"按钮Ω，在弹出的列表中选择"其他符号"选项。

（2）打开"符号"对话框，在对话框右侧的"子集"下拉列表框中选择某种符号集，这里选择"其他符号"选项，并在其下的列表框中选择一种符号，这里选择空心五角星选项，然后单击 插入(I) 按钮，如图2-7所示，即可在编辑区的光标插入点处插入选择的符号。

3. 输入日期和时间

若要输入当前系统中的日期或时间，可利用Word的"日期和时间"功能进行输入，其具体操作如下。

（1）在文档编辑区中定位光标插入点，在【插入】→【文本】组中单击 [图] 日期和时间 按钮。

（2）打开"日期和时间"对话框，在"语言"下拉列表框中选择语言类型，这里选择"中文（中国）"选项，在"可用格式"列表框中选择所需的时间格式，单击 确定 按钮，如图2-8所示，即可在编辑区中的光标插入点处插入当前计算机中显示的时间。

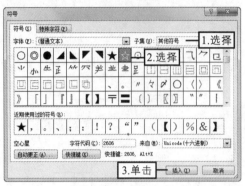

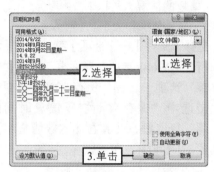

图2-7　选择符号　　　　　　　　　　图2-8　设置日期和时间格式

知识提示

按【Alt+Shift+D】组合键可快速输入当前计算机中显示的日期；按【Alt+Shift+T】组合键可快速输入当前计算机中显示的时间。

2.1.5　编辑文本

在文档中输入文本后，通常需要对文本进行编辑。如当输入的文本出现错误时，就会涉及选择文本、修改文本、查找和替换文本等操作，这些都是最基础的操作。

1．选择文本

当对文档中的部分内容进行修改、复制和删除等操作时，首先应该确定编辑对象，即先选中需编辑的文本。选择文本有以下几种方法。

◎ 将鼠标指针移至文本编辑区中，当其变成I形状时，在要选择文本的起始位置按住鼠标左键不放并拖动鼠标至目标位置并释放鼠标，则起始位置和目标位置之间的文本被选中。

◎ 在文本中任意位置双击鼠标，可选中光标插入点所在位置的单字或词组，如图2-9所示。

◎ 在文本中单击3次鼠标，可选中光标插入点所在的整段文本，如图2-10所示。

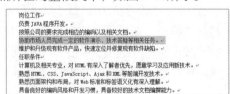

图2-9　选择词组　　　　　　　　　　图2-10　选择段落

◎ 将光标插入点定位到需选择文本的起始位置，按住【Shift】键并单击鼠标，则可选中起始位置和目标位置之间的文本。

◎ 按住【Ctrl】键的同时单击某句文本的任意位置可选中该句文本。

◎ 将鼠标指针移至文本中任意行的左侧，当其变为 ⁄ 形状时，单击鼠标可选中该行文本；双击鼠标可选中该段文本。

◎ 按住鼠标左键不放并向上或向下拖曳鼠标可选中连续的多行文本，如图2-11所示。

◎ 选中部分文本后，按住【Ctrl】键不放可继续选中其他文本，选中的文本可以是连续的，也可以是不连续的，如图2-12所示。

图2-11　选择多行文本　　　　　　　　　　　图2-12　选择不连续文本

◎ 将鼠标指针定位在文档中的任意位置，直接按【Ctrl+A】组合键可选中整篇文档。

2. 插入文本

当发现文档中有漏输入文本时，可使用插入文本的方法来修改，方法是在需要输入文本的位置单击定位光标插入点，然后在其中输入需要的文本即可。

3. 删除和修改文本

删除和修改文本的方法主要有以下几种。

◎ 选中需删除的文本，按【Delete】键或【Back Space】键可将其删除。

◎ 按【Back Space】键可删除光标插入点左侧的文本。

◎ 按【Delete】键可删除光标插入点右侧的文本。

◎ 删除文本后，在需重新输入文本的位置单击鼠标定位光标插入点，然后输入需要的文本即可。

4. 移动文本

若需要对文档中的文本位置进行调整时，可对文本进行移动，将文本移动至其他位置的方法有以下几种。

◎ 选中需移动的文本，然后在【开始】→【剪贴板】组中单击"剪切"按钮 ，将光标插入点定位到目标位置后，在【开始】→【剪贴板】组中单击"粘贴"按钮 。

◎ 选中需移动的文本，在其上按住鼠标左键不放，拖动文本至目标位置后释放鼠标。

◎ 选中需复制的文本，按【Ctrl+X】组合键剪切文本，将光标插入点定位到目标位置后按【Ctrl+V】组合键进行粘贴。

5. 复制文本

若需输入文档中已存在的内容相同的文本时，可采用复制文本的操作方法以提高工作效率复制文本的方法有以下几种。

◎ 选中需复制的文本，然后在【开始】→【剪贴板】组中单击"复制"按钮 ，将光标插入点定位到目标位置后在【开始】→【剪贴板】组中单击"粘贴"按钮。

◎ 选中需复制的文本，在其上按住【Ctrl】键不放的同时，按住鼠标左键不放并拖动文本至目标位置后再释放鼠标。

◎ 选中需复制的文本，按【Ctrl+C】组合键复制，将光标插入点定位到目标位置后按【Ctrl+V】组合键进行粘贴。

6. 查找文本

查找功能用于在文档中快速找到设置的文本，在Word中查找文本的具体操作如下。

（1）在【开始】→【编辑】组中单击 查找 按钮，打开"导航"任务窗格。

（2）在"搜索文档"文本框中输入需要查找的文本。

（3）Word开始查找，查找到的文本将以选中状态显示，如图2-13所示。

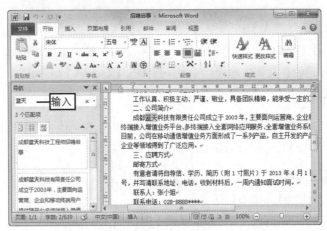

图2-13　查找文本

7. 替换文本

替换功能可将文档中指定的文本统一替换为其他文本。通过替换文本的方法可以快速修改文档中相同的文本，其具体操作如下。

（1）在【开始】→【编辑】组中单击 替换 按钮，打开"查找和替换"对话框的"替换"选项卡。

（2）在"查找内容"文本框中输入需要查找替换的文本。

（3）在"替换为"文本框中输入替换成的文本，如图2-14所示。

（4）单击 查找下一处 按钮将在文档中查找相应的内容，然后单击 替换(R) 按钮，将替换查找到的文本，单击 全部替换(A) 按钮将全部替换文档中的所有满足条件的文本。

（5）替换完成后打开提示框，提示一共替换多少处，单击 确定 按钮即可，如图2-15所示。

图2-14　"查找和替换"对话框

图2-15　完成替换

8. 撤销与恢复操作

在编辑文档的过程中如果进行了错误操作，可对其进行撤销。方法为：单击一次快速访问工具栏上的"撤销"按钮 ，可返回上一步操作；单击多次该按钮将依次返回多步操作；单击一次快速访问工具栏上的"恢复"按钮 ，可恢复到撤销上一步操作前的状态；单击多次该按钮则将依次恢复多步撤销前的状态。

知识提示 单击 按钮右侧的下拉按钮，可在弹出的下拉列表中选择需撤销到的操作；单击 按钮右侧的下拉按钮，可在弹出的下拉列表中选择需恢复到撤销前的某步操作。

2.1.6 课堂案例1——制作"会议通知"文档

会议通知是在会议前夕，工作者通过邮件等方法给参与会议的人员发放的通知性文件，下面利用Word的基本操作制作一份会议通知文档，参考效果如图2-16所示。

效果所在位置	光盘:\效果文件\第2章\课堂练习1\会议通知.docx
视频演示	光盘:\视频文件\第2章\制作"会议通知"文档.swf

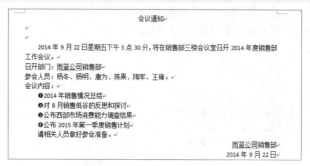

图2-16　"会议通知"最终效果

（1）启动Word 2010后，在快速访问工具栏中单击 按钮，在打开的菜单中选择"新建"命令，将"新建"按钮 添加到快速访问工具栏，如图2-17所示。

（2）选择【文件】→【保存】菜单命令，打开"另存为"对话框，在"文件名"下拉列表框中输入"会议通知"，如图2-18所示，单击 保存(S) 按钮。

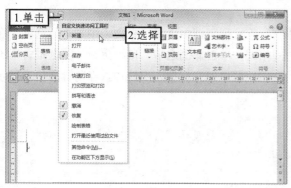

图2-17　添加按钮

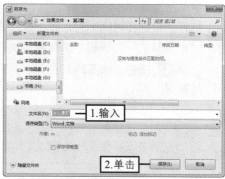

图2-18　保存文档

（3）切换至中文输入法状态，将鼠标光标移动到文本编辑区上方的中间位置，当其变成 I 形状时，双击鼠标左键定位光标插入点，此时即可直接输入标题文本"会议通知"，输入的文本将在光标插入点处显示，如图2-19所示。

（4）按【Enter】键换行，然后按【BackSpace】键将光标插入点移动到该行左侧起始处，再连续按两次【Enter】键换行。按4次空格键使段落前空4个字符，然后即可输入正文文本，当输入的文本到达右边界时，文字会自动跳转至下一行继续显示，如图2-20所示。

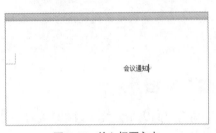

图2-19 输入标题文本　　　　　　　　　　　　　　　　图2-20 输入正文文本

（5）在需要插入符号的"2014年销售情况总结"文本前单击鼠标，定位光标插入点。在【插入】→【符号】组中单击 Ω，打开"符号"对话框。

（6）在"字体"下拉列表框中选择"Wingdings"选项，并在其下的列表框中选择需要的符号，然后单击 插入(I) 按钮，即可在编辑区的光标插入点处插入选择的符号，如图2-21所示。使用同样的方法在其他需要的位置插入符号。

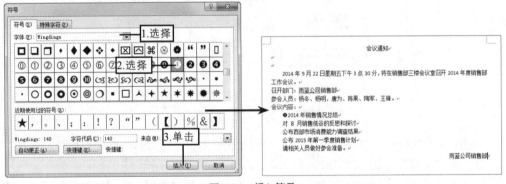

图2-21 插入符号

（7）在文档最后需要插入日期的位置单击鼠标，定位光标插入点。在【插入】→【文本】组中单击 日期和时间 按钮。

（8）打开"日期和时间"对话框，在"语言"下拉列表框中选择"中文（中国）"选项，在"可用格式"列表框中选择所需的时间格式，单击撤销选中"自动更新"复选框，单击 确定 按钮，如图2-22所示，即可在编辑区中的光标插入点处插入当前计算机中显示的时间。

 　　　　在插入日期时，若单击选中"自动更新"复选框，则在下次打开文档时，插入
知识提示　的日期将随系统时间的变化自动进行更新。

（9）按【Ctrl+S】组合键保存文档，完成本例的操作。

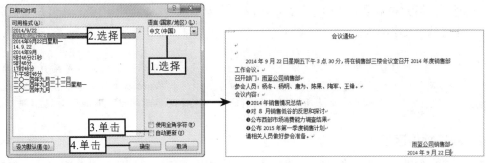

图2-22　插入日期

职业素养

在行政工作中，撰写办公文稿时应注意以下两点。

① 要合理运用公司政策、业务制度、法律和计算机写作等知识，使文稿内容切实可行、实事求是。

② 文稿内容要字斟句酌，且结构严谨、语言精炼、用词准确。

2.2　设置文档格式

对Word文档进行格式设置主要是设置字符和段落格式等。本小节将详细讲解设置文档格式的基本方法，包括设置字体、字号大小、字形和字符颜色，以及设置段落缩进、段间距、对齐方式等。

2.2.1　设置字符格式

在Word文档中，文本内容包括汉字、字母、数字、符号等。设置字符格式即更改文字的字体、字号、颜色等，通过这些设置可以使文字效果更突出，文档更美观。Word 2010中设置字符格式通过以下方法完成。

1．通过浮动工具栏设置

选择一段文本后，将鼠标指针移到被选择文本的右上角，将会出现浮动工具栏，该浮动工具栏最初为半透明状态显示，将鼠标指针指向该工具栏时会清晰地完全显示。其中包含常用的字符设置选项，单击相应的按钮或进行相应选择即可对文本的字符格式进行设置，如图2-23所示。

其中相关选项含义如下。

◎ **字体**：指文字的外观，如黑体、楷体等字体，不同的字体，其外观也不同。Word 默认的中文字体为"宋体"，英文字体为"Calibri"。

◎ **字号**：指文字的大小，默认为五号。其度量单位有"字号"和"磅"两种，其中字号越大文字

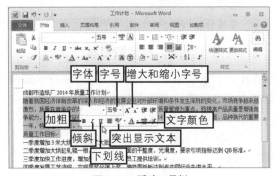

图2-23　浮动工具栏

越小，最大的字号为"初号"，最小的字号为"八号"；当用"磅"作度量单位时，磅值越大文字越大。

操作技巧　　　默认情况下，在第一次选择文本时，将自动打开浮动工具栏，若用户不想启动工具栏，可选择【文件】→【选项】命令，打开"Word选项"对话框，在"常规"选项卡的"用户界面选项"栏中取消选中"选择时显示浮动工具栏"复选框即可。

2. 利用功能区设置

在Word 2010默认功能区的【开始】→【字体】组中可直接设置文本的字符格式，包括字体、字号、颜色和字形等字符格式，如图2-24所示。

选择需要设置字符格式的文本后，在"字体"组中单击相应的按钮或选择相应的选项即可进行相应设置。

在"字体"组中除了有与浮动工具栏中部分相同的格式按钮外，还有以下设置选项。

图2-24 "字体"组

◎ B**按钮**：单击该按钮可将选中的字符设置为加粗字形。

◎ I**按钮**：单击该按钮可将选中的字符设置为倾斜字形。

◎ U**按钮**：单击该按钮可为选中的字符添加下划线，单击其右侧的按钮，还可在打开的下拉列表中设置下划线的线型及颜色。

◎ A**按钮**：单击该按钮可为选中的字符添加边框。

◎ A**按钮**：单击该按钮可为字符添加底纹。

◎ A**按钮**：单击该按钮可将选中的字符设置为系统默认的颜色。单击其右侧的按钮，还可在弹出的下拉列表中设置其他颜色。

◎ **按钮**：单击该按钮可将字符以不同的颜色突出显示。单击其右侧的按钮，还可在弹出的下拉列表中设置不同的颜色。

◎ A**按钮**：单击A按钮右边的按钮，在打开的下拉列表中选择需要的文本效果，如阴影、发光、映像等效果。

◎ x, x**按钮**：单击x按钮将选择的字符设置为下标效果；单击x按钮将选择的字符设置为上标效果。

◎ Aa**按钮**：在编辑英文文章时，可能需要对其大小写进行转换，单击"字体"组的Aa按钮，在打开的下拉列表中提供了全部大写、全部小写和句首字母大写等转换选项。

◎ **按钮**：单击按钮将清除所选字符的所有格式，使其恢复到默认的字符格式。

3. 利用"字体"对话框设置

在【开始】→【字体】组中单击其右下角的按钮或按【Ctrl+D】组合键，打开"字体"对话框，在"字体"选项卡中可设置字体格式，如字体、字形、字号、字体颜色和下划线等，还可以即时预览设置字体后的效果，如图2-25所示。

在"字体"对话框中单击"高级"选项卡，可以设置字符间距、缩放大小和字符位置等，如图2-26所示。

图2-25　"字体"选项卡　　　　　　　图2-26　"高级"选项卡

在"字符间距"栏中可以继续以下设置。

◎ **字符缩放**：默认字符缩放是100%，表示正常大小，比例大于100%时得到的字符趋于宽扁，小于100%时得到的字符趋于瘦高。

◎ **字符位置**：指字符在文本行的垂直位置，包括"提升"和"降低"两种。

◎ **字符间距**：包括"加宽"或"紧缩"两种，可设置加宽或紧缩的具体值。对于末行文字只有1、2个字符时可通过紧缩方法将其调到上一行。

知识提示　　　在Word中，浮动工具栏主要用于快捷设置所选文本的字符格式及段落格式，功能区中的"字体"组主要是用于对所选文本进行字体格式设置，其选项要比浮动工具栏多，但不能对段落进行设置，而"字体"对话框则拥有较之前两种方法更多的设置功能。

2.2.2　设置段落格式

段落是指文字、图形、其他对象的集合，回车符"↵"是段落的结束标记。通过设置段落格式，如设置段落对齐方式、缩进、行间距、段间距等，可以使文档的结构更清晰、层次更分明。

1. 设置段落对齐方式

段落对齐方式主要包括左对齐、居中对齐、右对齐、两端对齐和分散对齐等几种。其设置方法有以下几种。

◎ 选择要设置的段落，在【开始】→【段落】组中单击相应的对齐按钮，即可设置文档段落的对齐方式，如图2-27所示。

◎ 选择要设置的段落，单击浮动工具栏中的对齐按钮。

◎ 选择要设置的段落，单击"段落"组右下方的 按钮，打开"段落"对话框，在该对话框中的"对齐方式"下拉列表中进行设置。

2. 设置段落缩进

段落缩进包括左缩进、右缩进、首行缩进和悬挂缩进4种，一般利用标尺和"段落"对话框来设置，其方法分别如下。

◎ **利用标尺设置**：单击滚动条上方的"标尺"按钮 在窗口中显示出标尺，然后拖动水平标尺中的各个缩进滑块，可以直观地调整段落缩进。其中 为首行缩进滑块， 表示悬挂缩进， 表示右缩进等，如图2-28所示。

图2-27 设置段落对齐方式

图2-28 利用标尺设置段落缩进

◎ **利用对话框设置**：选择要设置的段落，单击"段落"组右下方的 按钮，打开"段落"对话框，在该对话框中的"缩进"栏中进行设置。

3. 设置行和段落间距

合适的行距可使文档一目了然，包括设置行间距和段落前后间距，其方法如下。

◎ 选择段落，在【开始】→【段落】组中单击"行和段落间距"按钮 ，在打开的下拉列表中选择"1.5"等行距倍数选项。

◎ 选择段落，打开"段落"对话框，在"间距"栏中的"段前"和"段后"数值框中输入值，在"行距"下拉列表框中选择相应的选项，即可设置行间距，如图2-29所示。

图2-29 "段落"对话框

4. 使用格式刷复制格式

如果Word文档中有多处需要设置相同格式的文本或段落，可利用"剪贴板"组中的 按钮快速复制格式，其具体操作如下。

（1）选中已设置格式的文本，单击"剪贴板"组中的 按钮。

（2）此时鼠标指针将变为 形状，拖动鼠标选择需应用该格式的文本或段落。

操作技巧　　双击 按钮可使鼠标指针一直呈 形状，此时可一直为文本或段落应用选择的格式，按【Esc】键可退出该状态。

2.2.3 设置边框和底纹

通过"边框和底纹"对话框可以为选择的文本设置边框和底纹格式，其具体操作如下。

（1）选择需设置边框和底纹的文本，在【开始】→【段落】组中单击 按钮，在打开的下拉列表中选择"边框和底纹"选项。

（2）打开"边框和底纹"对话框的"边框"选项卡，在其中可设置边框样式、颜色、粗细等，在"预览"栏中可即时查看设置的效果，如图2-30所示。

（3）单击"底纹"选项卡，在其中可设置底纹颜色，如图2-31所示，完成后单击 确定 按钮即可。

图2-30 设置边框

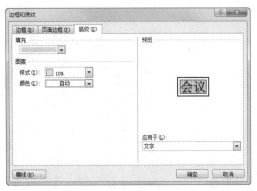

图2-31 设置底纹

知识提示 在选择需设置边框和底纹的文本时，不能将该段文本末端的符号一并选中，否则将对该段落进行设置，其效果与设置文本的效果会有所出入。另外，若只是需要设置简单的边框和底纹，也可以通过"字体"组中的"边框"按钮 A 和"底纹"按钮 A 来实现。

2.2.4 添加项目符号和编号

使用项目符号与编号功能，可为属于并列关系的段落添加●、★、◆等项目符号，也可添加"1.2.3."或"A.B.C."等编号，还可组成多级列表，使文档层次分明、条理清晰。

1. 添加项目符号

选择需要添加项目符号的段落，在【开始】→【段落】组中单击"项目符号"按钮 ≡▾ 右侧的 按钮，在打开的下拉列表中选择一种项目符号样式，即可对段落添加项目符号，如图2-32所示。

2. 自定义项目符号

Word 2010中默认的项目符号样式共7种，如果需自定义项目符号，其具体操作如下。

图2-32 添加项目符号

（1）选择需要添加自定义项目符号的段落，在【开始】→【段落】组中单击"项目符号"按钮 ≡▾ 右侧的 按钮，在弹出的下拉列表中选择"定义新项目符号"选项，如图2-33所示。

（2）打开"定义新项目符号"对话框。在"项目符号字符"栏中单击 图片(P)... 按钮，打开"图片项目符号"对话框，在该对话框中的下拉列表中选择项目符号样式后，单击 确定 按钮，如图2-34所示，返回"定义新项目符号"对话框。

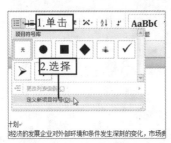

图2-33 选择"定义新项目符号"选项

图2-34 自定义项目符号

（3）在"对齐方式"下拉列表中选择项目符号的对齐方式，此时可以在下面的预览窗口中预览设置效果，最后单击 按钮即可。

3. 添加编号

在制作办公文档时，对于按一定顺序或层次结构排列的文本，可以为其添加编号。其操作方法为：选择要添加编号的文本，在【开始】→【段落】组中单击"编号"按钮 右侧的 按钮，即可在弹出的下拉列表中选择需要添加的编号，如图2-35所示。

另外，在下拉列表中还可选择"定义新编号格式"选项来自定义编号格式，其方法与自定义项目符号相似。

图2-35 添加编号

4. 设置多级列表

多级列表主要用于规章制度等需要各种级别的编号的文档，设置多级列表的方法为：选择需要设置的段落，在【开始】→【段落】组中单击"多级列表"按钮 ，在打开的下拉列表中选择一种编号的样式即可。

对段落设置多级列表后默认各段落标题级别是相同的，看不出级别效果，可以依次在下一级标题编号后面按一下【Tab】键，表示下降一级标题。

操作技巧

2.2.5 设置特殊版式

利用Word可以设置一些特殊的文档版式，这里主要讲解3种常见版式的处理技巧，包括文档分栏、首字下沉和添加中文拼音。

1. 文档分栏

在处理一些特殊的文档过程中，有时需要在一个页面中以多栏形式显示文本内容，可通过Word的分栏功能达到目的，其具体操作如下。

（1）选择需分栏的文本，在【页面布局】→【页面设置】组中单击 分栏 按钮，在打开的下拉列表中可选择预设的栏数。

（2）或者选择"更多分栏"选项，打开"分栏"对话框，在其中可设置分栏的具体参数，如图2-36所示。

（3）设置完成后单击 确定 按钮即可应用设置，效果如图2-37所示.

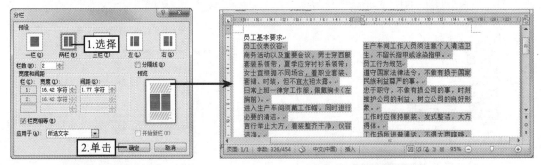

图2-36 设置分栏　　　　　　　　　　图2-37 文档分栏效果

2. 首字下沉

首字下沉的效果具有很强的可读性，设置的具体操作如下。

（1）选择需设置首字下沉的文本，在【插入】→【文本】组中单击 首字下沉 按钮，在打开的下拉列表中可选择预设的方案。

（2）选择"首字下沉选项"选项，打开"首字下沉"对话框，在其中可设置首字下沉的位置和相关选项等，如图2-38所示。

（3）单击 确定 按钮即可应用设置，效果如图2-39所示。

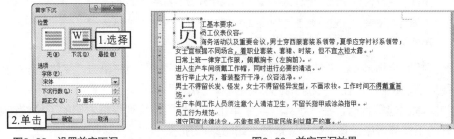

图2-38 设置首字下沉　　　　　　　　图2-39 首字下沉效果

3. 添加中文拼音

在Word 2010中可为选择的中文文本添加拼音注释，其具体操作如下。

（1）选择需添加中文拼音的文本，在【开始】→【字体】组中单击"拼音指南"按钮 变。

（2）打开"拼音指南"对话框，通过设置下方的参数可对添加拼音的对齐方式、相对于文本的位置、拼音的字体和字号等进行设置，如图2-40所示。

（3）单击 确定 按钮即可应用设置。

图2-40 添加中文拼音

2.2.6　课堂案例2——制作"招聘启事"文档

本案例将制作"招聘启事"文档进一步设置字符格式、段落格式、编号和项目符号等。需要注意的是，一般的办公文书都有其固定的格式，格式化其中的文本或段落时应以固定格式为准。参考效果如图2-41所示。

图2-41　设置格式前后的对比效果

素材所在位置	光盘:\素材文件\第2章\课堂练习2\招聘启事.docx
效果所在位置	光盘:\效果文件\第2章\课堂练习2\招聘启事.docx
视频演示	光盘:\视频文件\第2章\制作"招聘启事"文档.swf

（1）打开"招聘启事.docx"文档，选择标题文本，在"字体"组中单击"字体"下拉列表框右侧的下拉按钮，在打开的下拉列表中选择"黑体"选项。

（2）保持文本的选择状态，在"字体"组中单击"字号"下拉列表框右侧的下拉按钮，在打开的下拉列表中选择"二号"选项，如图2-42所示。

（3）利用相同的方法设置"招聘职位"所在行的字号为"小四"，在"字体"组中单击 **B** 按钮，加粗文本，效果如图2-43所示。

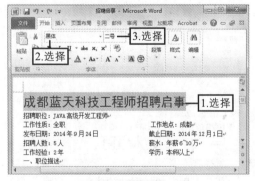

图2-42　设置标题

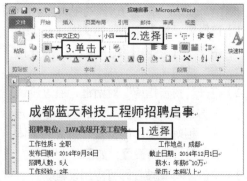

图2-43　设置"招聘职位"

（4）选择"工作性质"到"工作经验"几个段落文本，在"字体"组中单击 按钮，打开"字体"对话框，在"中文字体"下拉列表框中选择"楷体"选项，在"英文字体"下拉列表框中选择"Times New Roman"选项，单击 确定 按钮即可，如图2-44所示。

（5）选择"一、职位描述"文本，在浮动面板中设置字号、字形为"小四、加粗"，然后单击"字体颜色"按钮 右侧的下拉按钮，在打开的下拉列表中选择红色，效果如图2-45所示。

图2-44 设置"字体"对话框

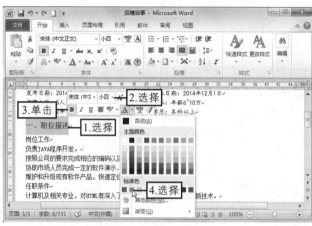
图2-45 设置文字颜色

（6）设置"岗位工作"文本的字形为加粗，选择除标题和落款外的所有段落文本，在【开始】→【段落】组中单击 按钮。

（7）打开"段落"对话框，单击"缩进和间距"选项卡，在"特殊格式"下拉列表框中选择"首行缩进"选项，此时右侧的"磅值"将默认为"2字符"，如图2-46所示。

（8）单击 确定 按钮即可应用设置，使用相同的方法设置其他相应文本的格式，完成后的效果如图2-47所示。

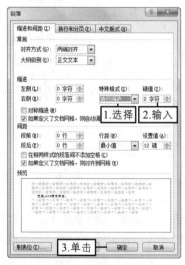
图2-46 设置首行缩进

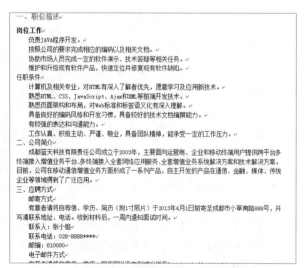
图2-47 设置首行缩进效果

（9）选择标题段落文本，在"段落"组中单击"居中"按钮 ，将标题设置为居中对齐。

（10）选择落款两个段落，在"段落"组中单击"右对齐"按钮 ，将其设置为右对齐。

（11）选择"招聘职位"到"工作经验"几个段落文本，在"段落"组中单击 按钮，在打开的下拉列表中选择"边框和底纹"选项，打开"边框和底纹"对话框。

（12）单击"边框"选项卡，在"设置"列表框中选择"方框"选项，在"样式"列表框中选择双波浪线，在"颜色"下拉列表框中选择"浅橙色"选项，在右侧的"预览"栏中可即时查看设置的效果，分别单击 和按钮 ，取消左右边框线，单击 确定 按钮，步骤及效果如图2-48所示。

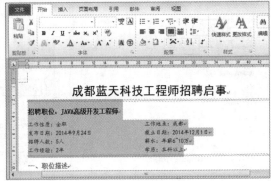

图2-48 设置边框样式

（13）选择"合则约见，拒绝来访。"文本，在"字体"组中单击"字符底纹"按钮 ，即可为选中的字符添加浅色底纹。

（14）选择"岗位工作"标题段落，在"段落"组中单击"项目符号"按钮 右侧的 按钮，在打开的下拉列表中选择如图2-49所示的项目符号即可应用设置。

（15）选择"岗位工作"下面的文本内容，在"段落"组中单击"编号"按钮 右侧的 按钮，在打开的下拉列表中选择如图2-50所示的编号即可应用设置。

（16）用同样的方法为"任职条件"标题下的内容文本添加编号。

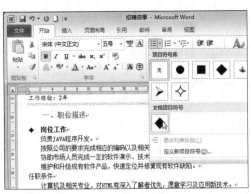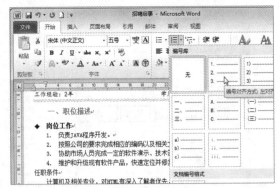

图2-49 设置项目符号   图2-50 设置编号

（17）将光标插入点定位到"一、职位描述"段落中，双击"剪贴板"组中的按钮 ，此时鼠标指针将变成 形状，用鼠标拖动选中要粘贴格式的"二、公司简介"和"三、应聘方式"段落文本，可应用相同的格式。

（18）单击 按钮退出格式刷状态。再使用相同的方法复制其他格式到相应的段落中即可。

2.3 课堂练习

本课课堂练习将分别制作会议记录文档和工作总结文档，综合练习本章学习的知识点，将文档的各类格式设置应用到实践中，学以致用。

2.3.1 制作"会议记录"文档

1. 练习目标

会议时，通常需要将会议的过程和内容进行记录，这就需要制作会议记录文档，便于会议后发放相关人员和存档，本练习要求对已经录入好的"会议记录"文档（如图2-51左图）进行格式设置，参考效果如图2-51右图所示。

图2-51　"会议记录"文档参考效果

素材所在位置　光盘:\素材文件\第2章\课堂练习\会议记录.docx

效果所在位置　光盘:\效果文件\第2章\课堂练习\会议记录.docx

视频演示　　　光盘:\视频文件\第2章\制作"会议记录"文档.swf

2. 操作思路

根据练习目标要求，本练习的操作思路如图2-52所示。

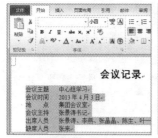
① 设置标题和会议主题等格式

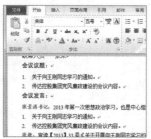
② 设置文档小标题和发言人格式

③ 添加段落编号和设置落款右对齐

图2-52　设置"会议记录"文档格式的操作思路

（1）打开提供的素材文档，将文档大标题设置为“黑体、20号、加粗、居中对齐”。

（2）将除落款外的所有正文段落设置为“首行缩进2字符”，文档最前面的“会议主题”等6行文本设置为“小四”。

（3）将“会议议题”等小标题设置为“黑体、小四、1.5倍行距”，然后将“会议结论”下的文本加粗并设置为红色。

（4）为文档中的部分项目段落添加数字编号，再将发言人对应的文本设置为“红色、加粗”，然后将落款设置为右对齐，保存文档。

职业素养

会议记录是配合会议的召开而制作的文书，是记录会议的组织情况、议程、会议内容等基本情况而形成的书面材料，是反映会务活动的重要材料，是形成会议纪要文件的蓝本。专业的会议记录还应有以下要求。

① 会议记录的开头包括会议主题、时间、地点、出席人数、缺席人（原因）、列席人（职位）、主持人及记录人。

② 记录的内容一般需包括会议的议题、会议的大致过程、会议发言或讲话的内容、传达的问题或作出的决议等。

2.3.2 制作“工作总结”文档

1. 练习目标

本实训的目标是制作“工作总结”文档，该目标要求熟练掌握字符的字体、字号、字形和颜色的设置方法，熟练掌握文档段落的缩进、对齐和段行间距的设置方法，熟悉掌握文档中项目符号和编号的设置方法，以及了解自定义项目符号和编号的方法。图2-53所示为“工作总结”文档编辑前后对比效果。

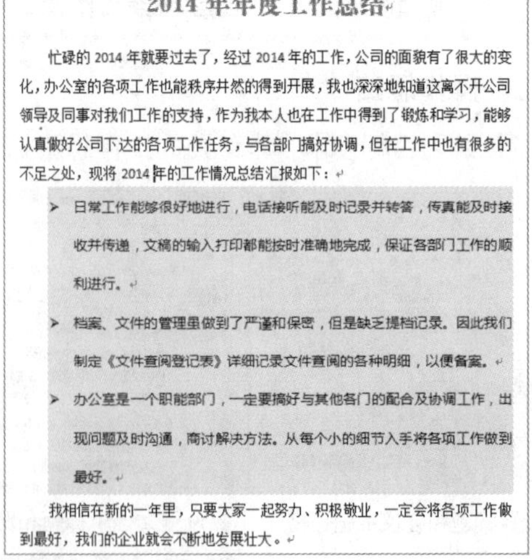

素材所在位置	光盘:\素材文件\第2章\课堂练习\工作总结.docx
效果所在位置	光盘:\效果文件\第2章\课堂练习\工作总结.docx
视频演示	光盘:\视频文件\第2章\制作“工作总结”文档.swf

2014年年度工作总结

忙碌的2014年就要过去了，经过2014年的工作，公司的面貌有了很大的变化，办公室的各项工作也能秩序井然的得到开展，我也深深地知道这离不开公司领导及同事对我们工作的支持，作为我本人也在工作中得到了锻炼和学习，能够认真做好公司下达的各项工作任务，与各部门搞好协调，但在工作中也有很多的不足之处，现将2014年的工作情况总结汇报如下：

日常工作能够很好地进行，电话接听能及时记录并转答，传真能及时接收并传递，文稿的输入打印都能按时准确地完成，保证各部门工作的顺利进行。

档案、文件的管理虽做到了严谨和保密，但是缺乏提档记录。因此我们制定《文件查阅登记表》详细记录文件查阅的各种明细，以便备案。

办公室是一个职能部门，一定要搞好与其他各门的配合及协调工作，出现问题及时沟通，商讨解决方法。从每个小的细节入手将各项工作做到最好。

我相信在新的一年里，只要大家一起努力、积极敬业，一定会将各项工作做到最好，我们的企业就会不断地发展壮大。

2014年年度工作总结

忙碌的2014年就要过去了，经过2014年的工作，公司的面貌有了很大的变化，办公室的各项工作也能秩序井然的得到开展，我也深深地知道这离不开公司领导及同事对我们工作的支持，作为我本人也在工作中得到了锻炼和学习，能够认真做好公司下达的各项工作任务，与各部门搞好协调，但在工作中也有很多的不足之处，现将2014年的工作情况总结汇报如下：

- 日常工作能够很好地进行，电话接听能及时记录并转答，传真能及时接收并传递，文稿的输入打印都能按时准确地完成，保证各部门工作的顺利进行。
- 档案、文件的管理虽做到了严谨和保密，但是缺乏提档记录。因此我们制定《文件查阅登记表》详细记录文件查阅的各种明细，以便备案。
- 办公室是一个职能部门，一定要搞好与其他各门的配合及协调工作，出现问题及时沟通，商讨解决方法。从每个小的细节入手将各项工作做到最好。

我相信在新的一年里，只要大家一起努力、积极敬业，一定会将各项工作做到最好，我们的企业就会不断地发展壮大。

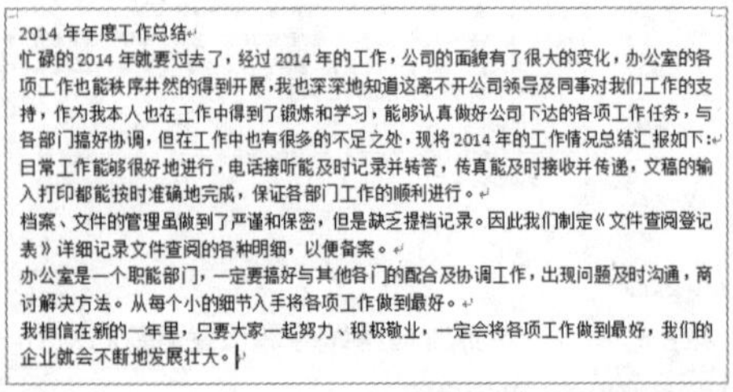

图2-53 “工作总结”文档编辑前后对比效果

职业素养　　工作总结是对已经做过的工作进行理性思考，并表现为文字的一种应用文格式，其目的是回顾过去做了些什么，如何做的，做得怎么样，并通过在总结过去经验教训的基础上展望未来。好的工作总结是在做好总结工作的基础上写出来的。工作总结的正文一般分为前情回顾、经验体会和今后打算3个部分。

2. 操作思路

完成本实训需要先新建文档并在其中输入文本，然后对文本进行相应的编辑，本例的操作思路如图2-54所示。

① 设置字符格式　　　　　　　　　　　② 添加项目符号和底纹

图2-54　"工作总结"文档的制作思路

（1）新建文档并将其以"工作总结"为名进行保存，将标题文本的格式设置为"汉仪粗宋简、二号、居中、青色"。

（2）将正文文本设置为"首行缩进、1.5 倍行距"。

（3）将总结汇报段落的字体设置为"微软雅黑"，然后利用对话框为其添加第2行第3个项目符号，最后为其填充"灰色 – 10%"的底纹效果，完成后保存文档即可。

2.4　拓展知识

为了防止他人进入计算机查看并修改Word 文档的内容，用户还可通过"保存"对话框同时设置Word 文档的保存与保护功能。其具体操作如下。

（1）在"另存为"对话框中单击 工具(L) 按钮，在打开的下拉列表中选择"常规选项"选项。

（2）在打开的"常规选项"对话框中，若希望审阅者必须输入密码才能查看文档，可在"打开文件时的密码"文本框中输入密码；若希望审阅者必须输入密码才能保存对文档的更改，可在"修改文件时的密码"文本框中输入密码；若不希望内容审阅者无意间修改文件，可单击选中"建议以只读方式打开文档"复选框，完成后单击 确定 按钮即可。

（3）在打开的"确认密码"对话框的"请再次键入打开文件时的密码"文本框中重新输入密码进行确认，完成后单击 确定 按钮，再在打开的"确认密码"对话框的"请再次键入修改文件时的密码"文本框中重新输入密码进行确认，完成后单击 确定 按钮。

（4）返回"另存为"对话框中，单击 保存(S) 按钮即可同时设置文档的保护与保存功能。

2.5　课后习题

（1）打开"联合公文"文档，对其进行格式设置，完成后的效果如图2-55所示。

提示：选择前3 行标题，设置为"居中对齐"，第一行的标题文字颜色修改为红色。选择除前3 行标题外的所有正文和落款文本，将其字号设置为"仿宋、小四"。为正文中"具体意见如下："下的3 行文本添加自动编号效果。选择通知的署名和日期，设置为"右对齐"。选择最后的"主题词"等相关文本，为其添加下划线效果。

素材所在位置	光盘:\素材文件\第2章\课后习题\联合公文.docx
效果所在位置	光盘:\效果文件\第2章\课后习题\联合公文.docx
视频演示	光盘:\视频文件\第2章\制作联合公文.swf

（2）打开"房屋提价通知.docx"文档，将标题文本设置为"楷体、三号、红色"，将正文文本设置为"黑体、小四、蓝色"，如图2-56所示。

素材所在位置	光盘:\素材文件\第2章\课后习题\房屋提价通知.docx
效果所在位置	光盘:\效果文件\第2章\课后习题\房屋提价通知.docx
视频演示	光盘:\视频文件\第2章\制作房屋提价通知.swf

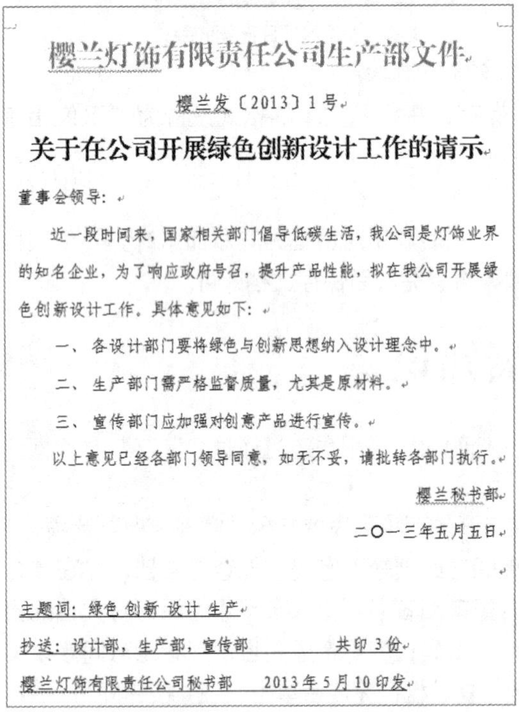

樱兰灯饰有限责任公司生产部文件

樱兰发〔2013〕1 号

关于在公司开展绿色创新设计工作的请示

董事会领导：

近一段时间来，国家相关部门倡导低碳生活，我公司是灯饰业界的知名企业，为了响应政府号召，提升产品性能，拟在我公司开展绿色创新设计工作。具体意见如下：

一、 各设计部门要将绿色与创新思想纳入设计理念中。

二、 生产部门需严格监督质量，尤其是原材料。

三、 宣传部门应加强对创意产品进行宣传。

以上意见已经各部门领导同意，如无不妥，请批转各部门执行。

樱兰秘书部

二〇一三年五月五日

主题词：绿色 创新 设计 生产

抄送：设计部，生产部，宣传部   共印 3 份

樱兰灯饰有限责任公司秘书部   2013年 5 月 10 印发

图2-55 "联合公文"文档效果

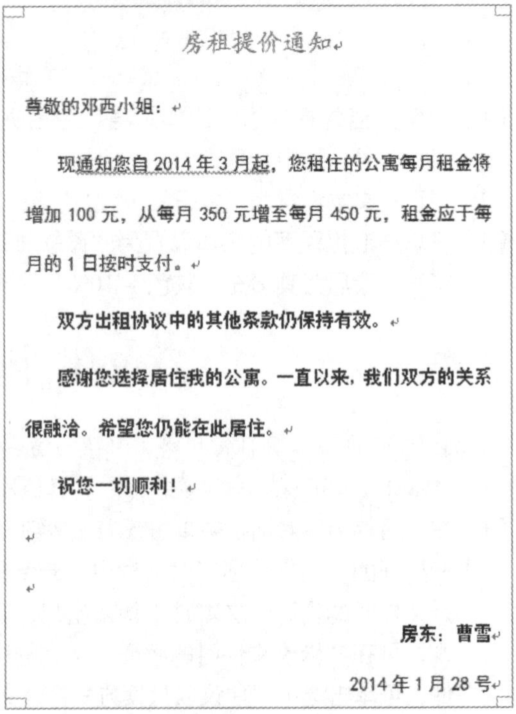

房租提价通知

尊敬的邓西小姐：

现通知您自 2014 年 3 月起，您租住的公寓每月租金将增加 100 元，从每月 350 元增至每月 450 元，租金应于每月的 1 日按时支付。

双方出租协议中的其他条款仍保持有效。

感谢您选择居住我的公寓。一直以来，我们双方的关系很融洽。希望您仍能在此居住。

祝您一切顺利！

房东：曹雪

2014 年 1 月 28 号

图2-56 "房屋提价通知"文档效果

第3章

排版和打印Word文档

本章将详细讲解使用Word来排版和打印文档的相关技能。读者通过学习能够掌握美化文档内容的方法、排版长文档的技巧、审阅文档的方法以及批量制作文档和打印文档的方法，并能够完成日常工作中需要的各类办公文档的制作。

 学习要点

- ◎ 在文档中插入各种对象
- ◎ 制作表格
- ◎ 使用样式
- ◎ 审阅和修订文档
- ◎ 邮件合并制作文档
- ◎ 设置页面和打印文档

 学习目标

- ◎ 掌握美化文档的相关操作
- ◎ 掌握长文档的制作技巧
- ◎ 熟悉打印文档的方法

3.1 美化文档内容

在Word中输入文本并设置格式后，可达到一般文档的制作要求。办公过程中，不同环境需要的文档效果也不同，如需要制作一些图文并茂的文档来美化文档页面、丰富文档内容。本节将具体介绍美化文档内容的相关知识，通过学习，应能制作出页面版式合理、内容丰富的文档。

3.1.1 插入剪贴画和图片

在文档中可以插入Office 2010自带的剪贴画或电脑中保存的图片文件等，下面具体讲解其方法。

1. 插入剪贴画

Office 2010自带了多种剪贴画，可以根据不同的需要选择插入，其具体操作如下。

（1）将光标插入点定位在文档中需插入剪贴画的位置，在【插入】→【插图】组中单击"剪贴画"按钮，打开"剪贴画"任务窗格。

（2）在"搜索文字"文本框中输入需搜索的剪贴画名称，在"结果类型"下拉列表框中可设置搜索的剪贴画类型，单击 搜索 按钮。

（3）搜索到的剪贴画缩略图将显示在任务窗格中，如图3-1所示，单击缩略图，该剪贴画就会自动插入到文档的光标插入点处。

图3-1 插入剪贴画

2. 插入并设置图片

在Word中，除了可以插入剪贴画外还可以插入图片文件，其具体操作如下。

（1）将光标插入点定位在文档中需插入图片的位置，在【插入】→【插图】组中单击"图片"按钮，打开"插入图片"对话框。

（2）在"文件位置"下拉列表框中选择图片保存的位置，在其下的列表框中选择需要插入的图片，如图3-2左图所示。单击 插入(S) 按钮即可在光标插入点处插入所选图片。

在文档中插入剪贴画或图片文件后，将激活"图片工具"的"格式"功能选项卡，如图3-2右图所示，在其中可以设置图片的相关属性，其中各组功能的含义如下。

图3-2 插入图片

◎ **"调整"组**：在该组中单击相应的按钮可对图片进行相应的效果处理，如删除图片背景、更改图片色调、添加艺术效果等。

◎ **"边框"组**：在该组中可设置图片在文档中边框的样式，如粗细、虚线等。

◎ **"排列"组**：在该组中可设置图片在文档中的位置，如四周环绕、居中对齐等。

◎ **"大小"组**：在该组中单击"裁剪"按钮裁剪图片，在右侧的数值框中输入具体值可设置图片的缩放比例。

3.1.2 插入并编辑艺术字

艺术字是指具有特殊效果的文字，在文档中插入艺术字会使文档更具视觉效果，下面分别讲解插入和编辑艺术字的方法。

1. 插入艺术字

插入艺术字的具体操作如下。

（1）将文本插入点定位到需插入艺术字的位置，在【插入】→【文本】组中单击"艺术字"按钮，在打开的下拉列表框中选择需要的艺术字样式，如图3-3所示。

（2）在文档中出现的艺术字文本框中单击鼠标，输入相应的文本，再根据需要设置文本的字体和字号等。

（3）将鼠标指针移动到艺术字文本框右上角的控制点上，当鼠标指针变为形状时，拖动鼠标，根据文本调整文本框的大小，在文档其他位置单击鼠标，取消文本框的选中状态，即可查看艺术字效果，如图3-4所示。

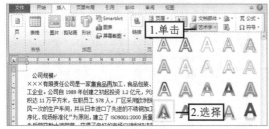
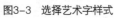

图3-3 选择艺术字样式

图3-4 插入的艺术字

2. 编辑艺术字

插入艺术字后，在文本框上单击选择艺术字，便可激活其"格式"选项卡进行设置，其中各组的主要作用介绍如下。

◎ **"插入形状"组**：可以为艺术字添加形状边框，与前面的形状图形的编辑方法相同。

◎ **"形状样式"组**：在其列表框中可选择一种形状样式选项，也可单击右侧的按钮自定义形状的填充颜色、轮廓颜色等。

◎ **"艺术字样式"组**：通过该组设置艺术字的特殊效果，包括文本填充、文本轮廓和文字效果等。

◎ **"文本"组**：用于设置艺术字文本的排列方向和对齐位置。

◎ **"排列"组**：用于设置艺术字文本的环绕位置、排列顺序和对齐方式等。

◎ **"大小"组**：用于设置艺术字文本的大小。

操作技巧　　将鼠标指针移动到艺术字文本框上方的控制柄⊙上，当鼠标指针变为⟳形状时，按住鼠标左键拖动，旋转艺术字至合适的角度后释放鼠标即旋转了艺术字的方向。

3.1.3 插入并编辑文本框

由于文本框可以被置于文档页面中的任何位置，而且文本框中可以放置图片、表格和艺术字等内容，所以利用文本框可以设计出较为特殊的文档版式。

1. 插入文本框

插入文本框的具体操作如下。

（1）将文本插入点定位到需插入文本框的位置，在【插入】→【文本】组中单击"文本框"按钮，在打开的下拉列表中选择一种文本框样式，如图3-5所示。

（2）在文本框中输入文本，将鼠标指针移动到文本框右侧中间的控制点上，按住鼠标左键不放，水平向左拖动，可以调整文本框宽度。

（3）将鼠标指针移动到文本框边框上，按住鼠标左键不放，可以将文本框拖动到其他位置，如图3-6所示。

图3-5　选择文本框　　　　　　　　图3-6　插入文本框效果

2. 编辑文本框

在Word 2010中可根据需要为文本框设置各种样式。文本框绘制完成后将激活"格式"选项卡，在"格式"选项卡下的各组中即可为文本框设置各种效果，其中的设置参数与前面的艺术字相同。

另外，通过"设置形状格式"对话框也可对文本框进行编辑，方法是在文本框的边框上单击鼠标右键，在弹出的快捷菜单中选择"设置形状格式"命令，打开如图3-7所示的"设置形状格式"对话框，在对话框左侧单击各个选项卡，再设置相应的参数，完成后单击 关闭 按钮即可。

图3-7 "设置形状格式"对话框

3.1.4 插入并编辑图形

Word 2010中提供了多种形状图形，包括线条、正方形、箭头、椭圆、流程图和旗帜等，将这些形状插入到文档中，并对其进行编辑，可制作非常专业的文档。

1. 插入形状

在【插入】→【插图】组中单击"形状"按钮📷，在打开的下拉列表中即可选择所需形状，如图3-8所示，当鼠标指针变成+形状，在文档的合适位置按住鼠标左键不放，并拖动鼠标，即可绘制出各种形状图形，如图3-9所示。

图3-8 选择形状样式

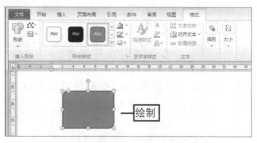

图3-9 绘制的形状

2. 编辑形状

插入形状后，用户可通过【绘图工具】→【格式】选项卡对其大小和外观等进行编辑，还可为其添加或更换不同的样式。该选项卡中的"排列"组和"大小"组的作用与设置方法与前面介绍的图片工具组相似。

◎ **"插入形状"组**：选择绘制的形状图形，单击"编辑形状"按钮⚒，在打开的下拉列表中选择"更改形状"下的形状样式，可以更改当前形状样式；选择"编辑顶点"选项，拖动图形四周出现的控制柄可改变其形状。

◎ **"形状样式"组**：在其列表框中选择一种图形样式选项，也可单击右侧的3个按钮自定义形状的填充颜色、轮廓颜色和阴影效果等。

◎ "艺术字样式"组：在绘制的形状上单击鼠标右键，在弹出的快捷菜单中选择"添加文字"命令，形状中将出现文本插入点，输入文字后可通过该组设置形状中文字的艺术效果。

◎ "文本"组：用于设置形状中的文字排列方向和对齐位置。

3. 插入SmartArt图形

SmartArt图形可以直观地表示数据关系、流程、结构层次等，如办公中经常需要创建的公司组织结构图、产品生产流程图和采购流程图等，从而让文档内容更加生动。添加SmartArt图形的具体操作如下。

（1）在【插入】→【插图】组中单击 SmartArt 按钮，打开"选择 SmartArt 图形"对话框。

（2）在对话框左侧单击选择SmartArt图形的类型，如单击"层次结构"选项卡，在对话框右侧的列表中选择一种样式，如选择"水平组织结构图"选项，单击 确定 按钮，如图3-10所示。

（3）返回文档编辑区，在自动打开的"在此处键入文字"窗格中输入文本，文档中的结构图中将同步显示输入的文本，也可以在SmartArt图形中单击需要输入文本的形状，再输入相应文本，"在此处键入文字"窗格也将同步显示输入的文本，如图3-11所示。

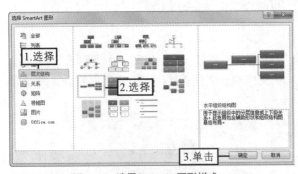

图3-10 选择SmartArt图形样式

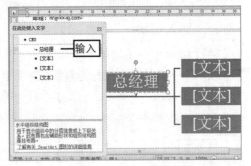

图3-11 添加SmartArt图形文本

（4）在SmartArt图形的其他形状中输入文本，然后在文档其他位置单击鼠标，取消SmartArt图形的选中状态，即可查看效果。

4. 编辑SmartArt图形

插入SmartArt图形并输入基本内容后，可根据实际情况在激活的"设计"选项卡中对其样式进行编辑。各组的作用介绍如下。

◎ "创建图形"组：单击 添加形状 按钮右侧的 按钮，在打开的下拉列表中选择相应的选项可以在不同位置增加形状。在该组中单击相应的按钮还可以移动各形状的位置并调整级别大小。

◎ "布局"组：单击列表框右侧的 按钮，在打开的下拉列表中选择一种该类别下的其他SmartArt图形布局样式，也可选择"其他布局"命令，打开"选择 SmartArt 图形"对话框，重新设置SmartArt图形的布局样式。

◎ "SmartArt样式"组：在列表框中可选择带有三维效果等样式，单击"更改颜色"按钮 可以设置SmartArt图形的颜色。

◎ "重置"组：单击"重设图形"按钮 ，放弃对SmartArt图形所做的全部格式更改。

> 选择SmartArt图形后，在激活的"格式"选项卡中可对各个形状图形的样式及
> 文本效果进行设置，其参数设置与前面介绍的图片的格式设置基本相同。
>
> 知识提示

3.1.5 课堂案例1——美化"金字文化公司组织结构图"文档

公司组织结构图是企业画册中必备的部分，主要是表示公司成员、职称和群体关系的一种
图表，它能形象地反映出组织内各机构、岗位上下左右相互之间的关系，组织结构图的绘制是
一种层次关系的表达，可使用"层次结构"SmartArt图形来实现。参考效果如图3-12所示。

> 效果所在位置 　光盘:\效果文件\第3章\课堂案例1\金字公司组织结构图.docx
> 视频演示 　　光盘:\视频文件\第3章\美化"公司组织结构图"文档.swf

图3-12 "公司组织结构图"最终效果

（1）新建一篇Word文档，将其保存为"公司组织结构图.docx"。

（2）将文本插入点定位到文档标题位置，插入并选择"填充–蓝色，强调文字颜色1，金属棱
台，映像"艺术字样式，然后输入艺术字"金字文化公司组织"，调整艺术字的大小和
位置，效果如图3-13所示。

（3）将文本插入点定位到文档标题左侧，打开"剪贴画"任务窗格，在"搜索文字"文本框
中输入"建筑"，单击 搜索 按钮后选择如图3-14所示的剪贴画进行插入。

图3-13 插入艺术字

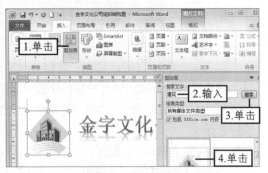

图3-14 添加剪贴画

（4）选择剪贴画，在【格式】→【排列】组中单击"自动换行"按钮 ，在打开的对话框中

选择"浮于文字上方"选项，然后缩小图片并调整位置，并在【图片工具】→【格式】→【调整】组中单击"更正"按钮※，在打开的下拉列表中选择对应选项，增加其亮度和对比度，效果如图3-15所示。

（5）在【插入】→【插图】组中单击"形状"按钮，在打开的下拉列表中选择"直线"形状，在标题下方绘制一条直线，如图3-16所示。

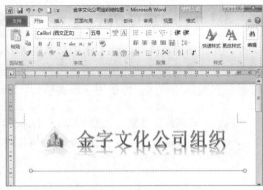

图3-15　设置剪贴画　　　　　　　　　　　图3-16　绘制直线

（6）在【格式】→【形状样式】组中单击按钮，在打开的下拉列表中选择如图3-17所示的形状样式。

（7）将文本插入点定位到文档标题下方，在【插入】→【插图】组中单击SmartArt按钮，打开"插入SmartArt图形"对话框，在左侧列表框中单击"层次结构"选项卡，在右侧列表框中选择"层次结构"选项，单击确定按钮，如图3-18所示。

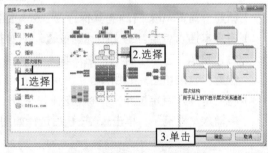

图3-17　更改形状样式　　　　　　　　　图3-18　插入SmartArt图形对象

（8）选择SmartArt图形第二排的第一个图形，在【SmartArt工具设计】→【创建图形】组单击添加形状按钮右侧的按钮，在打开的下拉列表中选择"在前面添加形状"选项，增加二级层次形状，用相同的方法再次添加二级和三级层次形状。

（9）然后在"在此处键入文字"窗格中依次输入各组织结构图形状中的文本内容，如图3-19所示。

（10）选择整个SmartArt图形，在"设计"选项卡中设置一种彩色颜色，并添加"优雅"三维SmartArt样式，如图3-20所示，完成制作。

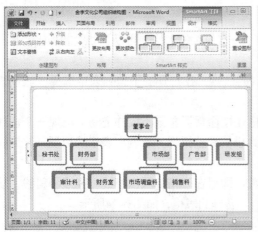

图3-19　添加文字

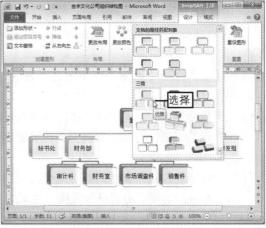

图3-20　设置三维样式

3.2　制作Word表格

表格是由多个单元格按行、列的方式组合而成的，使用表格记录信息可以使信息更加清晰明了、便于查看。Word的表格处理功能非常强大，不仅可以插入相应行、列数的表格，还可以对表格进行各种编辑和美化操作。本小节将详细讲解插入和编辑表格的相关内容。

3.2.1　插入表格

在Word文档中插入表格分为插入固定行列表格和手动绘制表格两种方法，下面分别进行介绍。

1．插入固定行列表格

插入固定的行列表格的具体操作如下。

（1）将插入点定位到需插入表格的位置，在【插入】→【表格】组中单击"表格"按钮▦。

（2）打开一个下拉列表，在其中按住鼠标左键不放并拖动，直到达到需要的表格行列数，如图3-21所示。

（3）释放鼠标即可在插入点位置插入表格。

操作技巧　　　　在图3-21所示的下拉列表中选择"插入表格"命令，打开"插入表格"对话框，在该对话框中可以自定义表格的行列数和列宽，如图3-22所示，然后单击 ▭确定 按钮也可创建表格。

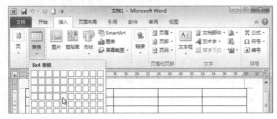

图3-21　通过"插入表格"按钮插入表

图3-22　"插入表格"对话框

2. 绘制表格

通过自动插入只能插入比较规则的表格，对于一些复杂的表格，可以手动绘制表格，其具体操作如下。

（1）在【插入】→【表格】组中单击"表格"按钮▦，在打开的下拉列表中选择"绘制表格"选项。

（2）此时鼠标指针变成∅形状，在需要插入表格处按住鼠标左键不放并拖动，出现一个虚线框显示的表格，拖动鼠标调整虚框到适当大小后释放鼠标，绘制出表格的边框，效果如图3-23所示。

（3）按住鼠标左键从一条线的起点拖至终点释放，即可在表格中画出横线、竖线和斜线，从而将绘制的边框分成若干单元格，并形成各种各样的表格，如图3-24所示。

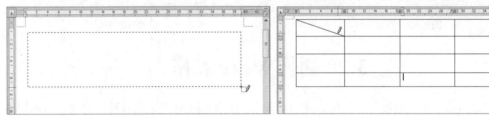

图3-23 绘制表格外边框   图3-24 绘制表格行列线

知识提示　　在手动绘制表格过程中，还可以随时擦除多余的表格线，方法是在【表格工具】→【设计】→【绘图边框】组中单击"擦除"按钮▦，再单击要擦除的表格线便可擦除掉。

3.2.2 编辑表格内容

绘制表格后，在相应的单元格中单击鼠标定位插入点，然后输入文本即可。对于自动插入的表格，若单元格行列不符合需要的还可以进行合并或拆分操作。

1. 输入并选择表格对象

对表格中的文本或单元格进行编辑，通常需要先选择其中的文本，选择表格中的文本和在Word中选择普通文本的操作相同，通过鼠标拖动即可。如果要选择表格行、列或整个表格，其方法分别如下。

◎ **选择表格行、列**：将鼠标指针移到表格某一列的上方或某一行的左方，鼠标指针会变为↓或→形状，单击鼠标可选择该列或该行。

◎ **选择整个表格**：将鼠标指针移至表格上时，表格左上角会出现⊞图标，单击该图标可选择整个表格对象。

2. 添加和删除表格行列

添加表格行或列的操作基本相同，添加行或列时，先将文本插入点定位在表格中要添加行或列的单元格中，然后在【表格工具】→【布局】→【行和列】组中单击"在上方插入"按钮▦等按钮，即可插入相应的行和列。

删除行或列时，先选择需要删除的行或列，然后在【表格工具】→【布局】→【行和列】组中单击"删除"按钮，在打开的下拉列表中选择相应的删除选项即可。

操作技巧　　　用鼠标选择行或列后，在选择的区域上单击鼠标右键，在弹出的快捷菜单中也可选择相应的命令添加或删除行或列。

3. 合并和拆分单元格

　　有些表格的表头内容包含多列或多行内容，此时为了使表格整体看起来更直观，可合并相应的单元格，也可根据需要拆分单元格。合并和拆分单元格的方法分别如下。

　　◎ **合并单元格**：选择要合并的单元格后单击鼠标右键，在弹出的快捷菜单中选择"合并单元格"命令。

　　◎ **拆分单元格**：将插入点定位到要拆分的单元格中，并单击鼠标右键，在弹出的快捷菜单中选择"拆分单元格"命令，在打开的"拆分单元格"对话框中输入要拆分的行列数后单击 确定 按钮，如图3-25所示。

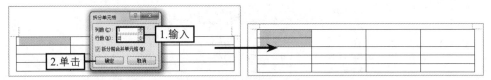

图3-25 拆分单元格前后效果

3.2.3 美化表格

　　在表格中输入相关数据后还可以对表格的属性进行设置，也可以套用表格样式来美化表格，下面分别进行介绍。

1. 设置表格属性

　　通过设置表格属性可以设置表格与文字的对齐方式，以及表格中各行高和列宽值等。

　　设置的方法是选择整个表格或将文本插入点定位到表格中，单击鼠标右键，在弹出快捷菜单中选择"表格属性"命令，打开"表格属性"对话框，各主要选项卡的作用如下。

　　◎ **"表格"选项卡**："尺寸"栏用于设置表格的宽度；"对齐方式"栏主要用于设置表格与文本的对齐方式，以及表格的左缩进值；"文字环绕"栏主要用于设置文本在表格周围的环绕方式。

　　◎ **"行"选项卡**：单击选中"指定高度"复选框，然后在"行高值是"下拉列表框中选择"固定值"选项，再在左侧"指定高度"数值框中输入行高值，便可设置整个表格的行高。

　　◎ **"列"选项卡**：单击选中"指定宽度"复选框，然后在"度量单位"下拉列表框中选择"固定值"选项，再在左侧"指定宽度"数值框中输入列宽值，便可设置整个表格的列宽。

　　◎ **"单元格"选项卡**：可以设置单元格字号大小和数值的垂直对齐方式等。

办公自动化实用教程

操作技巧　在Word 2010中还可将一个表格拆分为两个表格，方法是先将文本插入点定位于需拆分为第二个表格的首行中，在【表格工具】→【布局】→【合并】组中单击"拆分表格"按钮▦，即可在插入点的位置将表格一分为二。

2. 套用表格样式

Word 2010提供了许多漂亮的表格样式，用户可直接使用，也可根据需要进行修改。方法是选择表格，在【表格工具】→【设计】→【表格样式】组中单击▾按钮展开样式列表，在列表中选择需要的样式即可。

3.2.4　课堂案例2——制作"公司员工情况表"文档

本案例将通过制作"公司员工情况表"文档进一步巩固插入和编辑表格的相关方法。需要注意的是，一般的办公文书都有其固定的格式，格式化其中的文本或段落时应以固定格式为准。参考效果如图3-26所示。

图 3-26　公司员工情况表

效果所在位置	光盘:\效果文件\第2章\课堂案例2\公司员工情况表.docx
视频演示	光盘:\视频文件\第2章\制作"公司员工情况表"文档.swf

（1）新建文档并保存为"公司员工情况表.docx"，然后在文档中输入表格标题，将其设置为"华文行楷、三号、居中对齐"，完成后按【Enter】键换行。

（2）将文本插入点定位在第二行中，在【插入】→【表格】组中单击"表格"按钮▦，在打开的下拉列表中选择"插入表格"命令，打开"插入表格"对话框，在"列数"数值框中输入"8"，在"行数"数值框中输入"6"，单击 确定 按钮即可，如图3-27所示。

（3）在表格单元格中输入相应内容，根据内容多少拖动各列表格框线调整其列宽，然后选择所有表格文字，将字号设置为"五号"，效果如图3-28所示。

图3-27　插入表格　　　　图3-28　输入文本

（4）将文本插入点定位在"吴小刚"单元格中，然后在【表格工具】→【布局】→【行和列】组中单击"在上方插入"按钮，在上方插入一个空行，如图3-29所示。

（5）在插入的空行中输入相应的表格数据，然后选择"客户经理"单元格，单击鼠标右键，在弹出的快捷菜单中选择"拆分单元格"命令，在打开的"拆分单元格"对话框中的"行数"数值框中输入2，单击 确定 按钮，如图3-30所示。

图3-29　插入行

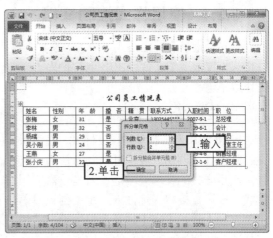

图3-30　拆分单元格

（6）在拆分后的单元格中输入文字"行政经理"，单击表格左上角的 图标选择整个表格。

（7）单击鼠标右键，在弹出快捷菜单中选择"表格属性"命令，打开"表格属性"对话框。

（8）单击"行"选项卡，单击选中"指定高度"复选框，在"行高值是"下拉列表框中选择"固定值"选项，在"指定高度"数值框中输入"0.8厘米"，单击 确定 按钮，设置行高，如图3-31所示。

（9）保持整个表格的选择状态，在【表格工具】→【设计】→【表格样式】组中单击 按钮展开样式列表，在列表中选择第二行的第六种样式，如图3-32所示，单击任意位置取消选中状态，完成本例表格的制作。

图3-31　设置表格属性

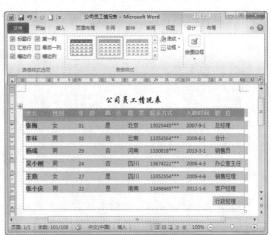

图3-32　应用表格样式

3.3 制作长文档

利用Word制作长文档也是常用的功能，利用Word的样式和大纲等可大大提高工作效率。本小节将详细讲解使用Word样式、使用大纲、添加页眉页脚、插入页码和目录等内容。

3.3.1 使用样式控制文档

样式是指具有固定格式的一种对象，当需要为多处文本或段落应用相同的样式时，逐个进行格式设置很麻烦。合理使用样式不仅可以减少设置相同格式时出现的错误，还能极大地提高工作效率。

1. 应用Word预设样式

Word 2010自带有多种预设样式，在编辑文档时可直接调用。应用样式的方法为：选择需应用样式的文本或段落（若是段落应用样式，则可直接将光标插入点定位到该段落中），在【开始】→【样式】组中单击"快速样式"按钮，在打开的下拉列表中选择需要的样式，如图3-33所示。

图3-33 应用预设样式

2. 修改样式

若觉得自带的样式与实际需要的效果有些出入，则可根据具体情况对样式进行修改，其具体操作如下。

（1）在"样式"组中单击按钮，打开"样式"任务窗格，在其中的列表框中找到需修改格式的样式，在其上单击鼠标右键，在弹出的快捷菜单中选择"修改"命令。

（2）打开"修改样式"对话框，单击左下角的按钮，在打开的下拉列表中选择需修改对象对应的命令，如图3-34所示，然后在打开的对话框中根据需要进行修改即可。

（3）完成修改后，已应用该样式的文本或段落会自动更改为修改后的样式，如图3-35所示。

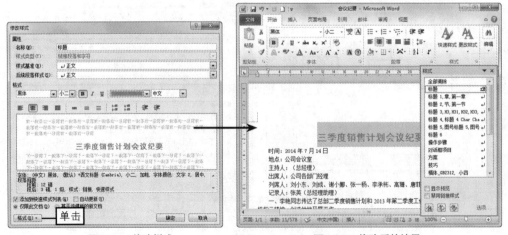

图3-34 修改样式　　　　图3-35 修改后的效果

3. 创建样式

若觉得Word自带的样式还不能满足需要，可创建新的样式，其具体操作如下。

（1）在"样式"任务窗格中单击"新建样式"按钮，打开"根据格式设置创建新样式"对话框，如图3-36所示。

（2）在"名称"文本框中可定义新样式的名称，单击 格式(U) 按钮，在弹出的菜单中可选择设置格式的对象，然后在打开的对话框中进行详细设置即可，如图3-37所示。

图3-36 创建样式

图3-37 设置样式

3.3.2 使用大纲视图和导航窗格

大纲视图是Word提供的一种浏览文档的方式，其特点是显示了文档的所有标题，使文档结构清晰地显示出来，可通过对标题的修改来调整文档的结构。在"导航"窗格中可以快速查看和定位文档标题，下面分别进行讲解。

1. 在大纲视图中查看文档结构

使用大纲视图查看文档的方法为：在【视图】→【文档视图】组中单击"大纲视图"按钮，将视图模式切换到大纲视图，如图3-38所示。

2. 在大纲视图中调整文档结构

在大纲视图中将鼠标光标定位到某标

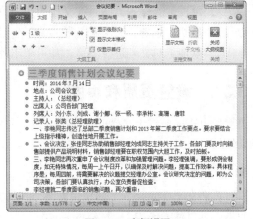

图3-38 大纲视图

题文本中，然后利用【大纲工具】组中的按钮和下拉列表框即可实现组织文档的目的。相关按钮和选项的作用介绍如下。

◎ "提升到标题1"按钮 ：单击该按钮，可将该标题设置为"标题1"的格式。

◎ "提升"按钮 ：单击该按钮，可将该标题设置为上一级标题的格式。

◎ "大纲级别"下拉列表框：单击右侧的 按钮，可在打开的下拉列表中设置该标题的大纲级别。

◎ **"降级"按钮** ➡️：单击该按钮，可将该标题设置为下一级标题的格式。

◎ **"降级为正文"按钮** ➡️：单击该按钮，可将该标题设置为正文文本的格式。

◎ **"上移"按钮** ▲：单击该按钮，可将该标题上移一级标题。

◎ **"下移"按钮** ▼：单击该按钮，可将该标题下移一级标题。

◎ **"展开"按钮** ➕：单击该按钮，可展开该标题的下级标题。

◎ **"折叠"按钮** ➖：单击该按钮，可折叠该标题的下级标题。

◎ **"显示级别"下拉列表框**：单击右侧的·按钮，在打开的下拉列表中设置显示标题的级别。

操作技巧　　在大纲视图模式下，直接选择文本内容，将其拖动到目标位置，也可实现在文档中提升或降低级别的操作。

3. 在导航窗格中查看文档结构

在【视图】→【显示】组中单击选中"导航窗格"复选框，在打开的导航窗格中可查看文档的结构。在导航窗格中可以进行以下一些操作。

◎ **定位标题**：单击各标题按钮，右侧的文档就会自动跳转到相应的部分。

◎ **折叠和展开标题**：单击◢按钮，可以折叠该级标题，隐藏其下级标题显示，折叠标题后单击按钮可以再次显示出下级标题。

◎ **设置标题显示级别**：在导航窗格中任意标题上单击鼠标右键，在弹出的快捷菜单中的"显示标题级别"子菜单中可以选择要显示出的标题级别。

◎ **删除标题**：单击选择某个标题，单击鼠标右键，在弹出的快捷菜单中选择"删除"命令，可以删除标题，同时在文档中也将同时删除该标题及其下面的正文内容。

◎ **缩略图页面预览**：在导航窗格中单击上方的▦按钮，此时将使用缩略图的方式显示页面，以便于对文档进行浏览，并可单击缩略图跳转到相应的页面进行编辑。

3.3.3　设置页眉和页脚

页眉与页脚区域位于文档的上方和下方，主要用来显示文档名称、页数、当前页码、日期等辅助信息。

1. 设置奇偶页不同

设置页眉和页脚时可为奇偶页设置不同的页眉页脚效果，其具体操作如下。

（1）将光标插入点定位到文档开始位置，在【页面布局】→【页面设置】组中单击"功能扩展"按钮，打开"页面设置"对话框。

（2）单击"版式"选项卡，在"页眉和页脚"栏中选中"奇偶页不同"复选框，如图3-39所示，单击 确定 按钮。

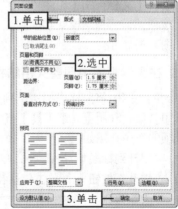

图3-39　设置奇偶页不同

2. 添加页眉页脚

设置奇偶页不同后可通过添加不同的页眉和页脚来美化文档效果，其具体操作如下。

（1）在【插入】→【页眉和页脚】组中单击 页眉 按钮，在打开的下拉列表中选择需要的页眉样式，如图3-40所示。

（2）在【插入】→【页眉和页脚】组中单击 页脚 按钮，在打开的下拉列表中选择需要的页眉样式，如图3-41所示。

图3-40　设置页眉

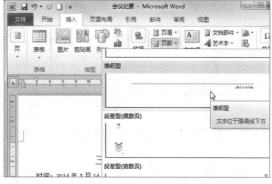

图3-41　设置页脚

（3）页眉页脚呈可编辑状态，在其中修改相应的文本即可，为偶数页添加页眉页脚同理。完成后在【设计】→【关闭】组中单击"关闭页眉和页脚"按钮，退出编辑状态即可。

> **知识提示**　在页面中插入页码的方法与添加页眉页脚方法相同，在【插入】→【页眉和页脚】组中单击 页码 按钮，在打开的列表中选择"设置页码格式"命令，打开"设置页码格式"对话框，在其中可对页码的格式进行相关设置。

3.3.4　创建目录

为文档插入目录可以快速查看某一部分的内容或纵览全文结构。如果对插入的目录不满意，还可以根据实际需要对其进行修改。

1. 插入目录

插入目录之前必须先确认文档中各级标题已定义好标题级别样式（应用标题级别样式或在大纲视图中定义），然后才能插入目录。

将光标定位到文档中放置目录的位置（一般为文档最前面的空白页），在【引用】→【目录】组中单击"目录"按钮，在打开的下拉列表中选择一种自动目录样式即可。

如果要自定义插入目录的标题级别等，则在"目录"下拉列表中选择"插入目录"命令，打开如图3-42所示的"目录"对话框，在"显示级别"数值框中输入要创建的目录的最低级别，单击 确定 按钮，完成目录的插入。

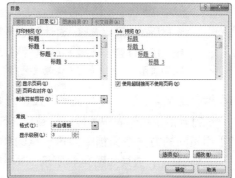

图3-42　插入目录

2. 编辑和更新目录

插入目录后可以对目录各级标题的字体格式等进行编辑，其方法与前面介绍的普通文字的格式设置方法相同。同时编辑目录字体格式时只需选择某一级标题中的一个标题段落，设置格式后其他同级别的字体样式将同步更新。

如果文档中的标题有修改或页码有变化，需要同步更新目录，方法是单击选中插入的目录，在左下角将出现一个"更新目录"按钮，单击该按钮，在打开的对话框中选择更新目录页码或整个目录即可。

3.3.5 课堂案例3——排版"员工手册"文档

员工手册是一个企业每个员工必有的文档，其中包含了许多公司相关信息，属于长文档制作范围，本案例将通过制作"员工手册"文档进一步巩固排版长文档的相关方法。参考效果如图3-43所示。

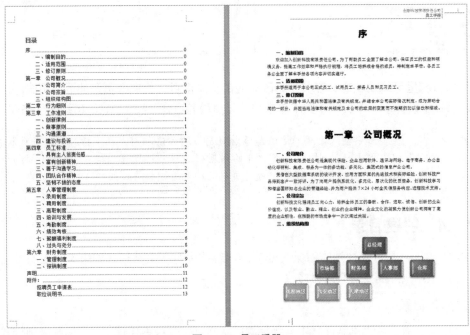

图3-43 员工手册

素材所在位置	光盘:\素材文件\第3章\课堂案例3\员工手册.docx
效果所在位置	光盘:\效果文件\第3章\课堂案例3\员工手册.docx
视频演示	光盘:\视频文件\第3章\排版"员工手册"文档.swf

（1）选择正文第一行"序"文本，在"开始"选项卡的"样式"组的列表框中单击 按钮，在打开的下拉列表中选择"标题1"样式。

（2）用相同的方法在文档中为每一章的章标题、"声明"文本、"附件："文本应用样式"标题1"，效果如图3-44所示。

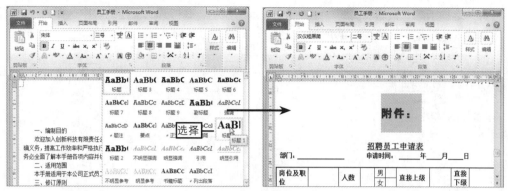

图3-44 使用样式

（3）单击"视图"选项卡，在"文档视图"组中单击 大纲视图 按钮。

（4）在文档中选择以"一、""二、""三、"等编号开头的文本、"招聘员工申请表"文本、"职位说明书"文本，在"大纲"选项卡的"大纲工具"组的"正文文本"下拉列表框中选择"2级"选项，如图3-45所示。

图3-45 用大纲视图设置文档级别

（5）在"大纲"选项卡的"大纲工具"组的"显示级别"下拉列表框中选择"2级"选项显示文档级别，如图3-46所示。

（6）在"大纲"选项卡的"关闭"组中单击"关闭大纲视图"按钮，如图3-47所示。

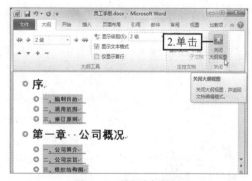

图3-46 显示文档级别　　　　　　　图3-47 关闭大纲视图

（7）单击"插入"选项卡，在"页眉和页脚"组中单击 页眉 按钮，在打开的下拉列表中选择内置的页眉样式"反差型（奇数页）"，如图3-48所示。

（8）光标自动插入到页眉区且自动输入公司名称和文档标题，然后在页眉和页脚工具的"设计"选项卡的"页眉和页脚"组中单击 页脚 · 按钮，在打开的下拉列表中选择内置的页脚样式"边线型"，如图3-49所示。

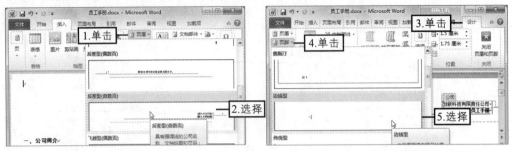

图3-48　选择页眉样式　　　　　　　　　　　图3-49　选择页脚样式

（9）光标插入到页脚区，且自动插入居中页码，然后在"设计"选项卡中单击"关闭页眉和页脚"按钮，退出页眉和页脚视图，如图3-50所示。

（10）返回文档中可看到设置页眉和页脚后的效果如图3-51所示。

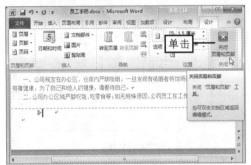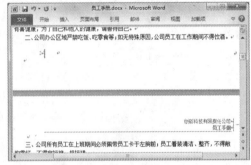

图3-50　关闭页眉和页脚视图　　　　　　　　图3-51　查看页眉和页脚后的效果

（11）将文本插入点定位到"序"文本前，然后单击"引用"选项卡，在"目录"组中单击"目录"按钮，在打开的下拉列表中选择目录样式"自动目录1"。

（12）返回文档中可看到添加目录后的效果如图3-52所示。

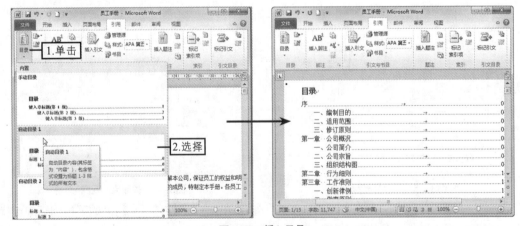

图3-52　插入目录

3.4 审阅和修订文档

在办公中，经常需要审阅文档并进行批注和修订，以优化文档内容。本小节将详细讲解添加批注和修订以及拼写检查文档等知识。

3.4.1 添加批注和修订

批注和修订是文档在不同办公人员间常用的修改功能，下面分别讲解。

1. 添加批注

在办公中，上级审阅下级的文档并进行批注是很平常的事，批注对于长文档的修改起到了非常重要的作用。

在文档中添加批注的方法为：将鼠标光标定位到要添加批注的位置或选择要批注的文字，然后在【审阅】→【批注】组中单击"新建批注"按钮，在文档右侧出现的批注框中输入要批注的内容便可，如图3-53所示。

如果是审查带有批注的文档，当确认批注内容正确时可对错误进行修改并删除批注内容，而如果有不同意见时，则可以直接在批注内容末尾换行回复批注内容并返回给制作者进行交流。删除批注的方法是在批注框中单击鼠标右键，在弹出的快捷菜单中选择"删除批注"命令，完成删除操作，如图3-54所示。

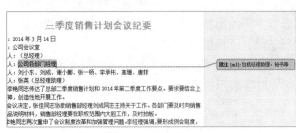

图3-53 添加批注

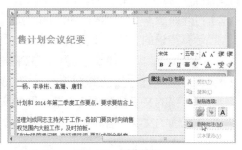

图3-54 删除批注

2. 修订文档

Word 2010中的修订功能与批注有相似的作用，但两者略有差别。使用批注不会修改原文档的内容，而使用修订功能则使原文档内容会被修改，并且会在文档右侧显示进行了何种修改。修订文档的具体操作如下。

（1）在【审阅】→【修订】组中单击"修订"按钮，在打开的下拉列表中选择"修订"命令启用修订功能，此后对文档的修改Word就会自动进行记录，如图3-55所示。

（2）当所有的修订工作完成后，在【审阅】→【修订】组中再次单击"修订"按钮，即可退出修订功能。

当查看有修订内容的文档时，可以确认是否接受或拒绝修订。确定修订内容的方法是将鼠标光标插入点定位在修订文本中，单击鼠标右键，在弹出的快捷菜单中选择"接受修订"命令完成接受修订的操作，如图3-56所示。如果要拒绝修订，在鼠标右键菜单中选择"拒绝修订"命令即可，若有批注框时将同步删除。

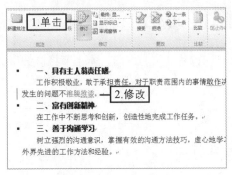

图3-55 修订文档

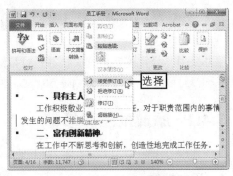

图3-56 接受修订

知识提示
　　在【审阅】→【修订】组中单击"修订"按钮，在打开的下拉列表中选择"修订选项"命令，在打开的"修订选项"对话框中可以设置修订标记的样式以及什么情况下才显示批注框等。

3.4.2 利用拼写检查校对文档

对于编辑完成的文档，在一定的语言范围内，Word能自动检测文字语言的拼写或语法有无错误，便于检查文档的错误。其具体操作如下。

（1）打开需要检查的文档，在【审阅】→【校对】组中单击"拼写和语法"按钮。

（2）打开如图3-57所示的"拼写和语法"对话框，在上方的列表框中会以绿色或红色文字显示有错语的文字，下方的"建议"列表框中将给出错误的类型，如果该处没有错误属于特殊用法，则可单击 忽略一次 按钮进行忽略，不再提示有错。

（3）单击 下一句 按钮继续进行检查，如果确认有错，则将鼠标光标插入点定位到上方列表框有错的文字位置或选中要修改的文字（红字表示拼写错误），如图3-58所示，然后输入正确的文字内容即可。

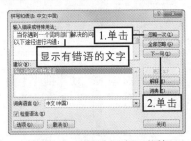

图3-57 "拼写和语法"对话框

图3-58 选择有错误的文字进行修改

（4）单击 下一句 按钮，继续查找错误，当完成整个文档的错误检查和修改后将打开提示对话框，单击 确定 按钮，关闭所有打开的对话框，完成拼写和语法检查。

3.4.3 课堂案例4——审校"产品代理协议"文档

审校文档时可先检查拼写与语法错误、然后添加批注，若有多个人对文档进行修订，最后根据需要接受或拒绝修订。本案例将通过制作"产品代理协议"文档来巩固相关知识。完成后的参考效果如图3-59所示。

图 3-59 产品代理协议

素材所在位置	光盘:\素材文件\第3章\课堂案例4\产品代理协议.docx
效果所在位置	光盘:\效果文件\第3章\课堂案例4\产品代理协议.docx
视频演示	光盘:\视频文件\第3章\审校"产品代理协议"文档.swf

 　　　协议书是合作双方（或多方）为保障各自的合法权益，经共同协商达成一致意见后签定的书面材料。签署后将具有法律效力。因此制作这类文档时，必须明确双方单位名称、事由以及详细的条款内容等，并经过双方的严格审校，满意后方可签字盖章生效。

职业素养

（1）将文本插入点定位到文档第一行行首，然后单击"审阅"选项卡，在"校对"组中单击"拼写和语法"按钮 。

（2）在打开的"拼写和语法"对话框的"词法错误"文本框中可查看文档中的词法错误，若确定上一个显示错误的词法无需修改后可单击 下一句(X) 按钮，忽略上一个词法错误并自动显示下一个词法错误，如图3-60所示。

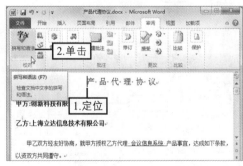 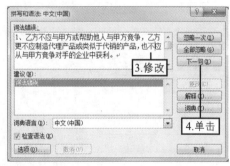

图3-60 查看拼写和语法检查结果

（3）当需要修改显示的词法错误时，可在"词法错误"文本框中将其修改为正确的词法，这里将在显示的红色"佣"字后输入"金"，然后单击 更改(C) 按钮修改错误的词法。

（4）当文档中没有错误后，将打开提示对话框"拼写和语法检查已完成"，然后单击 确定 按钮完成拼写与语法检查，如图3-61所示。

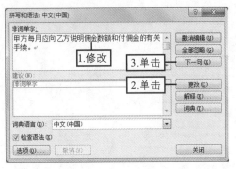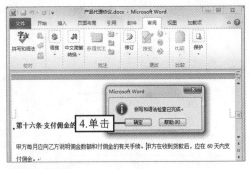

图3-61 修改拼写与语法错误

（5）选择要添加批注的"华北"文本，单击"审阅"选项卡，在"批注"组中单击"新建批注"按钮 ▭。

（6）在文档中插入批注框，然后在批注框中输入所需的内容，完成后的效果如图3-62所示。

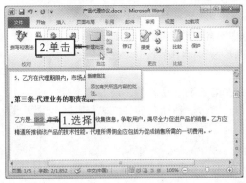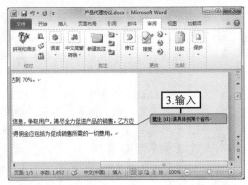

图3-62 添加批注

（7）将文本插入点定位到"第七条 保证不竞争"文本的下一段的段末，然后单击"新建批注"按钮 ▭，插入批注框，并在批注框中输入所需的内容。

（8）在"修订"组中单击 显示标记 按钮，在打开的下拉列表的"批注"选项前若有 √ 图标则表示显示批注，这里可选择该命令隐藏批注，如图3-63所示。

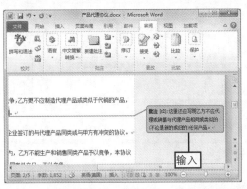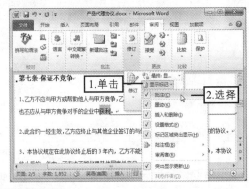

图3-63 添加并隐藏批注

（9）单击"审阅"选项卡，在"修订"组中单击"修订"按钮 ▭ 下方的 ▾ 按钮，在打开的下拉列表中选择"修订选项"选项。

（10）在"修订选项"中按照图3-64所示进行设置，完成后单击 确定 按钮。

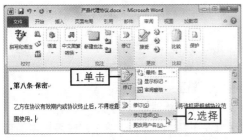

图3-64　设置修订标记

（11）返回文档中，在"修订"组中单击"修订"按钮 。

（12）将文本插入点定位到"第八条 保密"文本的下一段段末，在其后输入相应的内容，输入的内容将根据设置的修订标记样式进行显示，如图3-65所示，完成后再次单击"修订"按钮 退出修订状态，并将该文档以"产品代理协议"为名另存到效果文件中。

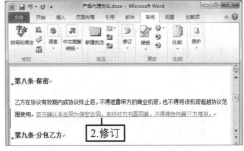

图3-65　修订文档

3.5　使用邮件合并功能

在文秘办公工作中，经常会遇到同时发送多份邮件的情况，编辑邮件时在多份文档中反复输入大量的收件人信息会显得十分繁琐，使用Word邮件合并功能就能很方便地批量完成邮件的制作。邮件合并功能是指在主文档中批量引用数据源中的数据，生成具有相同格式的内容，并以指定的方式进行输出的操作。本小节将详细讲解邮件合并功能的相关知识。

3.5.1　创建主文档

进行邮件合并的相关操作需要在主文档中进行，因此在进行邮件合并之前，需要先创建主文档，其具体操作如下。

（1）在【邮件】→【开始邮件合并】组中单击 开始邮件合并 按钮。

（2）在打开的下拉列表中选择需要的选项，设置主文档类型，如图3-66所示。

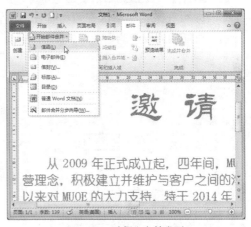

图3-66　选择主文档类型

3.5.2 创建数据源

主文档创建完成后，必须将其连接到相应的数据源，才能引用数据源中的数据。在选择数据源时，可使用现有的列表，也可创建新列表。创建新列表的具体操作如下。

（1）在【邮件】→【开始邮件合并】组中单击 选择收件人 按钮。

（2）在打开的下拉列表中选择"键入新列表"命令，打开"新建地址列表"对话框。

（3）在对话框的表格中输入相应的信息，单击对话框左下角的 新建条目(N) 按钮，在表格中新建一个条目，如图3-67所示。

（4）信息输入完成后单击 确定 按钮，在打开的"保存通讯录"对话框中设置数据源保存位置和名称，单击 保存(S) 按钮保存数据即可，如图3-68所示。

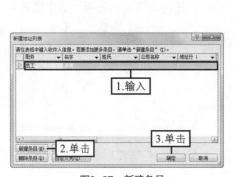

图3-67　新建条目

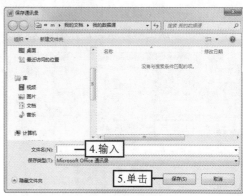

图3-68　保存数据源

3.5.3 邮件合并

数据源创建完成后就可以开始进行邮件合并，其具体操作如下。

（1）在需要插入数据源中信息的位置处定位文本插入点，在【邮件】→【编写和插入域】组中单击 插入合并域 按钮右侧的 按钮。

（2）在打开的下拉列表中选择需要插入的域名，如图3-69所示。

（3）在【邮件】→【预览结果】组中单击"预览结果"按钮 。

（4）此时即可在文档编辑区中查看收件人的预览效果，在"预览结果"组中单击相应的按钮，可切换列表中的记录，如图3-70所示。

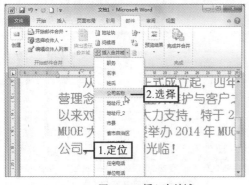

图3-69　插入合并域

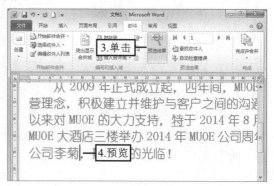

图3-70　预览结果

（5）在【邮件】→【完成】组中单击"完成并合并"按钮，在打开的下拉列表中选择"打印文档"命令。

（6）在打开的"合并到打印机"对话框中选中"全部"单选项，单击 确定 按钮，如图3-71所示。

（7）打开"打印机"对话框，在其中设置打印机和份数，单击 确定 按钮即可开始打印，打印完成后保存并关闭文档。再次打开对话框时将打开提示对话框，单击 是(Y) 按钮即可，如图3-72所示。

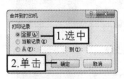

图3-71 合并到打印机

图3-72 打开文档提示

3.5.4 课堂案例5——制作"信封"文档

日常工作中通常会为每个客户发送信函，为了节约时间，并统一创建大量具有专业效果的信封。本案例将通过制作"信封"文档来巩固相关知识。完成后的参考效果如图3-73所示。

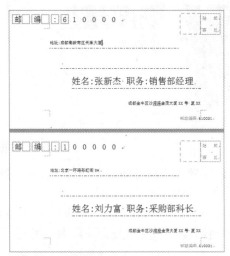

图3-73 通过"客户资料表"数据源制作的批量信封的效果

素材所在位置 光盘:\素材文件\第3章\课堂案例5\客户资料表.docx

效果所在位置 光盘:\效果文件\第3章\课堂案例5\信封.docx

视频演示 光盘:\视频文件\第3章\制作"信封"文档.swf

（1）启动Word 2010，在新建的空白文档中单击"邮件"选项卡，在"创建"组中单击"中文信封"按钮。

（2）在打开的"信封制作向导"对话框的"开始"界面中单击 下一步(N) 按钮，在"信封样式"界面的"信封样式"下拉列表框中选择"国内信封-ZL（230×120）"选项，其他各项保持默认设置，然后单击 下一步(N) 按钮。

（3）在"信封数量"界面中保持单击选中"键入收信人信息，生成单个信封"单选项，单

击 下一步(N)> 按钮，在"收信人信息"界面中输入收信人姓名、称谓、地址和邮编，单击 下一步(N)> 按钮。

（4）在"寄信人信息"界面中输入寄信人的姓名、地址和邮编，单击 下一步(N)> 按钮，如图3-74 所示。

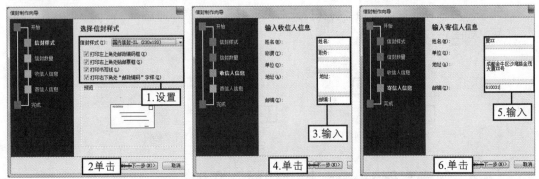

图3-74　设置信封数量、收信人信息和寄信人信息

（5）在"完成"界面中单击 完成(F) 按钮退出信封制作向导，Word将自动新建一个文档为信封页面大小，其中的内容为前面输入的信封内容，如图3-75所示。

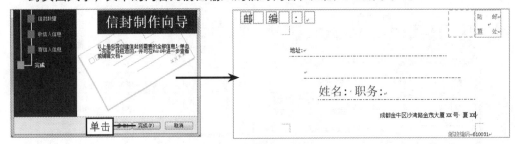

图3-75　创建信封主文档

（6）在"邮件"选项卡的"开始邮件合并"组中单击 选择收件人▾ 按钮，在打开的下拉列表中选择"使用现有列表"选项。

（7）在打开的"选取数据源"对话框中，找到数据源文件的保存路径并选择数据源文件"客户资料表"，然后单击 打开(O) 按钮即可，如图3-76所示。

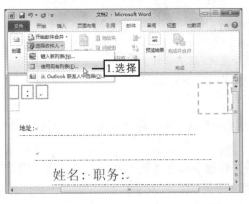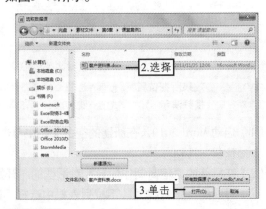

图3-76　调用数据源

（8）将文本插入点定位到信封的"邮编："文本后，在"编写和插入域"组中单击 插入合并域
按钮右侧的 按钮，在打开的下拉列表中选择"邮政编码"选项，插入合并域，并调整
"邮编："文本框大小。

（9）用相同的方法在信封的"地址："姓名："职务："文本后分别插入"通信地
址""联系人""联系人职务"的域名，如图3-77所示。

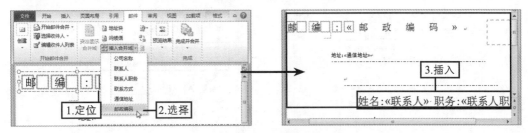

图3-77　插入合并域

（10）在"完成"组中单击"完成并合并"按钮 ，在打开的下拉列表中选择"编辑单个文
档"选项。

（11）用在打开的"合并到新文档"对话框中保持单击选中"全部"单选项，然后单击
确定按钮，Word将自动新建一个名为"信函1.docx"文档，在该文档中拖动垂直滚
动条可依次查看全部记录的信函文档，如图3-78所示。

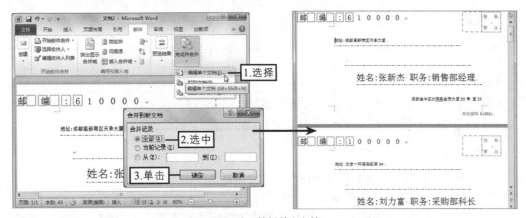

图3-78　编辑单个文档

3.6　设置页面和打印文档

当完成对文档的编辑等操作后，还可对文档的页面进行设置，然后将文档打印出来。本小
节将详细讲解页面设置和打印文档的相关知识。

3.6.1　页面设置

对页面进行设置可以使打印出来的文稿布局更加合理、结构更为清晰。设置页面的具体操
作如下。

（1）打开文档后，在【页面布局】→【页面设置】组中单击"功能扩展"按钮 ，打开"页

面设置"对话框。

（2）单击"纸张"选项卡，在"纸张大小"下拉列表框中选择纸张大小，如选择"16 开（18.4厘米×26 厘米）"选项，如图3-79所示。

（3）单击"页边距"选项卡，在"页边距"选项组中的"上""下""左""右"数值框中输入相应的数值，如图3-80所示，单击 确定 按钮完成设置。

图3-79　设置纸张大小　　　　　　　　　图3-80　设置页边距

3.6.2　打印文档

文档编辑完成后可将文档打印出来，下面简单讲解打印文档的方法。

1. 打印预览

打印预览可帮助用户及时发现文档中的错误并加以更正，以免浪费纸张。方法是：选择【文件】→【打印】菜单命令，在打开窗口的右侧可预览文档的打印效果，如图3-81所示。

2. 打印文档

打印预览完成后，即可开始设置并打印文档，其具体操作如下。

（1）选择【文件】→【打印】菜单命令，在"打印机"下拉列表中选择需要的打印机名称。

（2）在"设置"栏的"打印范围"下拉列表框中选择相关的选项，在"份数"数值框中输入要打印的份数，如图3-82所示。

（3）单击"打印"按钮 即可开始打印。

图3-81　打印预览　　　　　　　　　　　图3-82　设置并打印

3.7 课堂练习

本课课堂练习将分别制作公司考勤表格和打印"劳动合同"文档，综合练习本章学习的知识点，将美化文档和制作长文档的功能应用到实践中，学以致用。

3.7.1 制作"公司考勤表"文档

1. 练习目标

本练习要求制作一份公司考勤表，主要用于对员工日常工作的考察，参考效果如图3-83所示。

公司考勤表					
姓名	迟到	早退	事假	病假	旷工
李涛					
张绍					
顾国霞					
张蓉					
付琪					
许燕					

图3-83 "公司考勤表"文档参考效果

效果所在位置 光盘:\效果文件\第3章\课堂练习\公司考勤表.docx
视频演示 光盘:\视频文件\第3章\制作"公司考勤表"文档.swf

2. 操作思路

根据练习目标要求，本练习的操作思路如图3-84所示。

公司考勤表					
姓名	迟到	早退	事假	病假	旷工
李涛					
张绍					
顾国霞					
张蓉					
付琪					
许燕					

① 新建文档并创建表格

公司考勤表					
姓名	迟到	早退	事假	病假	旷工
李涛					
张绍					
顾国霞					
张蓉					
付琪					
许燕					

② 设置表格属性和样式

图3-84 设置"公司考勤表"文档格式的操作思路

（1）启动Word 2010，输入表格标题并为其应用"标题1"样式。
（2）插入7行6列的表格并输入文本，将第一行文本的字符格式设置为"居中对齐"，然后选择表格，更改表格边框，最后设置表格底纹。
（3）选择【文件】→【打印】菜单命令，通过打开的对话框将制作的文档打印出来。

3.7.2 设置并打印"劳动合同"文档

1. 练习目标

本练习的目标是制作劳动合同文档，首先需要在文档中应用封面与样式，然后使用大纲视图查看并编辑文档、设置页眉与页脚、添加目录，完成后检查拼写与语法错误，并使用文档结构图查看文档，如图3-85所示。

素材所在位置	光盘:\素材文件\第3章\课堂练习\劳动合同.docx
效果所在位置	光盘:\效果文件\第3章\课堂练习\劳动合同.docx
视频演示	光盘:\视频文件\第3章\设置并打印"劳动合同"文档.swf

图3-85 "劳动合同"最终效果

2. 操作思路

完成本练习需要在文档中应用封面与样式，使用大纲视图查看并编辑文档、设置页眉与页脚、添加目录、检查拼写与语法错误、使用文档结构图查看文档等，其操作思路如图3-86所示。

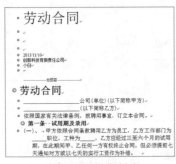

① 应用封面与样式　　② 设置页眉与页脚，并添加目录　　③ 检查拼写与语法错误，并查看文档

图3-86 "劳动合同"文档的制作思路

（1）打开素材文档"劳动合同.docx"，在首页插入"细条纹"封面，然后为文档标题应用"标题"样式，并使用大纲视图设置"第一条""第二条"……文本的2级级别。

（2）分别插入"细条纹"页眉、"传统型"页脚，然后在文档标题前插入"自动目录1"目录样式，并在插入的目录后插入分页符。

（3）将文本插入点定位到文档第一行的行首，然后单击"审阅"选项卡，在"校对"组中单击"拼写和语法"按钮 ，进行拼写和语法检查并修改错误的文本。

（4）单击"视图"选项卡，在"显示"组中单击选中"导航窗格"复选框，在打开的导航窗格的"浏览您的文档中的标题"选项卡中查看文档结构图，并单击相应的文档标题快速定位到所需的标题下查看文档内容。完成设置后，打印文档即可。

3.8 拓展知识

利用不同的视图显示方式可以对一些文档进行特殊的管理，但不同的视图显示方式应用于不同的场合。在视图栏中单击视图按钮组中的相应按钮，或单击"视图"选项卡，在"文档视图"组中单击相应的按钮都可切换视图模式。下面介绍除大纲视图外的其他视图显示方式的具体作用。

◎ **页面视图**：是Word的默认视图模式，在其中可以看到文本、图片和其他对象的实际位置，与打印出来的效果一样，在该视图中还可以编辑页眉和页脚、调整页边距、设置分栏、处理图形对象等。

◎ **阅读版式视图**：是指将文档内容以全屏方式显示在用户界面上。

◎ **Web版式视图**：显示了文档在Web浏览器中观看时的外观，它可将文档显示为不带分页符的文档，且其中的文本和表格会随窗口的缩放而自动换行，以适应窗口大小。

◎ **草稿**：用来输入、编辑和设置文本格式，也可以显示文本格式，但简化了页面的布局，不会显示页边距、页眉和页脚、背景、图形对象、非嵌入版式的对象，只适用于编辑一般的文档。

3.9 课后习题

（1）打开"公司简介.docx"文档，将其编辑为如图3-87所示的效果。

提示：在标题位置插入第2行倒数第2个样式的艺术字"公司简介"，字符格式为"汉仪雁翎体简、40号"，在标题下方绘制直线，并将其线型设置为"6磅"，线条颜色设置为"深青"，在文档中依次插入素材图片"1.jpg""2.jpg""3.jpg""4.jpg""5.jpg""6.jpg"。

素材所在位置	光盘:\素材文件\第3章\课后习题\公司简介.docx
效果所在位置	光盘:\效果文件\第3章\课后习题\公司简介.docx
视频演示	光盘:\视频文件\第3章\制作公司简介.swf

图3-87 "公司简介"文档效果

（2）创建一篇名为"工资条"的文档，在文档中制作一个员工的工资条表格。利用邮件合并功能，将“员工工资表.xlsx”导入到文档中。在表格对应的位置插入域，制作好第一个员工的工资条后，复制表格，在表格第一个单元格前插入一个“NEXT”域，然后将第二个员工的工资条复制多次，预览效果即可，如图3-88所示。

素材所在位置　光盘:\素材文件\第3章\课后习题\员工工资表.docx
效果所在位置　光盘:\效果文件\第3章\课后习题\工资表.docx
视频演示　光盘:\视频文件\第3章\制作员工工资表.swf

序号	姓名	年龄	职务	应领工资				应扣工资				实发工资	个人所得税	税后工资
				基本工资	提成	效益奖金	小计	迟到	事假	旷工	小计			
1	李刚	36	经理	3500	3600	600	7700	0	0	0	0	7700	1305	6395

序号	姓名	年龄	职务	应领工资				应扣工资				实发工资	个人所得税	税后工资
				基本工资	提成	效益奖金	小计	迟到	事假	旷工	小计			
2	张可	28	经理助理	3000	2500	400	5900			100	100	5800	925	4875

序号	姓名	年龄	职务	应领工资				应扣工资				实发工资	个人所得税	税后工资
				基本工资	提成	效益奖金	小计	迟到	事假	旷工	小计			
3	谢兴	32	业务员	1500	2200	360	4060		50		50	4010	462.75	3547.25

序号	姓名	年龄	职务	应领工资				应扣工资				实发工资	个人所得税	税后工资
				基本工资	提成	效益奖金	小计	迟到	事假	旷工	小计			
4	王永志	25	业务员	1500	2300	360	4160	20			20	4140	482.25	3657.75

序号	姓名	年龄	职务	应领工资				应扣工资				实发工资	个人所得税	税后工资
				基本工资	提成	效益奖金	小计	迟到	事假	旷工	小计			
5	李欣然	24	业务员	1500	1800	360	3660			150	150	3510	387.75	3122.25

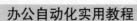

图3-88　“制作工资条”文档效果

第4章

制作Excel表格

本章将详细讲解Office 2010办公组件中的Excel 2010，它是办公用户的首选表格制作软件，熟练使用Excel 2010是办公自动化用户必会的技能。要求读者通过学习能够掌握Excel的基本操作，会表格数据的输入与设置等，并能够制作一些常用的办公表格。

 学习要点

- ◎ 认识与操作工作簿、工作表与单元格
- ◎ 输入表格数据
- ◎ 设置单元格格式
- ◎ 打印和设置工作表

 学习目标

- ◎ 掌握Excel 2010的基本操作
- ◎ 掌握表格数据的常用输入方法
- ◎ 熟悉工作表的打印设置

4.1 Excel 2010的基本操作

在使用Excel 2010制作表格前，首先需要认识Excel 2010工作界面各组成部分及作用，并掌握Excel 2010的一些基本操作。包括新建、保存、打开和关闭工作簿，新建、重命名和删除工作表，插入、合并和删除单元格，以及输入和填充表格数据等。本节将详细讲解Excel 2010的这些基本操作知识。

4.1.1 认识Excel 2010的工作界面

启动Excel 2010后，将打开如图4-1所示的工作界面，与Word 2010工作界面相比，标题栏、快速访问工具栏、选项卡与功能区及状态栏等部分的功能和操作方法大致相同，区别在于Excel编辑区由多个小方格（即单元格）组成，并8增加了行号和列标、工作表标签、数据编辑栏等方便数据输入与表格制作的部分，下面对这些Excel 2010工作界面中特有的各组成部分的作用进行具体介绍。

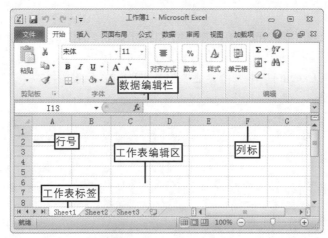

图4-1 Excel 2010工作界面

1. 数据编辑栏

数据编辑栏由名称框、工具框和编辑栏3部分组成，如图4-2所示。其中，名称框用于显示当前单元格中的行号、列标或名称；单击工具框中的"插入函数"按钮 f_x，可在打开的对话框中选择并插入函数，将文本插入点定位到编辑框中或单元格中时，工具框会出现"取消"按钮 × 和"输入"按钮 ✓，单击可取消或确认对单元格中数据的编辑；编辑框用于输入或显示当前单元格的数据或公式。

图4-2 数据编辑栏组成部分

2. 工作表编辑区

工作表编辑区是Excel处理数据的主要区域，由单元格、行号和列标、工作表标签等组成。下面分别对其主要部分的含义与作用进行介绍。

◎ **单元格**：单元格是组成Excel表格和存储数据的最小单位，在工作表编辑区显示为小方格。在Excel中输入和编辑的所有数据都将存储和显示在单元格内，所有单元格组合在一起就构成了一个工作表。拖动右侧或下侧的滚动条可查看工作表中未显示出来的单元格。

◎ **行号与列标**：行号位于横排单元格的左侧，显示为阿拉伯数字，如1、2、3等，表示单元格所在行的序号；列标位于纵排单元格的顶端，显示为英文大写字母，如A、B、C等，表示单元格所在列的序号。行号和列标共同组成单元格的地址，如位于B列4行的单元格可表示为B4。

知识提示   在Excel表格中，通常使用半角冒号(英文状态下输入)来标识单元格区域，如要表示A1单元格与D8单元格之间的区域可用A1:D8来表示。

◎ **工作表标签**：工作表标签用于显示工作表名称或对工作表执行切换、重命名和删除等操作。默认情况下，一张工作簿中包含"Sheet1""Sheet2"和"Sheet3"3张工作表。在工作表标签左侧单击 或 按钮，当前工作表标签将返回到最左侧或最右侧的工作表标签，单击 或 按钮将向前或向后切换一个工作表标签。

知识提示   工作簿、工作表与单元格是Excel表格的3大基本元素，它们之间是包含与被包含关系，如图4-3所示。工作簿可以包含多个工作表，而工作表又含多个单元格。

图4-3 工作簿、工作表与单元格关系

4.1.2 工作簿的基本操作

工作簿即Excel文件，其扩展名为".xlsx"。默认情况下，启动Excel 2010后，系统将自动创建一个名为"工作簿1"的工作簿，根据需要也可以新建其他工作簿，或进行打开、保存和关闭、保护等操作，下面分别进行讲解。

1. 新建工作簿

新建工作簿的方法与新建Word文档类似，根据需要可新建空白工作簿或基于模板的工作簿，下面分别对其新建方法进行介绍。

◎ **新建空白工作簿**：选择【文件】→【新建】菜单命令，在"可用模板"列表框中选择"空白工作簿"选项，然后单击右下角的"创建"按钮 便可新建空白工作簿（按【Ctrl+N】组合键可直接新建空白工作簿）。

◎ **新建基于模板的工作簿**：选择【文件】→【新建】菜单命令，在"可用模板"列表中选择"样本模板"选项，或在"Office.com模板"列表框中选择一种在线模板类型选项

（部分选项展开后还需进一步选择子类型），在右侧预览框中可以查看其模板效果，单击右下角的"下载"按钮□便可新建基于该模板的工作簿。

知识提示　　在Excel表格中创建基于模板的工作簿时，还可在"可用模板"列表中选择最近打开的模板文件或我的模板文件，或根据现有内容新建模板文件。此外，在使用在线模板时，计算机需连网。

2. 打开工作簿

若需要查看计算机中保存的工作簿数据，需要先将其打开，其具体操作如下。

（1）选择【文件】→【打开】菜单命令。

（2）打开"打开"对话框，在"查找范围"下拉列表框中选择需打开文件的路径，在其下的列表框中选择要打开的文档，单击 打开(O) ▼ 按钮。若单击 打开(O) ▼ 按钮右侧的下拉按钮，在弹出的下拉列表可选择以只读或以副本等方式打开工作簿，如图4-4所示。

图4-4　打开工作簿

操作技巧　　还可通过以下几种方式打开工作簿。

◎ 按【Ctrl+N】组合键可快速打开"打开"对话框。在"打开"对话框中双击需打开的工作簿可快速将其打开。

◎ 在电脑中找到文档存放位置，双击启动Excel软件，并将其打开。

◎ 选择【文件】→【最近使用的文件】命令，可以选择最近编辑过的工作簿并快速将其打开。

3. 保存工作簿

为了避免重要数据丢失，方便下次查阅和修改。制作的工作簿需要进行实时保存。保存工作簿与保存Word文档的方法相似，可分为保存新建工作簿、保存已存在的工作簿、另存为工作簿和自动保存工作簿4种情况。

◎ **保存新建的工作簿**：选择【文件】→【保存】菜单命令或单击快速访问工具栏中的■按钮，打开"另存为"对话框，在"保存位置"下拉列表框中可设置工作簿的保存路径，在"文件名"下拉列表框中可设置工作簿的保存名称，单击 保存(S) 按钮即可。

◎ **另存为工作簿**：选择【文件】→【另保存】菜单命令，打开"另存为"对话框，在"保存位置"下拉列表框中可设置输入另外的名称，或在"文件名"下拉列表框中可选择另外的保存路径，单击 保存(S) 按钮。

◎ **保存已存在的工作簿**：选择【文件】→【保存】菜单命令或单击快速访问工具栏中的■按钮。将不会打开"另存为"对话框。

◎ **自动保存工作簿**：选择【文件】→【选项】菜单命令，打开"Excel 选项"对话框，单击"保存"选项卡，在"保存工作簿"栏。单击选中"保存自动恢复信息时间间隔"复选框，在其右侧的数值框中可设置时间间隔，单击 确定 按钮应用设置，如图4-5所示。

图4-5 自动保存工作簿

4. 保护工作簿

为了防止工作簿中重要的数据信息泄露，可对工作簿适当采取保护措施，如加密工作簿。当加密工作簿后，再次打开该工作簿时，则要求输入密码，只有输入正确的密码后，才能再打开该工作簿，其具体操作如下。

（1）选择【文件】→【信息】菜单命令。

（2）单击"保护工作簿"按钮，在弹出的列表中选择"用密码进行加密"选项。

（3）打开"加密文档"对话框，两次输入密码，依次单击 确定 按钮，如图4-6所示。

（4）加密工作簿后进行保存，再次打开该工作簿时将打开输入密码对话框，如图4-7所示。

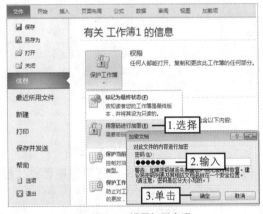

图4-6 设置打开密码

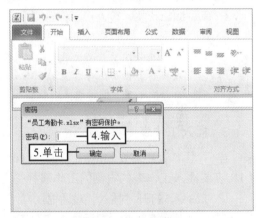

图4-7 输入打开密码

操作技巧

　　加密工作簿后，若需取消加密状态，可再次打开"加密文档"对话框，清除输入的密码，并保存工作簿。再次打开时，将不需要输入密码。

4.1.3 工作表的基本操作

在编辑数据前，需要先选择对应的工作表，当工作表的名称、数量等不能满足编辑的需要时，还需执行重命名、插入、移动、复制和删除等操作。下面对工作表的这些操作方法进行介绍。

1. 选择工作表

选择工作表后，才能对其进行操作，选择工作表的情况有以下几种。

◎ **选择连续的多张工作表**：在选择一张工作表后按住【Shift】键，再选择不相邻的另一张工作表，即可同时选择这两张工作表之间的所有工作表。被选择的工作表呈白色底纹显示，如图4-8所示。

◎ **选择不连续的多张工作表**：选择一张工作表后按住【Ctrl】键，再依次单击其他工作表标签，即可同时选择不连续的多张工作表，如图4-9所示。

图4-8 选择连续工作表

图4-9 选择不连续工作表

◎ **选择所有工作表**：在工作表标签的任意位置单击鼠标右键，在弹出的快捷菜单中选择"选定全部工作表"命令可选择所有的工作表。单击任意工作表标签可取消选择所有工作表。

2. 重命名工作表

在Excel 2010中，工作表默认以"Sheet1""Sheet2"和"Sheet3"命名，当输入内容后，为了使表名能直观地体现当前表格内容，需要对其进行重命名操作。重命名工作表的方法有以下两种。

◎ 用鼠标双击工作表标签，此时工作表标签名呈可编辑状态，输入新的名称后按【Enter】键。

◎ 用鼠标右键单击工作表标签，在弹出的快捷菜单中选择"重命名"命令，工作表标签呈可编辑状态，输入新名称后按【Enter】键。

操作技巧 为相同名称的工作表标签设置标识颜色可有效区分工作表。其方法是：在工作表标签上单击鼠标右键，在弹出的快捷菜单中选择"工作表标签颜色"命令，然后在其子菜单中选择所需的颜色即可。

3. 插入工作表

当一个工作簿中需要制作超过3张工作表时，则需插入工作表。其具体操作如下。

（1）在要插入工作表的右侧的工作表标签上单击鼠标右键，在弹出的快捷菜单中选择"插入"命令，打开"插入"对话框。

（2）选择"工作表"选项表示插入空白工作表，也可在"电子表格方案"选项卡下选择一种表格样式，如图4-10所示。

（3）单击 确定 按钮，即可在选择的工作表标签之前创建一个工作表，且该工作表将变为当前工作表。

图4-10 插入空白工作表

操作技巧 在工作表标签后直接单击"插入工作表"按钮，可在所有工作表标签末尾插入一张空白的工作表。当一个工作簿中包含多张工作表时，部分工作表标签可能会被右侧的滚动条隐藏，这时，可向右拖动滚动条右侧的按钮，缩短滚动条区域，将其显示出来。

4. 复制与移动工作表

用户不仅可以在同一工作簿中移动和复制工作表,还可以在不同的工作簿之间移动和复制工作表,下面分别进行讲解。

◎ **在同一工作簿中移动和复制工作表**:为了使工作簿中的工作表严谨有序,需要使用到移动工作表的操作。其方法是:在要移动的工作表标签上按住鼠标左键不放,将其拖到目标位置即可;如果要复制工作表,则在拖动鼠标时按住【Ctrl】键。

◎ **在不同工作簿中移动和复制工作表**:为了提高编辑效率,有时需要将一个工作簿中的内容移动或复制到另一个工作簿中,其具体操作如下。

（1）打开工作簿并选择要移动或复制的工作表,单击鼠标右键,在弹出的快捷菜单中选择"移动或复制"命令,打开"移动或复制工作表"对话框。

（2）在"工作簿"下拉列表框中选择其他工作簿,在"下列选定工作表之前"列表框中选择要移动或复制到的位置,单击选中"建立副本"复选框表示复制工作表,如图4-11所示。

图4-11 在不同工作簿中移动和复制工作表

（3）单击 确定 按钮,完成移动或复制工作表。

5. 删除工作表

为了使工作簿简洁,可将其中不需要的工作表删除,其方法是:在需要删除的工作表的工作表标签上单击鼠标右键,在弹出的快捷菜单中选择"删除"命令将其删除。如果工作表中有数据,将打开提示对话框,单击 删除 按钮确认删除即可。

6. 保护工作表

对于重要的工作表,为了避免误操作或重要信息进行修改,可使用Excel 2010提供的密码保护功能来保护工作表,限制表格的操作,其具体操作如下。

（1）用鼠标右键单击要进行保护的工作表标签,在弹出的快捷菜单中选择"保护工作表"命令,打开"保护工作表"对话框。

（2）在"允许此工作表的所有用户进行"列表框中设置用户可以进行的操作,默认加密保护后只能选择单元格,在"取消工作表保护时使用的密码"文本框中输入密码,完成后单击 确定 按钮,如图4-12所示。

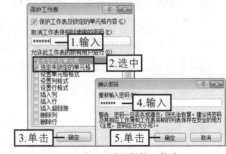

图4-12 保护工作表

（3）此时打开"确认密码"对话框,在其中输入相同的密码后单击 确定 按钮,完成操作。

7. 隐藏工作表

隐藏工作表也能有效保护工作表中的信息,其方法是:在需要隐藏的工作表的工作表标签上单击鼠标右键，在弹出的快捷菜单中选择"隐藏"命令即可将其隐藏。如果要显示出隐藏的工作表，其具体操作如下。

（1）在任意工作表标签上单击鼠标右键，在弹出的快捷菜单中选择"取消隐藏"命令。

（2）打开"取消隐藏"对话框，选择需要显示的工作表。

（3）单击 确定 按钮即可在Excel界面中显示出该工作表标签，如图4-13所示。

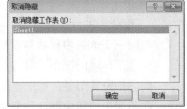

图4-13　在不同工作簿中移动和复制工作表

4.1.4　单元格的基本操作

表格的数据都是在单元格中进行处理的，掌握单元格的基本操作，可为制作出规范的表格奠定基础。如单元格的选择、合并和拆分，设置行高和列宽、插入和删除等。下面分别进行介绍。

1. 选择单元格

选择单元格后，才能对单元格进行设置或编辑，在Excel中选择单元格主要有以下几种方法。

◎ **选择单个单元格：** 单击要选择的单元格，选中后的单元格边框将加粗显示。

◎ **选择多个连续的单元格：** 选择一个单元格，然后按住鼠标左键不放并拖动鼠标，可选择多个连续的单元格（即单元格区域）。选中后的单元格区域周围的边框将加粗显示。

◎ **选择不连续的单元格：** 按住【Ctrl】键不放，分别单击要选择的单元格。

◎ **选择整行：** 单击行号可选择整行单元格。

◎ **选择整列：** 单击列标可选择整列单元格。

◎ **选择整个工作表中的所有单元格：** 单击工作表编辑区左上角行号与列标交叉处的按钮，或按【Ctrl+A】组合键可以选择整个工作表中的单元格。

2. 定位单元格

当需要选择一些特定的单元格时，上述的选择方法并不能达到满意的效果，这时就需要使用定位单元格的方法进行选择，其具体操作如下。

（1）打开工作簿，在【开始】→【剪贴板】组中单击"查找与选择"按钮 🔍，在弹出的下拉列表中选择"定位单元格"选项。

（2）打开"定位条件"对话框，在该对话框中选中需要定位的条件的复选框或单选项，这里选中"常量"单选项和"文本"复选框，如图4-14所示。

（3）单击 确定 按钮即可在Excel界面中选中文本所在的单元格。

图4-14　定位单元格

3. 合并单元格

合并单元格是指将单元格区域合并成一个单元格，常用于标题、表头等制作，使表格的结构更清晰、美观，其方法是：选择需要合并的多个单元格，然后在【开始】→【对齐方式】组中单击 合并后居中 按钮。若单击该按钮右侧的下拉按钮，可在弹出的菜单中选择其他合并方式，各合并方式的含义分别介绍如下。

◎ **合并后居中**：合并单元格区域为一个单元格，且单元格内容居中显示，如图4-15所示。

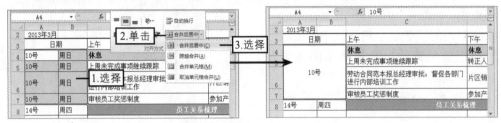

图4-15　合并后居中单元格区域

◎ **跨越合并**：按行合并单元格区域，合并后的单元格数目为行数，如图4-16所示。

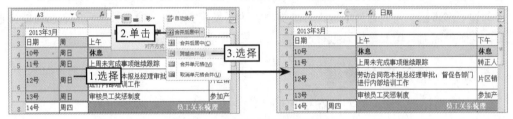

图4-16　跨越合并单元格区域

操作技巧　　在合并有数据的单元格时，将打开提示对话框，单击 确定 按钮将会以合并区域的第一个单元格数据为新单元格中的内容，其他单元格中的数据将丢失。若执行的是跨越合并，将保留选择区域中每行的首个单元格中的内容。

◎ **合并单元格**：合并单元格区域为一个较大的单元格，且单元格内容保留原对齐方式。

◎ **取消单元格合并**：执行合并操作后，选择合并的单元格，选择该命令，将还原为合并前的状态。

4. 插入单元格

若需要在表格中添加数据，则需要插入单元格。用户可以根据需要在合适的位置插入单个单元格、一行单元格或一列单元格，其具体操作如下。

（1）选择要插入单元格的右侧或下方的单元格，在【开始】→【单元格】组中单击"插入"按钮 下方的 按钮，在打开的下拉列表中选择"插入单元格"选项，如图4-17所示。

（2）在打开的"插入"对话框中单击选中相应的单选项，可在所选单元格右侧或下方插入一个单元格或行和列，如图4-18所示。单击 确定 按钮完成插入操作。

图4-17　插入单元格命令　　图4-18　"插入"对话框

5. 删除单元格

删除单元格可清除表格中多余的数据，并使表格更加紧凑、美观。其具体操作如下。

（1）选择要删除的单元格或元格区域。

（2）在【开始】→【单元格】组中单击"删除"按钮下方的 按钮，在打开的下拉列表中选择"删除单元格"选项，如图4-19所示。

（3）在打开的"删除"对话框中单击选中相应的单选项，选择所需的删除方式，如图4-20所示。

（4）单击 确定 按钮完成删除操作。

图4-19 删除单元格命令 图4-20 "删除"对话框

4.2 输入并设置表格数据

创建工作表后，需要在其中输入各种类型的数据来充实表格。输入数据后的表格可能太过呆板，这时就需对其单元格格式进行设置，使其更加直观、清晰。

4.2.1 输入表格数据

在Excel 2010中，需要先选择输入数据的单元格，再在单元格中或编辑栏中输入即可。为了提高输入效率，还可使用填充数据的方式来达到输入数据的目的。下面进行详细介绍。

1. 输入各种类型的数据

在Excel 2010中，若输入普通的文本或数值，可选择单元格后直接进行输入，若需要输入其他类型的文本，如身份证号、货币和分数等，则需要在选择输入的单元格后，设置单元格数字的类型，再输入对应的数据即可，下面分别进行介绍。

◎ 输入身份证号：选择要输入的单元格区域，在【开始】→【数字】组的"数字格式"下拉列表框中选择"文本"选项，如图4-21所示，便可在选择的单元格区域中开始输入身份证号码，然后按【Enter】键完成操作。

图4-21 选择数字格式

操作技巧 选择单元格区域后，单击鼠标右键，在弹出的快捷菜单中选择"设置单元格格式"命令，打开"单元格格式"对话框，单击"数字"选项卡，在"分类"列表框中选择"文本"选项，或选择"自定义"选项后在"类型"列表框中选择"@"选项，单击 确定 按钮。也可在选择的单元格区域中开始输入身份证号码。

◎ **输入货币**：输入带"¥""$"等货币符号的数据时，可在选择要输入的单元格区域后，单击鼠标右键，在弹出的快捷菜单中选择"设置单元格格式"命令，在打开的"单元格格式"对话框的"分类"列表框中选择"货币"选项，并在对话框右侧设置货币符号和小数位数，如图4-22所示。然后单击 确定 按钮进行输入，按【Enter】键完成输入。

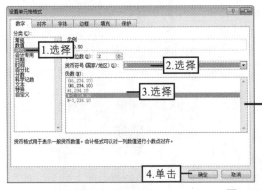

图4-22 输入货币

◎ **输入百分比**：选择要输入百分比的单元格区域，打开"单元格格式"对话框，在"分类"列表框中选择"百分比"选项，然后单击 确定 按钮进行输入，如输入"50"，按【Enter】键，将在单元格中输入"50%"。

◎ **输入分数**：先输入一个英文状态下的单引号"'"，再输入分数即可。也可在【开始】→【数字】组的"数字格式"下拉列表框中选择"分数"选项，再进行输入。

◎ **输入大写数字**：在"单元格格式"对话框的"分类"列表框中选择"特殊"选项，在右侧的"类型"下拉列表框中，选择"中文大写数字"选项可以快速输入中文大写数字，如输入"123"，按【Enter】键，将输入"壹佰贰拾叁"。若选择"中文小写数字"选项，将输入"一百二十三"。

2. 填充数据

在Excel 2010中，对于相同的数据或有规律的数据，可通过填充数据的方法来提高数据输入的效率。填充数据的常见方法有两种，即通过控制柄填充和通过"序列"对话框填充，下面分别进行介绍。

◎ **控制柄填充数据**：在输入数据后，将鼠标指针移至该单元格右下角的控制柄上，当其变为+形状时，按住鼠标左键不放纵向和横向拖动鼠标至所需位置释放鼠标，即可填充数据。若填充结果不能满足需要，可单击填充区域右下角的 图标，在弹出的菜单中选择其他填充方式，如图4-23所示。

图4-23 控制柄填充数据

知识提示　有明显序列特征的单元格，将默认填充为序列，如字母加数字的形式，对于一般数字和文本，将默认填充为相同数据，即复制单元格。

操作技巧

单击图图标后，在弹出的下拉列表中选择"复制单元格"选项，可填充相同数据；选择"仅填充格式"选项，将只填充单元格的格式，如边框、底纹、字体格式、数据类型等；选择"不带格式填充"选项，将只填充数据，不填充格式。

◎ **"序列"对话框填充数据：** 利用Excel 2010提供的"序列"对话框，可更加精确地填充等差、等比和日期等规律的数据，其具体操作如下。

（1）在起始单元格中输入起始数据，然后选择相邻需要填充规律数据的单元格区域，在【开始】→【编辑】组中单击"填充"按钮圓填充· 右侧的 · 按钮，在打开的下拉列表中选择"系列"选项，打开"序列"对话框。

（2）在"序列产生在"栏中选择序列产生的位置，在"类型"栏中选择序列的特性，在"步长值"文本框中输入序列的步长，在"终止值"文本框中设置序列的最后一个数据，如图4-24所示。

图4-24 "序列"对话框

（3）单击 确定 按钮，便可填充序列数据。

操作技巧

使用控制柄也可填充有规律的数据，其方法是：在单元格中输入起始数据，在相邻单元格中输入下一个数据，选择已输入数据的两个单元格，将鼠标指针移至选区右下角的控制柄上，当其变为+形状时，按住鼠标左键不放并拖动至所需位置，释放鼠标即可根据两个数据的特点自动填充有规律的数据，如图4-25所示。

图4-25 用控制柄填充规律数据

3. 添加相同数据

在编辑表格过程中，经常会在空白单元格中添加数据或在有数据的单元格中添加数据，为提高添加数据的效率，可通过以下两种方式添加。

◎ **在空白单元格中添加数据：** 选择多个需要添加相同数据的空白单元格或单元格区域，在编辑栏中输入内容，然后按【Ctrl+Enter】组合键，可以快速在多个单元格或单元格区域中输入相同的内容。

◎ **在有数据的单元格中添加数据：** 选择多个需要添加相同数据的数据单元格或单元格区域，单击鼠标右键，在弹出的快捷菜单中选择"设置单元格格式"命令，打开"设置单元格格式"对话框，在"分类"列表框中选择"自定义"选项，在"类型"文本框中输入"#"，再输入直双引号，在直双引号中输入需要添加的数据，如输入"#"台""，单击 确定 按钮，即可查看添加数据效果，如图4-26所示。

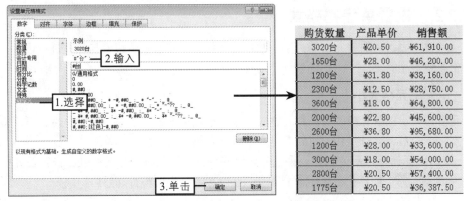

图4-26　在有数据的单元格中添加数据

4. 修改数据

当输入数据，若发现数据有误，可对其进行修改。用户可选择直接修改，也可选择通过查找与替换的方法进行修改，下面分别进行介绍。

◎ **直接修改数据**：选择需要修改的单元格，在编辑框中拖动鼠标选择需要修改的数据再输入正确数据或双击鼠标将插入点定位到单元格中，选择数据并进行修改。若需要删除数据，可在选择数据后，按【Delete】键删除。

可使用在Word中复制与粘贴文本的方法来修改数据，如选择需移动或复制数据的单元格，按【Ctrl+X】组合键或【Ctrl+C】组合键，选择目标单元格，然后按【Ctrl+V】组合键。

操作技巧

◎ **查找与替换数据**：对于信息量较大的表格，可通过查找与替换的方式来查看并修改需要的数据，其具体操作如下。

（1）在【开始】→【编辑】组中单击"查找和选择"按钮 🏦，在打开的下拉列表中选择"替换"选项，打开"查找和替换"对话框。

（2）在"替换"选项卡的"查找内容"下拉列表框中输入要查找的数据，在"替换为"下拉列表框中输入需替换的内容，如图4-27所示。

（3）单击 查找下一个(F) 按钮或 查找全部(I) 按钮，查找符合条件的数据，然后单击 替换(R) 按钮进行替换，或单击 全部替换(A) 按钮将所有符合条件的数据一次性全部替换，如图4-28所示。

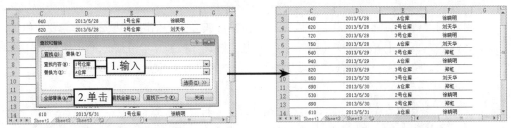

图4-27　"查找和替换"对话框　　　　　　　　图4-28　全部替换结果

4.2.2　设置单元格格式

在输入数据后，可对单元格的大小、数字、字体、对齐方式、边框与底纹进行设置，使制作的表格美观实用。

1. 设置单元格大小

单元格的大小由单元格的行高和列宽决定。当单元格中的内容显示不完整时，可调整其行高与列宽，下面对调整行号和列宽的常见方法进行介绍。

◎ **拖动鼠标调整行高或列宽**：将鼠标光标移至行号或列标的分割线处，当鼠标光标变为
‡或 ┿形状时，上下或左右拖动鼠标，图4-29所示为调整行高前后的效果。

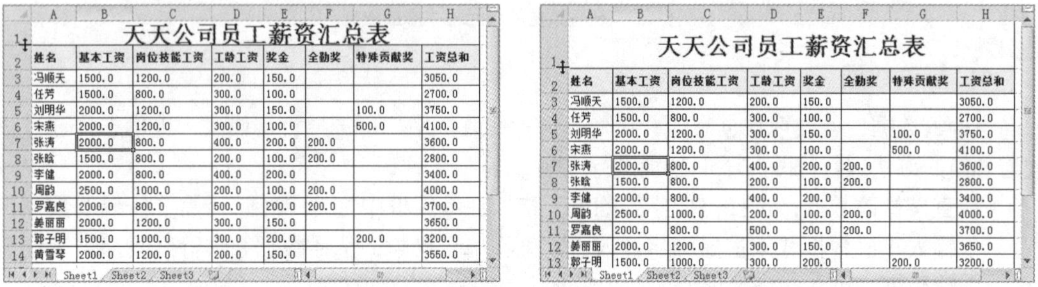

图4-29　拖动鼠标调整行高前后的效果

◎ **双击鼠标调整合适的行高与列宽**：将鼠标光标移至行号或列标的分割线处，当鼠标光标变为‡或 ┿形状时，双击鼠标左键即可根据单行或单列内容调整为合适的行高和列宽。

◎ **固定行高或列宽**：选择设置行高或列宽的单元格区域，在【开始】→【数字】组单击"格式"按钮 ，在弹出的下拉列表中选择"行高"选项或"列宽"选项，打开"行高"或"列宽"对话框，输入具体的行高或列宽值，单击 确定 按钮即可，图4-30所示为设置行高值的效果。

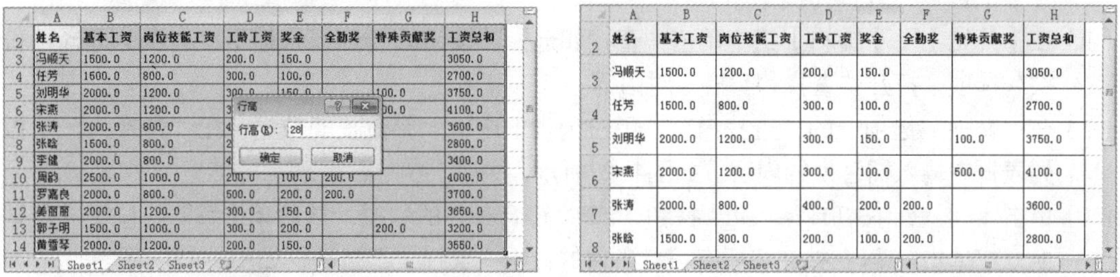

图4-30　设置行高值

◎ **自动调整行高与列宽**：当需要调整单元格多行或多列的值时，可先选择需要调整的单元格区域，在【开始】→【数字】组单击"格式"按钮 ，在弹出的下拉列表中选择"自动调整行高"选项或"自动调整列宽"选项。

知识提示　当单元格的大小不能完全容纳文本时，将只显示文本的前一部分。选择单元格区域后，在【开始】→【对齐方式】组中单击 自动换行 按钮，将自动将多余的文本显示到下一行；当单元格的大小不能完全容纳数值时，将显示为#号。

2. 设置单元格数字

设置单元格数字是指设置单元格数据的类型，如货币型、日期型、百分比等。可以通过"数字"组或"设置单元格格式"对话框的"数字"选项卡实现，其具体方法分别介绍如下。

◎ **通过"数字"组设置**：选择要设置的单元格后，在【开始】→【数字】组中的下拉列表中可以选择一种数字格式，还可单击"货币样式"按钮、"百分比样式"按钮%、"千位分隔样式"按钮、"增加小数位数"按钮和"减少小数位数"按钮等，快速将数据转换为货币型、百分比型、千位分隔符等格式，如图4-31所示。

◎ **通过"数字"选项卡设置**：选择需要设置数据格式的单元格，在【开始】→【数字】组的右下角单击 按钮，打开"设置单元格格式"对话框，单击"数字"选项卡，在其中可以设置单元格中的数据类型，如图4-32所示。

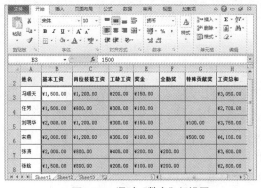

图4-31 通过"数字"组设置

图4-32 通过"数字"选项卡设置

3. 设置单元格字体格式

设置单元格字体格式是指设置单元格的字体、字号、加粗、倾斜、字体颜色等，其方法与在Word中设置文本的字体格式相似，同样可在【开始】→【数字】组进行设置，如图4-33所示，或打开"设置单元格格式"对话框，单击"字体"选项卡进行设置，如图4-34所示。

图4-33 通过"字体"组设置

图4-34 通过"字体"选项卡设置

4. 设置单元格对齐方式

在Excel表格中，用户不仅可以设置数据在单元格中的水平对齐方式和垂直对齐方式，还可设置数据与单元格边框的间距，以及数据在单元格中排列的方式，其方法为：在选择要设置的单元格后,在【开始】→【对齐方式】组中单击"顶端对齐"按钮▤、"垂直居中"按钮▤、"底端对齐"按钮▤,可设置数据垂直对齐方式;单击"文本左对齐"按钮▤、"居中"按钮▤、"文本右对齐"按钮▤可设置单元格的水平对齐方式,单击"方向"按钮➹,在弹出的下拉列表中可选择单元格数据的排列方向;单击"减少缩进量"按钮➹可减少单元格数据与边框的距离,单击"增加缩进量"按钮➹可增加单元格数据与边框的距离,如图4-35所示。

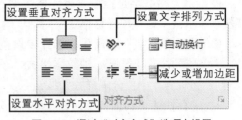

图4-35 通过"对齐方式"选项卡设置

操作技巧　　选择需要设置对齐方式的单元格或单元格区域,选择【格式】→【单元格】命令,打开"设置单元格格式"对话框,单击"对齐"选项卡,也可设置单元格中数据的水平和垂直对齐方式、文字的排列方向和文本控制等。

5. 设置边框与底纹

为数据区域设置边框或底纹,是美化表格的重要手段,为标题、表头设置不同的底纹,更能突出表格的结构,便于直观地查看数据。下面对设置表格边框和底纹的方法分别进行介绍。

◎ **设置表格边框**:用户不仅可以选择性地为单元格或单元格区域添加四周的框线,还可设置边框线的样式与颜色,其具体操作如下。

(1)选择需要设置边框的单元格,打开"设置单元格格式"对话框。

(2)单击"边框"选项卡,在"样式"列表框中选择线条的样式,在"颜色"下拉列表框中选择线条的颜色。

(3)选择"预置"栏中的"外边框"或"内部"选项,或单击"边框"栏中边框预览效果左侧或下侧的按钮添加对应位置的边框,如图4-36所示。

(4)单击 确定 按钮,应用边框设置,如图4-37所示。

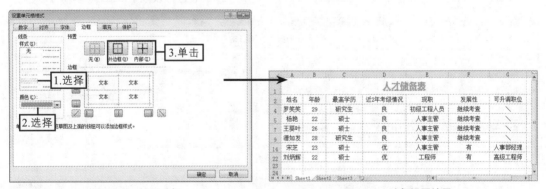

图4-36 设置边框　　　　　　　　　　　　图4-37 边框设置效果

操作技巧　　在设置边框时,可为单元格各边设置不同的边框样式和颜色。其方法为:在设置边框样式和颜色后,选择边框的位置,不关闭对话框,再次设置其他边框的样式和颜色,选择其他边框的位置,最后单击 确定 按钮,应用边框设置。

知识提示

选择要设置的单元格后，在【开始】→【字体】组中单击"边框"按钮右侧的按钮，在打开的下拉列表中可选择添加一些简单边框。若选择"绘图边框"选项，此时可手动绘制表格的内、外边框，方法与在Word中绘制表格类似。

◎ **设置表格底纹**：是指为单元格填充纯色、图案或渐变颜色。读者除了选择单元格后，在【开始】→【字体】组中单击"填充颜色"按钮右侧的按钮，在打开的下拉列表中选择一种合适的填充颜色外，还可通过"填充"选项卡设置填充底纹，其具体操作如下。

（1）选择需要设置底纹的单元格，打开"设置单元格格式"对话框。

（2）单击"填充"选项卡，选择填充的方式，这里在"图案样式"和"图案颜色"下拉列表框中分别选择图案的样式和颜色，进行图案填充。

（3）单击 确定 按钮，应用填充设置，效果如图4-38所示。

图4-38 边框设置效果

操作技巧

选择需要设置边框的单元格，打开"设置单元格格式"对话框，在"背景色"列表框中选择需要的颜色，可进行纯色填充，单击 填充效果 按钮，可在打开的对话框中选择其他颜色；若单击 填充效果 按钮，将打开"填充效果"对话框，默认选中"双色"单选项，在"颜色1"和"颜色2"下拉列表框中可分别设置渐变填充的两种颜色，在"底纹样式"栏中单击选中对应单选项，可设置渐变的方向，在"变形"栏中单击对应方块可设置渐变的位置，如图4-39所示。

图4-39 设置渐变填充单元格

6. 使用条件格式

通过设置条件格式，可以为一些满足特殊条件的单元格添加边框或底纹，以达到突出显示的目的，其具体操作如下。

（1）选择需要设置条件格式的单元格区域，在【开始】→【样式】组中单击"条件格式"按钮，在打开的下拉列表中选择【突出显示单元格规则】子列表中某个条件选项，如选择"大于"选项，如图4-40所示。

（2）在打开的"大于"对话框左侧的文本框中输入需要大于的值，再在右侧的下拉列表中选择设置的样式，工作表中将显示设置条件格式，如图4-41所示。

（3）单击 确定 按钮，应用条件格式。

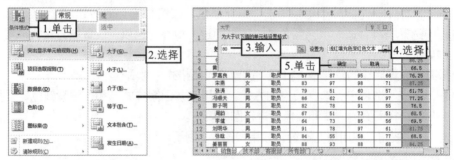

图4-40 设置条件格式　　　　　　　图4-41 查看应用条件格式的效果

知识提示　　单击"条件格式"按钮，在打开的下拉列表中选择对应的选项，还可为单元格设置其他条件格式，如数据条、色阶、图标集等。在"条件格式"下拉列表的"清除规则"子列表中选择"清除整个工作表的规则"命令可以取消整个工作表中的条件格式，选择"清除所选单元格的规则"命令可以清除选择单元格的条件格式。

7. 套用单元格样式

单元格样式包含字体、对齐方式、底纹和边框等属性设置，对一些特定的单元格，如标题、评价和注释等单元格，可通过套用单元格格式来进行快速美化，其方法为：选择要设置的单元格，在【开始】→【样式】组中的"单元格样式"下拉列表框中可选择一种预置的单元格样式，图4-42所示为应用"标题1"单元格样式的效果。

图4-42 套用单元格样式

8. 套用表格样式

逐一设置单元格格式难免耗时，套用Excel提供的表格样式，可达到快速规范美化工作表的目的，其具体操作如下。

（1）选择需要设置套用表格样式的单元格区域，在【开始】→【样式】组中单击"套用表格格式"按钮，在打开的下拉列表中可选择一种预置的表格格式，这里选择"中等深浅"栏中第二排的第二个表格样式，如图4-43所示。

（2）打开"套用表格式"对话框，确认或重新选择表源数据区域。

（3）单击 确定 按钮，完成套用表格样式，效果如图4-44所示。

图4-43　设置套用表格样式与数据区域

图4-44　查看套用表格格式的效果

知识提示　在选择套用表格的数据区域时，一般不会选择表格的标题，否则会导致结构错乱，且套用表格样式后，会沿用原有的字体、字号与底纹等格式。选择表头单元格区域，在【数据】→【筛选】组中单击"筛选"按钮，可取消表头的筛选图标。

9. 复制与清除格式

在设置单元格格式时，对于重复的格式，可使用"格式刷"工具进行快速复制，设置好格式后，也可通过清除格式功能还原到默认格式，其方法分别介绍如下。

◎ **使用格式刷复制格式**：选择设置好单元格格式的单元格，在【开始】→【数字】组中单击"格式刷"按钮，当鼠标光标变为形状时，再使用鼠标拖动需要设置格式的单元格或单元格区域即可。若双击"格式刷"按钮，可多次拖动鼠标复制格式，当不需要复制格式时，再次单击"格式刷"按钮，退出格式刷状态。

◎ **"清除格式"按钮**：选择需要清除格式的单元格区域，在【开始】→【编辑】组单击"清除"按钮，在弹出的下拉列表中选择"清除格式"选项即可。

4.2.3　打印设置

在日常办公中，可能需要将制作好的表格打印出来，如工资条、采购单等。为了得到更加满意的打印效果，就需要对打印区域、打印页面和打印参数等进行设置，下面分别进行介绍。

1. 设置打印区域

默认为打印整张工作表，当只需打印工作表中某部分数据时，就需对其打印区域进行设置，其具体操作如下。

（1）选择需打印的单元格区域，在【页面布局】→【页面设置】组中单击"打印区域"按钮，在打开的下拉列表中选择"设置打印区域"选项，如图4-45所示。

（2）所选区域四周将出现虚线框表示该区域将被打印。

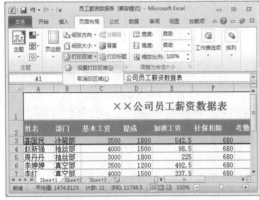

操作技巧

在设置打印区域后，可再次选择打印区域，在"打印区域"下拉列表中选择"取消打印区域"选项取消设置的打印区域；也可选择其他单元格区域，在"打印区域"下拉列表中选择"添加到打印区域"选项，将其选择单元格区域添加到打印区域。

图4-45　设置打印区域

2. 设置打印页面

设置打印页面是指设置表格打印在纸张上的效果，包括页面大小的选择、页边距的设置、页面方向的设置与页面背景的设置，分别介绍如下。

◎ **设置页面大小、页边距、页面方向**：在【页面布局】→【页面设置】组中分别单击"纸张大小"按钮、"纸张方向"按钮和"页边距"按钮，在打开的下拉列表中选择纸张大小、纸张方向和页边距选项，或在【页面布局】→【页面设置】组中单击右下角的按钮，打开"页面设置"对话框，在"页面"和"页边距"选项卡中进行设置，如图4-46所示。

◎ **设置页面背景**：在【页面布局】→【页面设置】组中单击"背景"按钮，在打开的对话框中双击背景图片，即可完成页面背景的设置。

图4-46　"页面设置"对话框

3. 设置打印的页眉与页脚

为表格设置页眉与页脚，可对工作表进行标注说明。用户既可使用Excel 2010内置的页眉和页脚，也可自定义设置。其方法是：在【页面布局】→【页面设置】组中单击右下角的按钮，打开"页面设置"对话框，单击"页眉/页脚"选项卡，分别在"页眉"和"页脚"下拉列表中选择所需的内容样式，如图4-47所示，完成后单击 确定 按钮，即可查看到设置的页眉和页脚的效果。

图 4-47　设置页眉与页脚

操作技巧

　　若在"页面设置"对话框单击 `自定义页眉(C)` 或 `自定义页脚(U)` 按钮，可在打开的对话框中自定义输入页眉与页脚的内容。

4. 设置打印标题

　　在打印内容较多、需要打印多页的表格时，默认打印出的表格只有首页有标题，这时可通过设置打印标题使每页自动打印标题行或列。其具体操作如下。

（1）在【页面布局】→【页面设置】组中单击"打印标题"按钮，打开"页面设置"对话框。

（2）单击"工作表"选项卡，在"打印标题"栏分别输入要打印的顶端标题行和左端标题列区域（需要在行号或列标前输入绝对引用符号"￥"），或单击 按钮后进行选择。

（3）完成后单击 `确定` 按钮，如图4-48所示。

图 4-48　设置打印标题

5. 预览打印效果

　　设置打印页面与打印区域后，可通过打印预览来查看打印效果。其具体操作如下。

（1）选择【文件】→【打印】菜单命令，或在"页面设置"对话框中单击 `打印预览(W)` 按钮，在打开的界面的右侧即可预览打印效果。

（2）当打印多页时，可通过预览区左下角的页码控制栏进行预览；单击右下角的"缩放到页面"按钮 可以根据纸张大小调整显示；单击"显示边距"按钮 ，可以在预览窗口中显示出边线，拖动各边线可以调整位置和列宽，如图4-49所示。

图 4-49　预览效果

操作技巧

　　单击预览图，按住【Ctrl】键，滚动鼠标滚轮，可放大或缩小显示表格。

6. 打印工作表

打印预览无误后，可选择【文件】→【打印】菜单命令，在界面左侧设置打印的份数、打印机与打印的页数范围，完成后单击"打印"按钮🖨️即可开始打印表格。

4.2.4 课堂案例——制作"员工通讯录"表格

本案例将通过制作"员工通讯录"表格进一步巩固数据输入与填充、单元格格式设置等知识。制作完成后，参考效果如图4-50所示。

员工编号	姓名	性别	学历	所在部门	目前职称	出生日期	入职日期	联系电话	通讯地址
					天翔公司员工通讯录				
TX001	冯顺天	男	本科	行政部	行政经理	88.06.13	2007/3/5	138223****6	达川市南区××街
TX002	任芳	女	大专	市场部	促销主管	89.11.10	2007/9/10	136457****3	江苏扬州瘦西湖××号
TX003	刘明华	男	本科	总经理办公室	总经理助理	82.09.30	2008/3/1	158769****4	四川南充市新街××号
TX004	宋燕	女	大专	人事部	人力资源专员	83.06.08	2009/7/6	135221****6	江苏无锡××街
TX005	张涛	男	本科	行政部	行政助理	86.07.28	2009/3/7	138457****8	四川成都春熙路××号
TX006	张晗	女	大专	总经理办公室	办公室文员	85.12.16	2009/9/7	137852****5	广东潮州爱达荷路××号
TX007	李健	男	大专	行政部	档案员	90.06.13	2010/3/5	139457****6	浙江温州工业区××号
TX008	周韵	女	大专	市场部	办公室文员	86.03.20	2010/3/5	138223****5	北京海淀区××号
TX009	罗嘉良	男	本科	人事部	人力资源助理	82.10.30	2010/9/5	139457****8	成都大安西路××号
TX010	姜丽丽	女	大专	人事部	人力资源经理	83.06.08	2011/3/6	139457****1	成都青江东路××号
TX011	郭子明	男	本科	市场部	广告企划主管	88.09.28	2011/3/7	138223****8	长沙市沿江路街××号
TX012	黄雪琴	女	本科	人事部	招聘主管	89.02.16	2011/9/4	138223****8	山东滨州××街
TX013	田莹	女	大专	行政部	前台	88.06.13	2012/3/8	139356****2	绵阳科技路街××号
TX014	喻剐	男	本科	总经理办公室	办公室文员	86.12.20	2012/3/5	138243****9	四川西昌莲花路××号
TX015	汪雪	女	大专	市场部	销售助理	91.09.30	2012/9/2	138223****7	重庆市南岸区××街
TX016	罗杉杉	男	大专	市场部	渠道主管	83.06.08	2012/3/3	159428****1	新疆库尔勒××号
TX017	罗乐	男	大专	总经理办公室	办公室主管	92.01.28	2013/3/7	139457****2	四川德阳少城路××号
TX018	郑悦	男	本科	市场部	销售专员	87.02.16	2013/9/1	159427****8	成都青阳路××街

图4-50 员工通讯录效果

 效果所在位置 光盘:\效果文件\第4章\课堂案例\员工通讯录.xlsx
视频演示 光盘:\视频文件\第4章\制作"员工通讯录"表格

（1）启动Excel 2010后将自动新建一张空白工作簿，选择【文件】→【保存】菜单命令，打开"另存为"对话框，选择保存路径，设置文件名为"员工通讯录"，单击 保存(S) 按钮即可，如图4-51所示。

（2）返回工作界面，用鼠标双击工作表标签"Sheet1"，此时工作表标签名呈可编辑状态，输入"员工通讯录"，按【Enter】键，如图4-52所示。

图4-51 保存工作簿　　　　　　　图4-52 重命名工作表

（3）单击工作表标签"Sheet2"，按住【Ctrl】键的同时单击工作表标签"Sheet3"，在其上单击鼠标右键，在弹出的快捷菜单中选择"删除"命令，如图4-53所示。

（4）在工作表中单击A1单元格，输入"天翔公司员工通讯录"，按【Enter】键完成输入，单击A2单元格，输入"员工编号"，按向右方向键，选择B2单元格，输入"姓名"，用同样的方法输入如图7-54所示的表头字段。

图4-53 删除工作表　　　　　　　　　图4-54 输入标题与表头

（5）拖动鼠标选择A1:H1单元格区域，在【开始】→【对齐方式】组中单击"合并后居中"按钮合并后居中，如图4-55所示。

（6）将鼠标光标移至行号1下方的分割线处，当鼠标光标变为十形状时，向下拖动鼠标，增加标题行行高，如图4-56所示。

图4-55 合并工作表　　　　　　　　　图4-56 调整标题行的行高

（7）在A3单元格中输入员工编号"TX001"，选择A3单元格，将鼠标指针移至该单元格右下角的控制柄上，当其变为+形状时，按住鼠标左键向下拖动鼠标至A20单元格，填充编号序列，如图4-57所示。

（8）输入表格的其他相关数据，双击列标分割线自动调整合适的列宽，如图4-58所示。

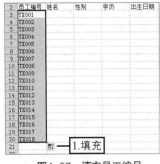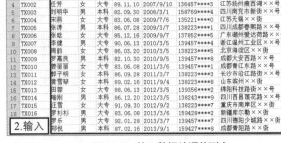

图4-57 填充员工编号　　　　　　　　图4-58 输入数据并调整列宽

（9）选择E2单元格，在【开始】→【单元格】组中单击"插入"按钮下方的按钮，在打开的下拉列表中选择"插入单元格"选项，打开"插入"对话框，单击选中"整列"单选项，如图4-59所示。单击确定按钮在该单元格前插入一列单元格。

（10）使用相同方法再在该位置插入一列，分别输入"所在部门"与"目前职称"相关数据，如图4-60所示。

图4-59 插入整列单元格　　　　　图4-60 添加"所在部门"与"目前职称"数据

（11）选择A1单元格，在【开始】→【字体】组中设置字体为"隶书"，设置字号为
"22"，设置字体颜色为"红色，强调文字颜色2"，如图4-61所示。

（12）选择A2:J2单元格区域，在【开始】→【样式】组中的"单元格样式"下拉列表框中选
择如图4-62所示的"强调文字"单元格样式。

图4-61 设置单元格字体　　　　　图4-62 应用单元格样式

（13）选择A1:J20单元格区域，打开"设置单元格格式"对话框。单击"边框"选项卡，在
"样式"列表框中和"颜色"下拉列表框中选择如图4-63所示的"中等粗细实线"和
"深红色"选项，单击选择"预置"栏中的"外边框"选项。

（14）再次在"样式"列表框中和"颜色"下拉列表框中分别选择如图4-64所示的虚线和浅红色，
选择"预置"栏中的"内部"选项。单击 确定 按钮，应用不同的外边框和内边框设置。

图4-63 设置内边框　　　　　图4-64 设置外边框

（15）返回工作界面即可查看设置的边框效果，选择表头行、员工编号列、性别列和学历列，在【开始】→【对齐方式】组中单击"居中"按钮≡，进行居中对齐。

（16）按【Ctrl+S】组合键保存制作的表格，单击窗口右上角的"关闭"按钮关闭工作簿，并退出软件。

4.3 课堂练习

本课课堂练习将分别制作员工基本信息表格和产品订单表格，综合练习本章学习的知识点，将表格操作、数据输入、格式设置等应用到实践中，学以致用。

4.3.1 制作"员工基本信息"表格

1. 练习目标

员工基本信息表格将更详细地记录员工的信息，包括基本信息、主要工作经历、家庭背景等信息。本练习将利用单元格操作和单元格格式的设置来创建名为"王涛"的基本信息表，参考效果如图4-65所示。

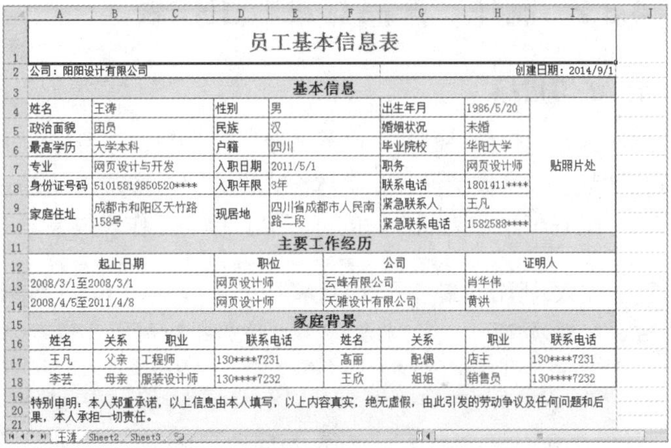

图4-65 "员工基本信息"表格参考效果

效果所在位置	光盘:\效果文件\第4章\课堂练习\员工基本信息.xlsx
视频演示	光盘:\视频文件\第4章\制作"员工基本信息"表格

2. 操作思路

根据练习目标要求，本练习的操作思路如图4-66所示。

① 新建工作簿并输入数据　　② 合并与调整单元格大小　　③ 设置单元格字体、底纹与边框等格式

图4-66 制作"员工基本信息"表格的操作思路

（1）新建并保存工作簿，将"Sheet1"工作表命名为"王涛"，输入员工基本信息。

（2）合并标题、基本信息等单元格区域，调整单元格行高和列宽，设置单元格的对齐方式。

（3）将标题等重要信息的字号放大并加粗显示，将标题和需填写内容的字体颜色设置为"深蓝、文字2"。

（4）为各分类栏添加"蓝色、强调文字颜色1、淡色80%"的底纹填充。

（5）为标注文本应用"注释"单元格样式。

（6）为数据区域添加较粗的外边框线和细内边框线，设置边框线颜色为"深蓝、文字2"。保存工作簿完成本例的制作。

职业素养　员工基本信息表是公司人事信息管理需制作的表格，记录了员工的姓名、省份证号、住址、学历、家庭背景等重要信息，便于公司更全面的了解该员工，以及发生重要情况时，能进行联系。员工基本信息表时记录当时的情况，创建后一般还需要经常对其信息进行不断更新，以确保信息的准确性。

4.3.2　制作"产品订单"工作表

1．练习目标

本次练习的目标是制作"产品订单"工作表，该目标要求熟练掌握数据的输入、单元格的合并与调整、数字类型设置、字体格式设置、对齐方式设置，以及单元格边框与底纹颜色的设置方法，图4-67所示为制作后的"产品订单"工作表效果。

| 效果所在位置 | 光盘:\效果文件\第4章\课堂练习\产品订单.xlsx |
| 视频演示 | 光盘:\视频文件\第4章\制作"产品订单"表格 |

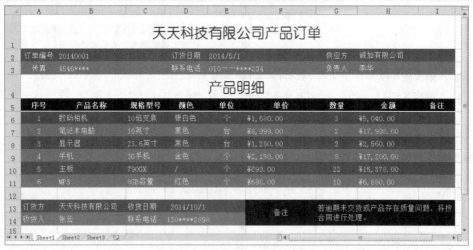

图4-67　"产品订单"工作表效果

职业素养　产品订单对于供应方而言，可根据订单的需求量和交货期来进行生产或进货安排，其宗旨在于降低库存。对于收货方而言，可提前采购部分产品，从而以免出现货源紧张，甚至无货所带有的损失，保持产品的正常流通。

2. 操作思路

完成本练习需要先新建工作簿并在其中输入数据，然后对单元格进行操作，搭建表格框架，最后美化表格，本例的操作思路如图4-68所示。

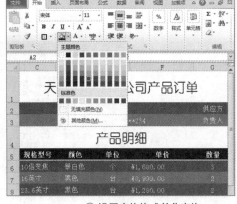

① 搭建表格框架　　　　　　　② 设置表格格式美化表格

图4-68　"产品订单"工作表的制作思路

（1）新建工作簿并将其以"产品订单"为名进行保存，输入订单内容，在输入"单价"和"金额"列的数据时，需要设置数据的类型为"货币"，并进行左对齐。

（2）输入完成后，对相关单元格进行合并和调整大小的操作。

（3）将标题文本的格式设置为"汉仪细中圆简、20、居中"。

（4）适当设置其他单元格的对齐方式，为表格添加边框与底纹效果，可参考提供的效果文件进行设置，完成后保存工作簿即可。

4.4　拓展知识

在浏览数据较多的工作表时，滚动鼠标滚轮或拖动滚动条后，表头信息也将会被隐藏，这时，可通过冻结拆分窗格，或冻结首行或首列来固定显示表头信息。其具体操作如下。

（1）选择需要拆分的单元格区域，在【视图】【窗口】组中单击"冻结窗口"按钮 ，在弹出的下拉列表中选择"冻结拆分单元格"选项。

（2）当再次拖动滚动条浏览数据时，拆分单元格上方或左侧将固定显示。若只需要冻结首行或首列，可在"冻结窗口"列表中选择"冻结首行"或"冻结首列"选项。

（3）若要取消冻结状态，可在"冻结窗口"列表中选择"取消冻窗格"选项。

4.5　课后习题

（1）新建"外出人员登记表"工作簿，输入数据，对单元格格式进行设置，完成后的效果如图4-69所示。

提示：在设置边框与底纹时，可套用表格样式，并选中表头单元格区域，在【数据】→
【筛选】组中单击"筛选"按钮 ，取消表头的数据筛选符号，最后在"设置单元格格式”对话框中单独设置表头的图案填充。

效果所在位置　光盘:\效果文件\第4章\课后习题\外出人员登记表.xlsx

视频演示　光盘:\视频文件\第4章\制作“外出人员登记表”表格

外出人员登记表

日期	姓名	所属部门	外出事由	外出时间	返回时间
2014/4/24	张建国	销售部	见客户	下午 12:50:00	下午 4:00:00
2014/4/24	李春倪	采购部	购买原材料	下午 1:50:00	下午 1:30:00
2014/4/24	孙晓	销售部	见客户	下午 2:50:00	下午 5:00:00
2014/4/25	柳露露	采购部	购买原材料	下午 3:50:00	下午 6:00:00
2014/4/25	冯顺天	行政部	联系会议地点	下午 2:00:00	下午 4:00:00
2014/4/25	任芳	销售部	送方案	下午 4:30:00	下午 5:00:00
2014/4/25	刘明华	销售部	见客户	上午 9:30:00	下午 12:00:00
2014/4/25	宋燕	销售部	见客户	下午 1:00:00	下午 4:00:00
2014/4/25	张涛	销售部	见客户	下午 2:30:00	下午 5:00:00
2014/4/25	张晗	销售部	见客户	上午 11:00:00	下午 4:30:00
2014/4/25	李健	销售部	送方案	上午 10:00:00	上午 11:00:00
2014/4/26	周韵	行政部	办理员工的养	下午 2:00:00	下午 5:00:00
2014/4/26	罗嘉良	销售部	签合同	下午 4:00:00	下午 6:00:00
2014/4/26	姜丽丽	行政部	购买办公用品	上午 10:00:00	上午 11:00:00
2014/4/26	郭子明	销售部	送方案	上午 9:40:00	上午 11:00:00
2014/4/26	黄雪琴	销售部	送方案	上午 11:00:00	下午 1:00:00
2014/4/26	田蓉	销售部	见客户	上午 10:20:00	下午 3:00:00
2014/4/26	徐丽明	销售部	送方案	下午 4:00:00	下午 5:30:00
2014/4/26	廖燕	销售部	签合同	下午 3:30:00	下午 5:00:00

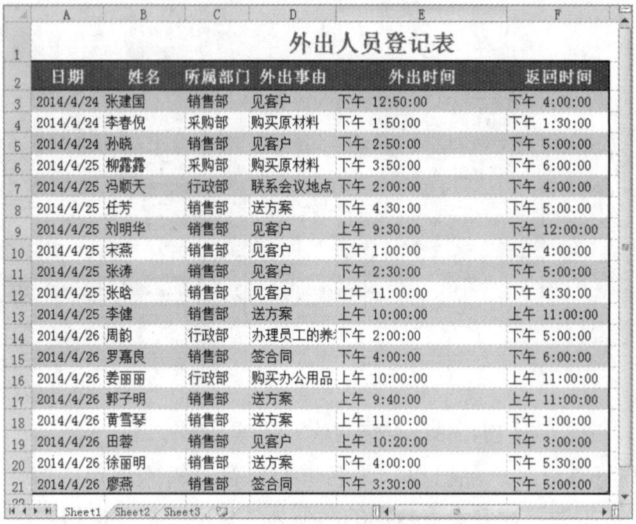

图4-69　“外出人员登记表”表格效果

（2）打开“日程安排表.docx”工作簿，将标题文本转化为艺术字，设置为“方正卡通简体、36、加粗”，添加底纹与边框样式，如图4-70所示。

素材所在位置　光盘:\素材文件\第4章\课后习题\日程安排表.xlsx

效果所在位置　光盘:\效果文件\第4章\课后习题\日程安排表.xlsx

视频演示　光盘:\视频文件\第4章\美化“日程安排表”表格

工作日程安排表

2014/3/1

日期	周	上午	下午	备注
10号	周日	休息	休息	
11号	周一	上周未完成事项继续跟踪	转正人员审批	
12号	周二	劳动合同范本报总经理审批，督促各部门进行内部培训工作	片区销售经理面试	
13号	周三	审核员工奖惩制度	参加产品营销会	
14号	周四	员工关系梳理		
15号	周五	各部门内部培训跟踪	召开产品推介动员大会	保证有足够的产品宣传资料
16号	周六	休息	休息	
17号	周日	休息	休息	
18号	周一	上周未完成事项继续跟踪；绩效考核制作的审批	薪资结构的调整	
19号	周二	转正人员审批	片区销售经理面试后储备2人	
20号	周三	面试总经理助理	面试行政主管	
21号	周四	复试审批		
22号	周五	制定下个月工作计划		
23号	周六	休息	休息	
24号	周日	休息	休息	
25号	周一	考勤统计	薪资核算	

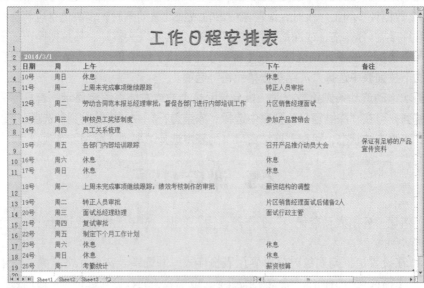

图4-70　“日程安排表”效果

第5章

计算与管理Excel表格

　　Excel 2010的功能不仅限于输入与储存数据，其更为强大的功能在于对数据进行计算与管理。本章将详解介绍计算与管理数据的方法，使读者能够掌握求和、求平均值等常用的数据计算方法，以及对数据进行排序、筛选汇总等管理的方法。

 学习要点

◎　认识与运用公式
◎　认识与运用函数
◎　数据的排序、筛选与分类汇总
◎　应用透视表与透视图

 学习目标

◎　掌握使用公式和函数来计算数据的方法
◎　掌握数据的排序、筛选与分类汇总的方法
◎　熟悉使用透视表与透视图分析工作表的方法

5.1 计 算 数 据

在Excel中，对于一些简单的数据计算，可直接使用公式来完成计算，若要进行一些复杂的运算，如单元格区域的计算、数目统计、条件判定等时，就需要使用函数了，下面将对使用公式与函数计算数据进行介绍。

5.1.1 认识公式与函数

在使用公式和函数计算数据前，需要先对的公式与函数的格式，以及其组成部分的含义进行了解，以便能更好的使用它们计算数据。

1. 认识公式

Excel中的公式是对工作表中的数据进行计算的等式，它以"=（等号）"开始，其后是公式的表达式，如图5-1所示。通过公式，可以对表格中的数据进行一般的加、减、乘、除运算。下面对公式的表达式中各组成部分的含义进行介绍。

◎ **引用单元格**：是指需要引用数据的单元格所在的位置。在引用其他工作表中的单元格时，其结构为：工作表名称+！，如"=员工通讯录!H3"。

◎ **运算符**：是Excel 公式中的基本元素，它是指对公式中的元素进行特定类型的运算。

◎ **数值**：包括数字、文本等各类数据。

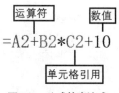

图5-1 公式的表达式

操作技巧　　在公式中，常见的运算符有算术运算符（如加、减、乘、除）、比较运算符（如逻辑值FALSE与TRUE）、文本运算符（如&）、引用运算符（如冒号与空格）和括号运算符（如（））5种，当一个公式中包含这5种运算符时应遵循从高到低的优先级进行计算，如负号（-）、百分比（%）、求幂（^）、乘和除（*和/）、加和减（+和-）、文本连接（&）、比较运算（=，<,>,<=,>=,<>）；若公式中还包含括号运算符，一定要注意每个左括号必须配一个右括号。

2. 认识函数

函数是指预设的通过使用一些称为参数的特定数值按特定的顺序或结构执行计算的公式，函数的格式为：=函数名（参数1,参数2,…），如图5-2所示。通过函数可以快速完成一些特定的数据计算，其中各部分的含义如下。

◎ **函数名**：即函数的名称，每个函数都有唯一的函数名，如SUM函数、AVERAGE 函数、IF 函数等。

◎ **参数**：是指函数中用来执行操作或计算的值，参数的类型与函数有关。

=SUM(D6:E6)

图5-2 函数的格式

5.1.2 使用公式

用户不仅可以输入公式进行计算，还可将公式复制到其他单元格中，完成相同类型的运算。下面分别对输入与公式引用的相关知识进行介绍。

1. 输入公式

输入公式的方法与输入数据的方式相似，用户可以选择在结果单元格中或编辑栏中先输入"="，接着输入公式内容，完成后按【Enter】键确认输入即可。下面将使用公式计算"方小宝"的采购总金额，其具体操作如下。

（1）选择G4单元格，在编辑栏中输入"=B4+C4+D4+E4+F4"，在输入引用的单元格时，可单击对应的单元格快速输入。这时可见引用的单元格的边框颜色发生变化，如图5-3所示。

（2）按【Enter】键确认输入，即可查看使用公式的计算结果，如图5-4所示。

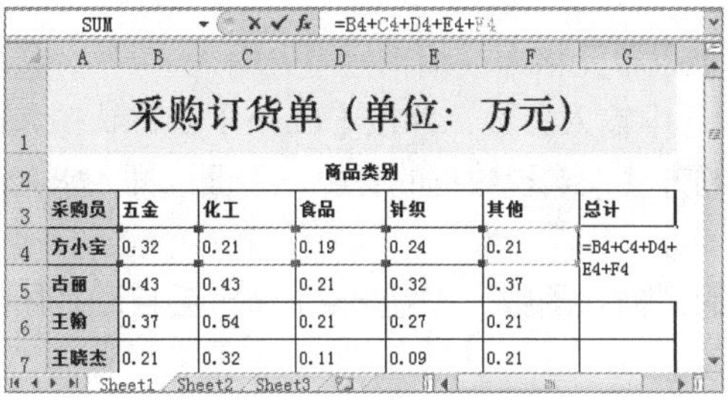

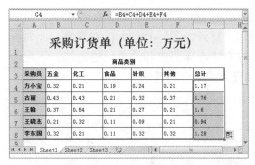

图5-3 输入公式

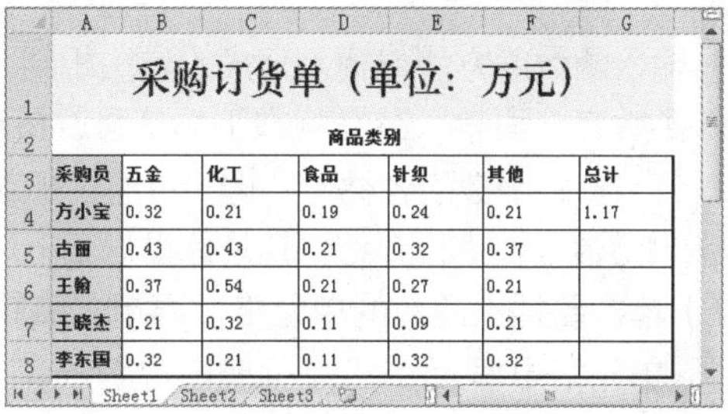

图5-4 计算结果

2. 公式引用

公式中的引用单元格会根据单元格的引用方式发生改变，下面对单元格的三种引用方式进行介绍。

◎ **相对引用**：直接在公式中输入引用单元格或单元格时，应用了相对引用。当复制此公式时，目标单元格公式中的引用会根据目标单元格和原单元格的相对位移而自动产生变化，如图5-5所示。

◎ **绝对引用**：若在公式中的引用单元格和行号和列标前输入"$"符号，表示应用了绝对引用，即无论公式的值填充到任何位置，公式本身的引用指向一个绝对的单元格或单元格区域，如图5-6所示。

图5-5 相对引用公式

图5-6 绝对引用公式

知识提示　　在使用绝对引用单元格时，为了避免输入"$"符号的麻烦，可拖动鼠标选择引用单元格部分，然后按F4键，在引用的单元格的行号和列标前将自动添加"$"符号，表示转换为绝对引用，再次按F4键可再次切换到相对引用。

◎ **混合引用**：指在公式中引用的单元格的行号或列标前输入"$"符号，绝对引用单元格行或列，相对引用其余部分，如E$4表示E是相对引用，$4是绝对引用。当进行公式复制时，绝对引用的部分保持不变，相对引用部分随单元格位置的变化而变化。

5.1.3 使用函数

认识函数的含义与组成部分后，可插入函数对一些常用的函数进行应用。此外，为了特殊需要，还在函数中还可嵌套其他函数进行使用，下面分别进行介绍。

1. 插入函数

输入函数的方法与输入公式的方法相同，先在结果单元格中或编辑栏中先输入"="，接着输入函数名，再输入英文状态下的括号，最后在括号中输入参数，并按【Enter】键确认输入即可。若不熟悉函数的名称与结构，可通过插入函数的方法来实现数据的计算，下面以插入求和函数SUM函数为例进行介绍，其具体操作如下。

（1）单击要插入函数的单元格，再单击编辑栏上的"插入函数"按钮 *fx*，Excel 会自动在所选单元格中插入"="，如图5-7所示。

（2）打开"插入函数"对话框，在"选择函数"列表框中选择要使用的函数，这里选择"SUM"函数，在对话框下方会有相应的功能说明，如图5-8所示。

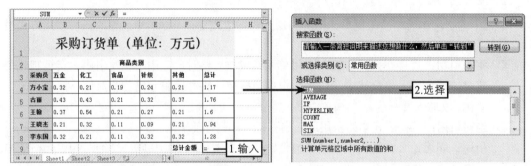

图5-7　求和数据区域　　　　　　　　　　图5-8　选择"SUM"函数

（3）单击 确定 按钮，在打开的"函数参数"对话框中的参数框中分别输入求和单元格区域，如图5-9所示。单击参数框右侧的 按钮，将打开如图5-10所示的对话框，此时可将鼠标光标移动到Excel单元格中，通过拖动的方法选择要求和的单元格区域，可配合【Ctrl】键和【Shift】键选择多个需要求和的单元格或单元格区域。

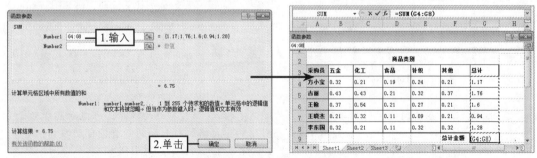

图5-9　打开的"函数参数"对话框　　　　图5-10　选择要求和的单元格区域

（4）选择好计算区域后，单击参数框右侧的 按钮可返回到"函数参数"对话框，单击 确定 按钮即可完成函数的插入，求和效果如图5-11所示。

操作技巧 在第二个参数框中输入数据可添加求和单元格区域，并自动在下方增加第3个参数框。

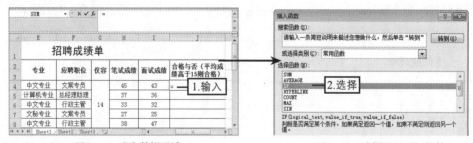

图5-11 查看计算结果

2. 嵌套函数

嵌套函数是指将某函数作为另一函数的参数使用。但当函数作为参数使用时，它返回的数值类型必须与参数使用的数值类型相同。如参数为整数值，那么嵌套函数也必须返回整数值，否则Excel将显示#VALUE!错误值。下面将以根据招聘总成绩来判断应聘者是否合格为例，介绍嵌套函数的用法，其具体操作如下。

（1）单击要插入函数的单元格，再单击编辑栏上的"插入函数"按钮 *fx*，Excel 会自动在所选单元格中插入"="，如图5-12所示。

（2）并自动打开"插入函数"对话框，在"选择函数"列表框中选择要使用的函数，选择"IF"函数，如图5-13所示。

图5-12 求和数据区域

图5-13 选择"SUM"函数

（3）单击 确定 按钮，在打开的"函数参数"对话框中的参数框中分别输入"SUM(H4:I4,¥G¥4)>=80""合格""不合格""，如图5-14所示。

（4）依次单击 确定 按钮即可完成嵌套函数的使用，判断结果如图5-15所示。

图5-14 求和数据区域

图5-15 判断结果

知识提示 在填写参数时，若需引用多个单元格地址，可用英文状态下的逗号隔开，如"E6,E7,E8"，也可输入单元格区域，如"E6:E8"，甚至混合输入，如函数SUM(H4:I4,G4)，表示求和H4:I4单元格区域和G4单元格。

3. 认识常用函数

在Excel 2010中，函数种类很多，且函数不同，其含义和语法结构和参数也不尽相同，熟悉常用的函数，能帮助用户快速计算办公表格数据。下面将对常用的SUM 函数、AVERAGE 函数、IF 函数和COUNT 函数等进行介绍。

（1）SUM 函数

SUM函数用于对选择的单元格或单元格区域进行求和计算，其语法结构为：SUM（number1,number2, …），number1,number2,...表示若干个需要求和的参数。如SUM（A2,B2)表示求A2与B2单元格的数据之和。

（2）AVERAGE 函数

AVERAGE函数用于对选择的单元格或单元格区域求平均值，其语法结构为：AVERAGE（number1,number2,...）。其中number1,number2,…表示需要计算的若干个参数的平均值，如图5-16所示求平均值的结果。

（3）IF 函数

IF函数用于判断选择的单元格或单元格区域是否满足某一条件，并根据逻辑计算的真假值返回不同结果，其语法结构为：IF（logical_test,value_if_true,value_if_false）。其中logical_test表示判断的条件；value_if_true表示满足条件时要返回的值；value_if_false表示不满足条件时要返回的值。当需要判断多个条件时，可嵌套使用IF函数，如图5-17所示为判断成绩等级的效果。

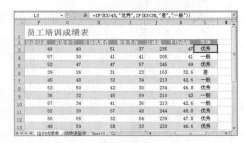

图5-16　求平均值　　　　　　　　　　图5-17　等级判断结果

知识提示　　　　如需要判断的等级为四级，可输入"=IF(条件,真值,IF(条件,真值,IF(条件,真值,假值)))"，依次类推，可嵌套使用IF函数判别多个等级。

（4）COUNT 函数

COUNT函数用于返回包含数字及包含参数列表中的数字的单元格的个数，通常利用它来计算单元格区域或数字数组中数字字段的输入项个数，其语法结构为：COUNT（value1,value2,…）。value1, value2, ...为包含或引用各种类型数据的参数，但只有数字类型的数据才被计算。

（5）MAX/MIN 函数

MAX函数的功能是返回所选单元格区域中所有数值的最大值，如图5-18所示。MIN函数则用来返回所选单元格区域中所有数值的最小值，如图5-19所示。它们的语法结构为：MAX

或MIN（number1,number2,…），其中number1,number2,…表示要筛选的若干个数值或引用。

图5-18 使用MAX函数求最大值	图5-19 使用MIN函数求最大值

（6）SIN 函数

SIN函数的功能是返回给定角度的正弦值，其语法结构为：SIN(number)。Number为需要求正弦的角度，以弧度表示。

（7）PMT 函数

PMT函数的功能是基于固定利率及等额分期付款方式，返回贷款的每期付款额，如图5-20所示。其语法结构为：SUM（rate,nper,pv,fv,type）。各参数的含义介绍如下。

◎ rate：必需具备的参数，指贷款利率。

◎ rnper：必需具备的参数，指贷款的付款总数。

◎ rpv：必需具备的参数，指现值或一系列未来付款的当前值的累积和，也称为本金。

◎ rfv：可选的参数，未来值或在最后一次付款后希望得到的现金余额，如果省略fv，则假设其值为零，即一笔贷款的未来值为零。

◎ rtype：可选的参数，其值为数字0或1，用以指定各期的付款时间是在期初还是期末。

图5-20　计算每年偿还金额

（8）常用日期函数

使用日期函数可以方便的进行一些常用的日期计算，如计算员工工龄、计算还款天数等，下面将对常用的日期函数进行介绍。

◎ **TODAY函数**：无需填参数，直接返回当天日期，其格式为：=TODAY()。

◎ **NOW函数**：无需填参数，直接返回当天日期+时间，其格式为：=NOW()。

◎ **DATE函数**：返回年、月、日，参数用英文状态的逗号分开，如=DATE(2014,11,12),,将返回"2014-11-12"。

◎ **DAY函数**：返回日，如输入=DAY("2014-11-12")，将返回12。

◎ **MONTH函数**：返回月数，如输入=DAY("2014-11-12")，将返回11。

◎ **YEAR函数**：返回年数，如输入=YEAR("2014-11-12")，将返回2014。如图5-21所示在编辑栏中输入公式"=YEAR(TODAY())-YEAR(C2)"，可得到员工的工龄。

◎ **DAYS360函数**：使用DAYS360函数可以按照一年360天的算法计算出两个日期之间相差

的天数。其语法结构为：DAYS360(start_date,end_date,method)。其中start_date表示起始日期；end_date表示终止日期；method表示天数计算方式，若为FALSE或者省略，则表示使用美国方法；若为TRUE，则表示使用欧洲方法。通过DAYS360与TODAY函数来计算还款剩余天数，如图5-22所示。

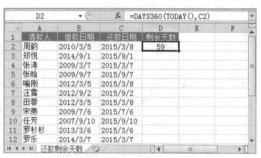

图5-21　计算员工工龄　　　　　　　　图5-22　计算还款剩余天数

（9）LOOKUP函数

LOOKUP(向量)函数，用于在工作表中的某一行或某一列区域或数组中查找指定的值，然后返回另一行或另一列区域或数组中对应位置上的值。其语法结构为：LOOKUP(lookup_value,lookup_vector,result_vector)。其中lookup_value表示要在第一个向量中查找的值；lookup_vector表示要在其中查找的区域或数组；result_vector表示要返回查找结果的区域或数组。

（10）与IF组合的函数

与IF组合的函数很多，表示对满足条件的单元格进行相应计算，下面对常用的SUMIF函数、COUNTIF函数进行介绍。

◎ SUMIF函数：统计某个单元格区域中符合指定条件的单元格数目，SUMIF（Range,Criteria,Sum_Range）。其中Range代表条件判断的单元格区域；Criteria为指定的条件表达式；Sum_Range代表需要计算的数值所在的单元格区域。如图5-23所示为使用SUMIF函数求成都的销量之和。

◎ COUNTIF函数：统计某个单元格区域中符合指定条件的单元格数目，COUNTIF(Range,Criteria)。其中Range代表要统计的单元格区域；Criteria表示指定的条件表达式，如5-24所示为统计销量达到40000的人数。

图5-23　使用SUMIF函数求成都的销量之和　　　　图5-24　统计销量达到40000的人数

操作技巧 若不熟悉函数的用法，可在"插入函数"对话框选择需要的函数后，单击"插入函数"对话框左下角的"有关该函数的帮助"超链接，打开"Microsoft Excel帮助"窗口查看该函数的介绍。

5.1.4 课堂案例1——计算"员工工资表"数据

员工工资表是按车间、部门编制的每月一张的薪酬表。正常情况下，工资表会在工资正式发放前的1-3天发放到员工手中。员工工资表一般包括职工姓名、基本工资、加班工资、奖金、应发工资、个人所得税和实发工资等，本例将计算员工工资表数据，效果如图5-25所示。

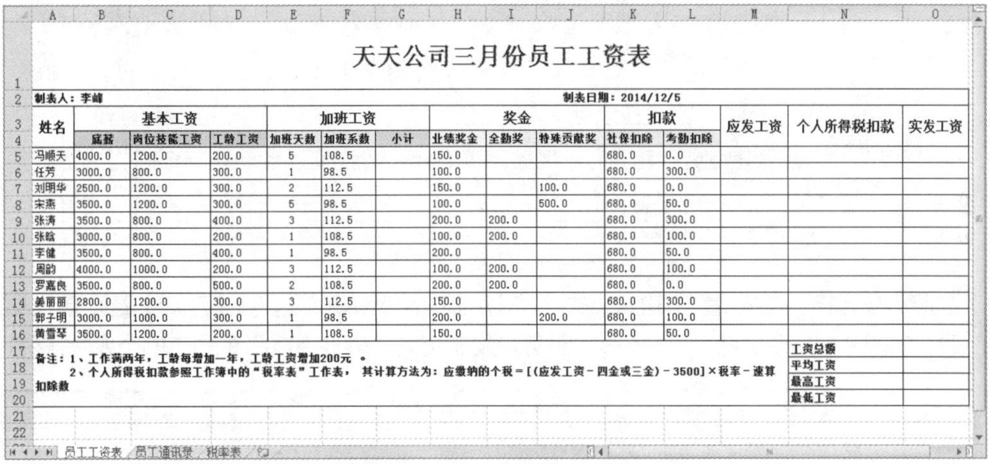

图5-25 "员工工资表"计算效果

素材所在位置	光盘:\素材文件\第5章\课堂案例1\员工工资表.xlsx
效果所在位置	光盘:\效果文件\第5章\课堂案例1\员工工资表.xlsx
视频演示	光盘:\视频文件\第5章\计算"员工工资表"数据

（1）打开"员工工资表"工作簿，选择D5单元格，在编辑框中输入公式"=DATEDIF(员工通讯录!H3,TODAY(),"Y")*200"，按【Enter】键计算工龄工资，如图5-26所示。

（2）然后向下拖动复制公式到D6:D16单元格区域，完成其他员工的工龄工资计算。

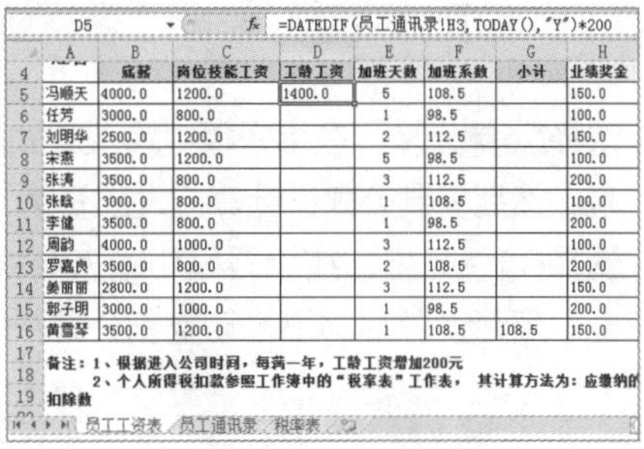

图5-26 工龄工资计算

知识提示 DATEDIF用于计算两个日期的间隔天、月或年，其语法为：DATEDIF(start_date,end_date,unit)，其中Start_date表示起始日期。End_date表示结束日期。Unit 为所需信息的返回类型，其中Y表示年，M表示月，D表示天。

（3）选择G5单元格，在编辑框中输入公式"=E5*F5"，按【Enter】键计算加班工资，如图5-27所示。然后向下拖动复制公式到G6:G16单元格区域，完成其他员工的加班工资计算。

图5-27　加班工资计算

（4）选择M5单元格，在编辑框中输入公式"=B5+C5+D5+G5+H5+I5+J5-K5-L5"，按【Enter】键计算应发工资，如图5-28所示。然后向下拖动复制公式到M6:M16单元格区域，完成其他员工的应发工资计算。

			fx	=B5+C5+D5+G5+H5+I5+J5-K5-L5							

天天公司员工工资表

制表人：李峰　　　　　　　　　　　　　　　　　制表日期：2014/12/5

姓名	基本工资			加班工资			奖金			扣款		应发工资
	底薪	岗位技能工资	工龄工资	加班天数	加班系数	小计	业绩奖金	全勤奖	特殊贡献奖	社保扣除	考勤扣除	
冯顺天	4000.0	1200.0	1400.0	5	108.5	542.5	150.0			680.0	0.0	6612.5
任芳	3000.0	800.0	1400.0	1	98.5	98.5	150.0			680.0	300.0	
刘明华	2500.0	1200.0	1200.0	2	112.5	225.0	150.0		100.0	680.0	0.0	
宋燕	3500.0	1200.0	1000.0	5	98.5	492.5				500.0	50.0	

图5-28　应发工资计算

（5）选择N5单元格，在编辑框中输入公式"=(M5-3500)*10%-105"，按【Enter】键计算个人所得税，如图5-29所示。然后复制公式，计算应发工资为"5000~8000"的员工的个人所得税。

操作技巧

本例的应发工资已经减去了四金或三金，因此可直接减去3500，再乘以税率，减去速算。此外，还可输入公式"=IF(M5-3500<0,0,IF(M5-3500<1500,0.03*(M5-3500),IF(M5-3500<4500,0.1*(M5-3500)-105,IF(M5-3500<9000,0.2*(M5-3500)-555,IF(M5-3500<35000,0.25*(M5-3500)-1005)))))"来计算个人所得税。

SUMIF				=(M5-3500)*10%-105	

工资表

制表日期：2014/12/5　　　　　结算日期：2014年11月

	扣款		应发工资	个人所得税扣款	实发工资
特殊贡献奖	社保扣除	考勤扣除			
	680.0	0.0	6612.5	=(M5-3500)*10%-105	
	680.0	300.0	4418.5		
100.0	680.0	0.0	4695.0		
500.0	680.0	50.0	6062.5		
	680.0	300.0	5057.5		
	680.0	100.0	4428.5		
	680.0	50.0	4668.5		
	680.0	0.0	5657.5		

图5-29　个人所得税计算

（6）选择N6单元格，在编辑框中输入公式"=(M6-3500)*3%-0"，按【Enter】键计算个人所得税，然后复制公式，计算应发工资为"3500~5000"员工的个人所得税，如图5-30所示。

（7）选择O5单元格，在编辑框中输入公式"=M5-N5"，按【Enter】键计算实发工资，如图5-31所示。然后向下拖动复制公式到O6:O16单元格区域，完成其他员工的实发工资计算。

N6			fx	=(M6-3500)*3%-0	

工资表

制表日期：2014/12/5　　　　结算日期：2014年11月

特殊贡献奖	扣款		应发工资	个人所得税扣款	实发工资
	社保扣除	考勤扣除			
	680.0	0.0	6612.5	206.3	
	680.0	300.0	4418.5	27.6	
100.0	680.0	0.0	4695.0	35.9	
500.0	680.0	50.0	6062.5	151.3	

图5-30　个人所得税计算

O5			fx	=M5-N5	

工资表

制表日期：2014/12/5　　　　结算日期：2014年11月

特殊贡献奖	扣款		应发工资	个人所得税扣款	实发工资
	社保扣除	考勤扣除			
	680.0	0.0	6612.5	206.3	6406.3
	680.0	300.0	4418.5	27.6	
100.0	680.0	0.0	4695.0	35.9	
500.0	680.0		6062.5	151.3	

图5-31　实发工资计算

（8）选择O17单元格，在编辑框中输入公式"=SUM(O5:O16)"，按【Enter】键计算工资总额，如图5-32所示。

（9）选择O18单元格，在编辑框中输入公式"=AVERAGE(O4:O16)"，按【Enter】键计算平均工资，如图5-33所示。

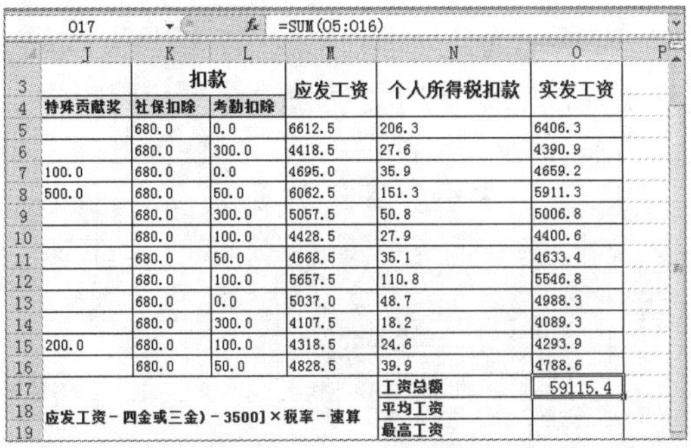

图5-32 工资总额计算

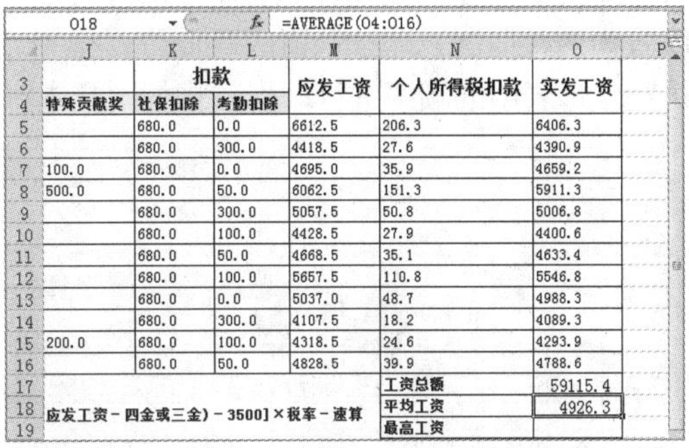

图5-33 平均工资计算

（10）选择O19单元格，在编辑框中输入公式"=MAX(O5:O16)"，按【Enter】键计算最高工资，如图5-34所示。

（11）选择O20单元格，在编辑框中输入公式"=MIN(O5:O16)"，按【Enter】键计算最低工资，如图5-35所示。

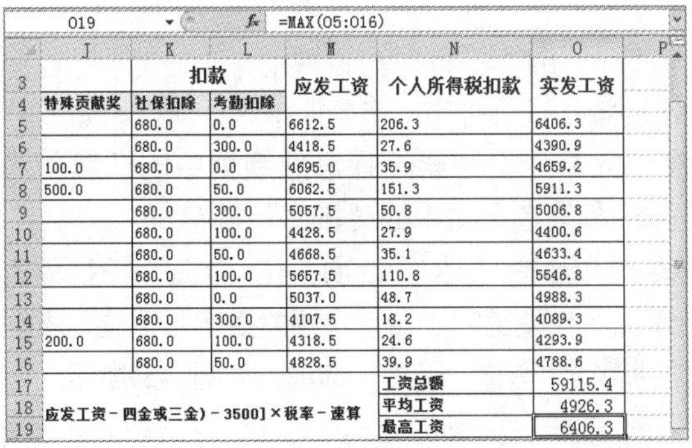

图5-34 最高工资计算

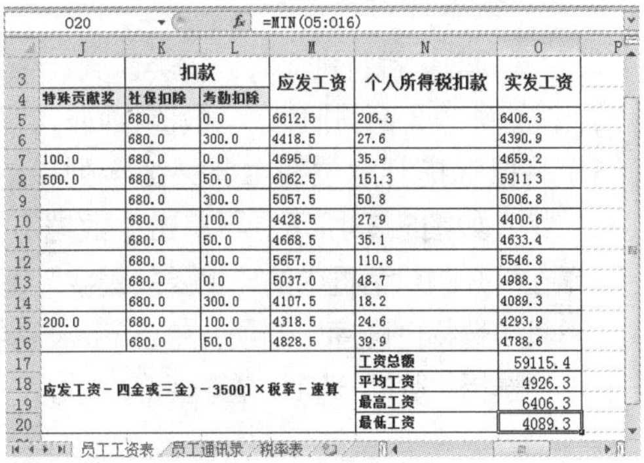

图5-35 最低工资计算

5.2 管理数据

对于一些简单的求和、求最大值、平均值和最小值等，可以通过管理数据来快速达到效果，如对数据进行排序，从而能找出最大值与最低值；通过分类汇总来查看各类数据的总值、平均值、最大值、最小值等。此外，还可筛选需要的数据，使用图表和透视图表对表格数据进行对比，以达到快速分析表格数据的目的。本节就将对这些管理数据的的方法进行学习。

5.2.1 排序数据

在Excel 2010中，用户可以使用数据排序功能对表格中的数据进行排序，以快速直观地显示数据并更好地理解数据、组织并查找所需数据。常用的排序方式有自动排序、多条件排序、

办公自动化实用教程

自定义排序三种，下面将分别进行介绍。

1. 自动排序

自动排序是指直接对选择的数据区域进行升序或降序的排列。选择排列的数据区域后，单击【数据】→【排序和筛选】组中的"升序"按钮或"降序"按钮进行排序即可。自动排序分为两种情况，即按数值的高低进行排列，如图5-36所示为升序排列总成绩；或按文本首字母在字母表中的顺序进行排列，将相同文本排列在一起，如图5-37所示为降序排列应聘职位。

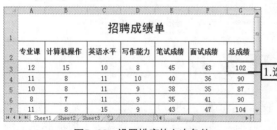

图5-36　降序排列成绩　　　　　　　图5-37　降序排列应聘职位

2. 多条件排序

对某列数据进行排序时，常会遇到几个数据值相同的情况，此时可设置主、次关键字进行排序，即先按主要条件排序，当数值相同时，再按次要条件进行排序。多条件排序具体操作如下。

（1）将鼠标指针定位在主要关键字列中的任意单元格中，这里选择总成绩列中的任意单元格，如图5-38所示。再单击【数据】→【排序和筛选】组中的"排序"按钮。

（2）在打开的对话框中的"主要关键字"下拉列表框中选择"列G"选项，在"次序"下拉列表框中选择"降序"选项，单击添加条件(A)按钮添加次要关键字，在"次要关键字"下拉列表框中选择"列F"选项，在其后的"次序"下拉列表框中选择"降序"选项，如图5-39所示。

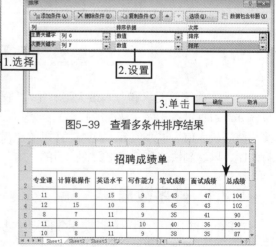

图5-38　设置排序的主次条件　　　　　图5-39　查看多条件排序结果

（3）设置完成后单击确定按钮返回工作界面，即可查看到数据先按总成绩进行降序排列，当总成绩值相同时，按面试成绩进行降序排列，如图5-40所示。

图5-40　查看多条件排序结果

知识提示
在"排序"对话框的"排序依据"下拉列表框中，还可选择单元格和字体颜色等进行排列。若单击 按钮，可打开"排序选项"对话框，在其中可设置排序的方向为行，或设置文本的排列方式为笔画。

3. 自定义排序

除了进行升序与降序的排列外，还可按照设置的排序规则进行排序。Excel提供了内置的星期日期和年月自定义列表。使用自定义排序时，在"排序"对话框的"次序"下拉列表框中选择"自定义排序"选项，再在打开的对话框中双击具体的自定义排序列表，或在右侧的列标框中输入自定义的序列，单击 添加(A) 按钮，将其添加到"自定义序列"下拉列表框中，单击 确定 按钮即可将其添加到"次序"下拉列表框中，如图5-41所示。

图5-41　自定义排序

5.2.2　筛选数据

在数据量很大的工作表中，若只需显示满足某一个或某几个条件的数据，并隐藏其他的数据，这时就可以使用Excel 2010中的数据筛选功能。常用的筛选方式有自动筛选、自定义筛选和高级筛选3种方式，下面分别进行介绍。

1. 自动筛选

使用自动筛选功能可以在工作表中只显示满足给定条件的数据，其具体操作如下。

（1）选择需要进行自动筛选的单元格区域，如图5-42所示。单击【数据】→【排序和筛选】组中的"筛选"按钮 。

（2）此时数据清单各表头右侧将出现一个 按钮，单击 按钮，在弹出的下拉列表中选中需要显示条件对应的复选框，单击 确定 按钮工作表将自动隐藏不满足条件的数据，执行筛选后， 按钮变为 状态，单击可修改筛选条件，如图5-43所示。

图5-42　选择自动筛选的单元格区域

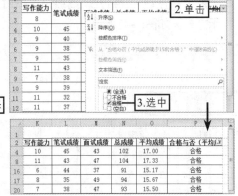

图5-43　筛选合格数据

2. 自定义筛选

在Excel 2010中，除了按给定的条件筛选外，还可再自动筛选的基础上按自定义的筛选条件进行筛选，其具体操作如下。

（1）选择需要进行自定义筛选的单元格区域，单击【数据】→【排序和筛选】组中的"筛选"按钮 ▼，单击出现的 按钮，在弹出的下拉列表中选择【数字筛选】→【大于或等于】选项，如图5-44所示。注意，在筛选文本型的数据时，该选项为"文本筛选"。

（2）在打开的"自定义自动筛选方式"对话框中设置筛选条件，这里设置大于或等于90，单击 确定 按钮，完成自定义筛选操作，返回工作界面即可查看筛选结果，如图5-45所示。

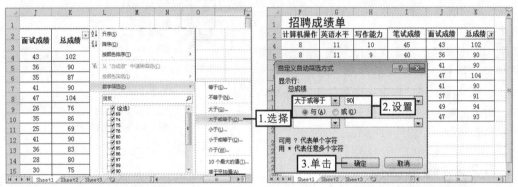

图5-44　选择数字筛选　　　　　　　　图5-45　设置筛选条件并查看筛选结果

 知识提示

在"自定义自动筛选方式"对话框中的第二组下拉列表框中可设置其他筛选条件，同时设置两组筛选条件后，若选中"与"单选项，表示上下两组条件都满足时才能显示。若选中"或"单选项表示上下两组条件只要有一组满足条件就能显示。

3. 高级筛选

高级筛选是自定义筛选的补充，与自定义筛选不同，高级筛选需要先输入两个或两个以上约束条件的记录，再通过选择条件区域与筛选区域，来得到筛选结果，其具体操作如下。

（1）在筛选区域上方插入至少三行空白行，并在第一行相应单元格中输入筛选条件的列标签，在第二行中输入筛选条件，如图5-46所示。

（2）将鼠标指针定位到筛选区域中的任意单元格，单击【数据】→【排序和筛选】组中的"高级"按钮，打开"高级筛选"对话框，选择需要进行筛选的条件区域和结果的显示方式，如图5-47所示。

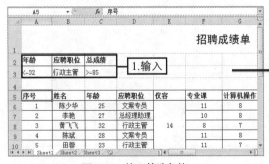

图5-46　输入筛选条件

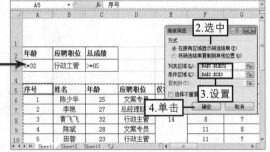

图5-47　需要进行筛选的条件区域和结果的显示方式

（3）然后单击 确定 按钮，完成高级筛选操作，查看筛选结果，如图5-48所示。

招聘成绩单

年龄	应聘职位	总成绩									
<=32	行政主管	>=85									
序号	姓名	年龄	应聘职位	仪容	专业课	计算机操作	英语水平	写作能力	笔试成绩	面试成绩	总成绩
3	黄飞飞	32	行政主管		8	7	11	9	35	35	87
5	田蓉	23	行政主管	14	11	7	9	11	38	47	104
14	喻刚	24	行政主管	10	6	6	11	8	31	49	90

图5-48 查看高级筛选结果

知识提示　　输入条件时，同行的条件表示进行"与"运算，同列条件表示进行"或"运算，并且条件区域的执行顺序是先行后列；在输入带公式的条件时，与普通公式的结构不同，其结构为：="="公式表达式"，并注意引号为英文状态下输入。筛选完成后可单击【数据】→【排序和筛选】组中的"清除"按钮 ，清除筛选。

5.2.3　分类汇总数据

分类汇总是指将表格中同一类别的数据放在一起进行统计，因此，在进行分类汇总前需要通过排序的方式将同一类别的数据放在一起，再对其进行总额、平均值等统计。其具体操作如下。

（1）打开需要分类汇总的工作表，选择"销售区域"列的单元格区域，对其进行降序排序。

（2）然后选择排序后的任意单元格，单击【数据】→【分级显示】组中的"分类汇总"按钮 ，打开"分类汇总"对话框，如图5-49所示，在其中进行设置，然后单击 确定 按钮，汇总后的显示效果如图10-50所示。

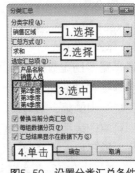

图5-49　排序分类字段区域　　　　　　　图5-50　设置分类汇总条件

（3）然后单击 确定 按钮完成按销售区域汇总，汇总后的显示效果如图5-51所示。

（4）再次打开"分类汇总"对话框，在"分类字段"下拉列表框中选择一个新的分类选项，如"产品名称"，再进行汇总方式及汇总项的设置，取消"替换当前分类汇总"复选框的选中状态，如图5-52所示。

知识提示　　设置分类汇总后，单击行号右侧上方的数字按钮，可对应显示相应的级别，单击 按钮可展开隐藏的数据，单击 按钮可隐藏显示的数据。

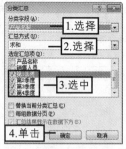

图5-51　按销售区域汇总效果　　　　　　　　图5-52　嵌套分类汇总条件

（5）然后单击 确定 按钮完成嵌套分类汇总，汇总后的显示效果如图5-53所示。

操作技巧　　如果不再需要分类汇总可以将其删除，删除分类汇总后不会影响表格中原有的数据记录，其方法是在"分类汇总"对话框中单击 全部删除(R) 按钮即可。

图5-53　嵌套分类汇总效果

5.2.4　创建图表

在日常办公中，经常需要使用图表来显示各个数据的大小和变化情况，帮助用户分析数据，查看数据的差异、走势，以及预测发展趋势。下面对插入图表的方法，以及常用的图表类型进行介绍。

1．插入图表

在Excel中输入数据后，可为输入的数据插入图表，图表的种类虽多，但其插入方法相似，其具体操作如下。

（1）选择需要创建数据的单元格区域，在【插入】→【图表】组选择合适的图表类型，如这里选择"柱形图"，单击"柱形图"按钮 后，在打开的下拉列表框中选择"二维柱形图栏"中的第一个选项，如图5-54所示。

（2）即可将图表插入到工作区中，修改对应的图表标题，将鼠标指针移动到图表中，按住鼠标左键不放，将其拖动到合适位置即可，效果如图5-55所示。

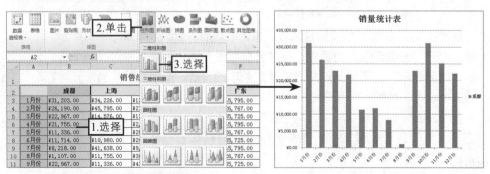

图5-54　选择插入图表的类型　　　　　　　图5-55　插入的图表效果

知识提示 如果表格中的数据发生了变化，比如增加了分析的数据，或修改了数据值，Excel会自动更新图表。若要变换图表的数据区域，可在【图表工具】→【设计】→【数据】组中单击"选择数据"按钮，在打开的对话框中进行相应的设置。

2. 常用图表介绍

插入图表后，若对图表不满意，可在选择图表后，在【插入】→【图表】组中根据需要选择插入其他类型的图表，Excel中常用的图表类型有如下几种。

◎ **柱形图**：用于显示一段时间内数据的变化，或描绘各项目之间数据的比较，它强调一段时间内类别数据值的变化，如图5-56所示。

◎ **折线图**：用于显示等时间间隔数据的变化趋势，它强调的是数据的时间性和变动率，如图5-57所示。

◎ **饼图**：用于显示每一数值在总数值中所占的比例。它只显示一个系列的数据比例关系，如果有几个系列同时被选中，只显示其中的一个系列，如图5-58所示。

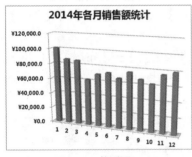

图5-56 柱形图

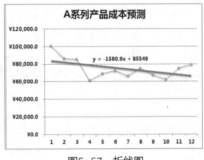

图5-57 折线图

图5-58 饼图

◎ **条形图**：用于突出各项目之间数据的差异，它常应用于分类字段较多的图表中，以免因分类字段较多而无法在条形图中完整显示的情况，如图5-59所示。

◎ **面积图**：面积图强调数量随时间而变化的程度，也可用于引起人们对总值趋势的注意。例如，表示随时间而变化的利润的数据可以绘制到面积图中以强调总利润。通过显示所绘制的值的总和，面积图还可以显示部分与整体的关系，如图5-60所示。

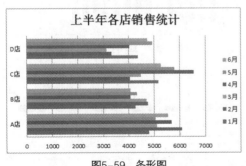

图5-59 条形图

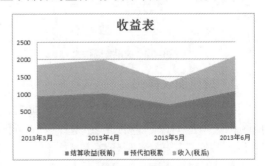

图5-60 面积图

◎ **散点图**：散点图类似于折线图，它可以显示单个或多个数据系列的数据在时间间隔条件下的变化趋势，常用于比较成对的数据，如图5-61所示。

在更改图表类型时，可选择图表后，在【设计】→【类型】组中单击"更改图表类型"按钮，在打开的对话框中选择其他图表。

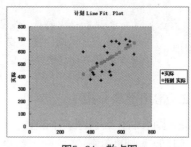

图5-61　散点图

5.2.5　美化图表

插入图表后，可对插入的图表的外观进行美化，使读者赏心悦目。美化图表可从更改图表的布局与设置图表样式着手，下面分别进行介绍。

1. 设置图表布局

图表区包含绘图区、坐标轴、网格线、图表标题、图例等元素，选择不同的布局方式，可通过显示或隐藏一些元素，达到美化图表的目的。设置图表布局常用的方法有以下两种。

◎ **应用布局样式**：选择要更改布局的图表，在【图表工具】→【设计】→【图表布局】组中选择合适的图表布局即可，如图5-62所示。

◎ **显示与隐藏图表对象**：选择要更改布局的图表，在【图表工具】→【布局】组中单击对应的按钮，在弹出的下拉列表中选择对应选项即可，如图5-63所示为在图表上方显示标题。

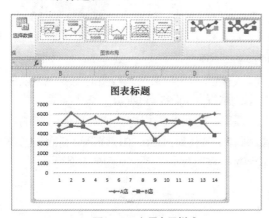

图5-62　应用布局样式

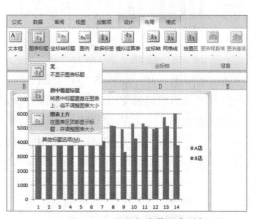

图5-63　显示与隐藏图表对象

2. 设置图表样式

除了设置图表的布局，用户可以分别单击选择图标区中的对象，通过【图表工具】→【设计】→【格式】组对其形状样式或艺术字样式进行设置，也可在【图表工具】→【设计】→【图表样式】组中选择套用合适的图表样式，如图5-64所示。

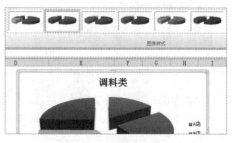

图5-64　应用图表样式

知识提示
双击图表中的对象，可打开对应的格式对话框，用户可在其中对双击对象的填充、边框、阴影等格式进行设置。

5.2.6 创建数据透视表

数据透视表是Excel中具有强大的数据分析能力的工具，能将大量繁杂的数据转换成可以用不同方式进行汇总的交互式表格。创建数据透视表前，需要先输入原始数据，再选择输入的数据区域进行创建，具体操作如下。

（1）打开要创建数据透视表的表格，在【插入】→【表格】组中单击"数据透视表"按钮 。

（2）在打开的对话框中选择创建数据透视表数据区域（包括列标签），与数据透视表放置的位置，单击 确定 按钮，如图5-65所示。

（3）在Excel工作界面右侧出现"数据透视表字段列表"列表框，按顺序选中要添加到报表中的字段前的复选框，这里选中"产品名称""销售人员"和"第一季度"前的复选框，拖动字段调整报表字段的位置与顺序，效果如图5-66所示。

（4）单击数据透视表中某个字段右侧的 按钮，在弹出的列表中可对数据进行筛选。

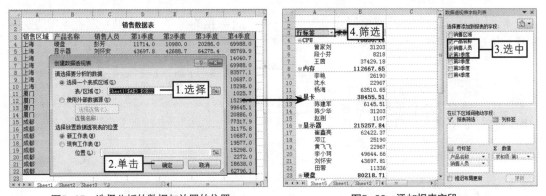

图5-65 选择分析的数据与放置的位置　　　　图5-66 添加报表字段

知识提示
"行标签"栏中"字段"的顺序将影响报表的汇总字段，可直接拖动字段进行调整。单击"数值"栏的字段，在弹出的下拉列表中选择"值字段设置"选项，可在打开的对话框中更改数值的汇总方式，如平均值汇总、最大值汇总等。插入数据透视表后还可在【表格工具】→【设计】→【样式】组中设置数据透视表外观。

5.2.7 创建数据透视图

数据透视图是根据数据透视表创建的，并依赖数据透视表而存在。创建数据透视图的方法与创建数据透视表相似，选择数据透视表区域，选择【插入】→【图表】组，在"图表"组中选择合适的图表类型（注意数据透视图不能为气泡图、散点图和股价图等图表类型。）即可创建数据透视图，如图5-67所示。

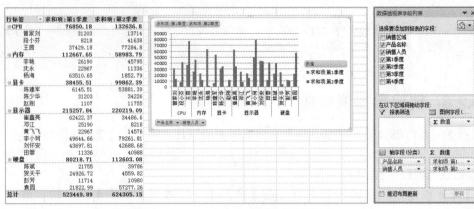

图5-67　创建数据透视图

知识提示

数据透视图与数据透视表是动态链接的，即编辑其中任意一项，另外一项也会进行相应变化。除了通过"数据透视表字段列表"窗格来控制数据透视图的显示字段，还可右击图表区的字段按钮编辑字段，单击带有下拉按钮的字段按钮，可进行筛选操作。

5.2.8　课堂案例2——管理"房交会展分布表"

本案例将通过管理"房交会展分布表"进一步巩固数据的排序、数据的筛选、数据透视图与数据透视表的创建、图表的美化等知识。参考效果如图5-68所示。

操作技巧

在制作本例时，主要分析的是不同展区的参展情况，用户也可使用相同方法分析不同等级的参展情况。

求和项:参展费用(万元)	列标签						
行标签	海雅房产	红河谷	华润天成	蓝天谷	露明置业	绿地方房产	总计
HZ-1	250	2100	2000	300	1300	1200	7150
A		2100	2000				4100
纯氧居		2100					2100
海景别墅			2000				2000
B					1300	1200	2500
金海湾					1300		1300
绿港湾						1200	1200
C	250			300			550
春天洋房	250						250
心蓝港				300			300
总计	250	2100	2000	300	1300	1200	7150

房交会展会分布表				
公司名称	参展作品	展区	等级	参展费用(万元)
华润天成	海景别墅	HZ-1	A	2000
红河谷	纯氧居	HZ-1	A	2100
绿地方房产	绿港湾	HZ-1	B	1200
露明置业	金海湾	HZ-1	B	1300
蓝天谷	心蓝港	HZ-1	C	300
海雅房产	春天洋房	HZ-1	C	250
嘉兴实业	雅颂联排别墅	HZ-2	A	2300
塞北实业	好地方	HZ-2	B	1500
明浩科技	典雅小区	HZ-2	C	350
思哲实业	大自然	HZ-2	C	150
万达实业	竹海	HZ-3	A	2500
开化房产	书香门第	HZ-3	A	1800
深海科技	深海家园	HZ-3	B	1000
爱富置业	爱情海	HZ-3	B	900
星光天空	雨林	HZ-3	B	200

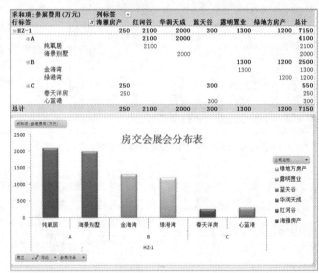

图 5-68　房交会展分布表管理效果

素材所在位置　　光盘:\素材文件\第5章\课堂案例2\房交会展分布表管理.xlsx

效果所在位置　　光盘:\效果文件\第5章\课堂案例2\房交会展分布表管理.xlsx

视频演示　　　　光盘:\视频文件\第5章\管理"房交会展分布表"

（1）打开"房交会展分布表管理"工作簿，选择C2单元格，如图5-69所示。单击【数据】→

【排序和筛选】组中的"排序"按钮。

（2）在打开的对话框中的"主要关键字"下拉列表框中选择"展区"选项，在"次序"下拉列表框中选择"升序"选项，单击 添加条件(A) 按钮添加次要关键字，设置其"次要关键字"为"等级""次序"为"升序"，单击 确定 按钮，如图5-70所示。

图5-69　打开素材

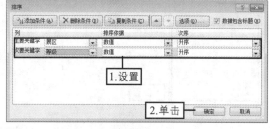

图5-70　设置排序条件

（3）返回工作界面查看排序效果，如图5-71所示。

（4）选择表头任意单元格，单击【数据】→【排序和筛选】组中的"筛选"按钮，再单击单元格右侧按钮，在弹出的下拉列表中选中"A"前的复选框，取消选中其他复选框，如图5-72所示。

图5-71　查看排序效果

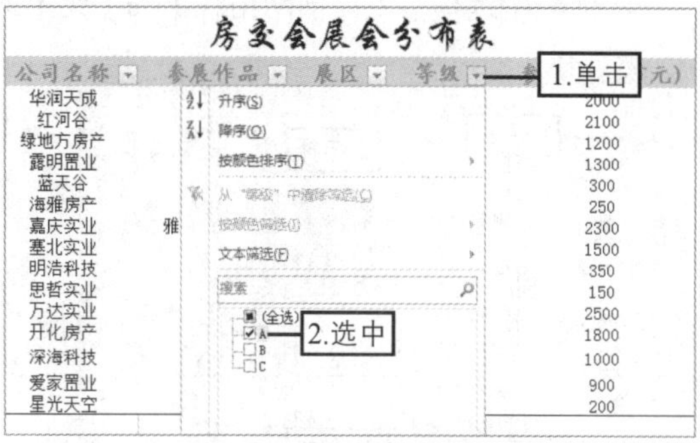

图5-72　筛选等级A数据

（5）单击 确定 按钮应用筛选，查看筛选效果，如图5-73所示。筛选完成后单击【数据】→【排序和筛选】组中的"清除"按钮，清除筛选。

（6）在【插入】→【表格】组中单击"数据透视图"按钮。打开的对话框中选择创建数据透视表数据区域，与数据透视表放置的位置，单击 确定 按钮，如图5-74所示。

图5-73　查看筛选效果

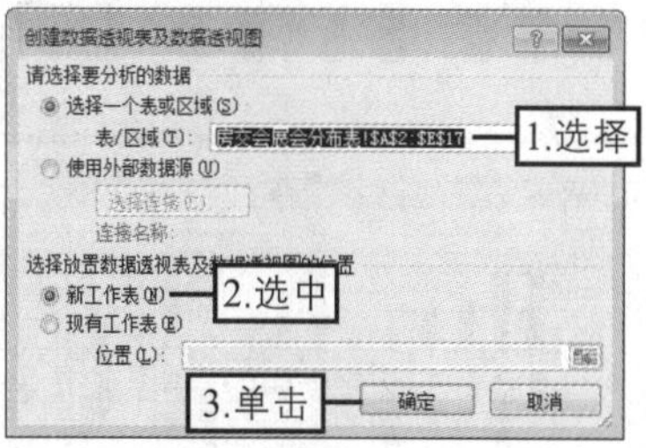

图5-74　创建数据透视表与数据透视图

（7）选返回工作界面，即可在新建的工作表中同时插入空白数据透视表与空白数据透视图。

（8）在打开的"数据透视表字段列表"列表框中设置报表的字段，拖动字段调整报表字段的位置与顺序，即可查看添加字段的数据透视表与数据透视图效果，如图5-75所示。

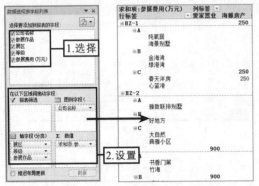 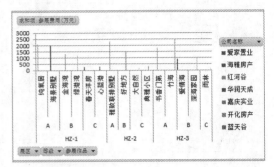

图5-75　添加报表字段

（9）选择图表，在【设计】→【类型】组中单击"更改图表类型"按钮，在打开的对话框中选择如图5-76所示的图表样式，单击 确定 按钮。

（10）更改图表样式的图表效果如图5-77所示。

（11）在【图表工具】→【布局】→【坐标轴】组中单击"网格线"按钮，在弹出的下拉列表中选择【主要横网格线】→【无】选项，取消网格线。

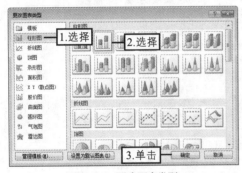 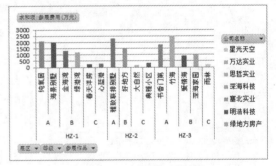

图5-76　更改图表类型　　　　　　　　　图5-77　更改后的图表效果

（12）选择图表，在【图表工具】→【设计】→【图表样式】组中选择如图5-78所示的图表样式。

（13）在【图表工具】→【布局】→【标签】组中单击"图表标题"按钮，在弹出的下拉列表中选择"居中覆盖标题"选项，修改标题，并设置标题的字体颜色为红色，效果如图5-79所示。

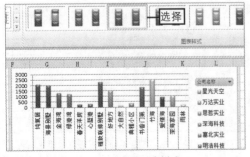 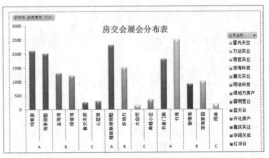

图5-78　应用图表样式　　　　　　　　　图5-79　设置图表标题

（14）选择数据透视表区域，在【图表工具】→【布局】→【标签】组中为其应用如图5-80所示的透视表样式。

（15）单击透视图的 展区 按钮，在弹出的下拉列表中单击选中"HZ-1"复选框，取消选中其他复选框，筛选出"HZ-1"区的展会数据，如图5-81所示。保存工作簿完成本例的制作。

图5-80　设置透视表样式

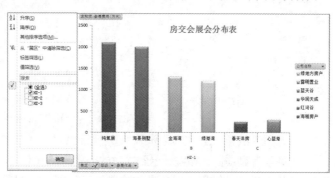

图5-81　通过数据透视图筛选数据

5.3　课堂练习

本课课堂练习将分别统计"考勤表"和分析"产品销量份额"，综合练习本章学习的知识点，将数据的计算机和管理应用到实践中，学以致用。

5.3.1　统计"考勤表"

1．练习目标

考勤制度是公司的一项基本制度，每个月底都需要对员工的考勤进行统计，这就需要用到考勤表。本例制作的员工考勤表可以帮你快速统计员工事假、病假、旷工和迟到等考勤状况，以及考勤的扣款，参考效果如图5-82所示。

图5-82　"考勤表"统计效果

素材所在位置　光盘:\素材文件\第5章\课堂练习\考勤表.xlsx

效果所在位置　光盘:\效果文件\第5章\课堂练习\考勤表.xlsx

视频演示　光盘:\视频文件\第5章\统计"考勤表"

2．操作思路

根据练习目标要求，本练习的操作思路如图5-83所示。

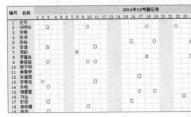

① 统计考勤结果　　　　　　② 计算考勤各项扣款　　　　　　③ 计算考勤总扣款

图5-83　统计"考勤表"的操作思路

（1）打开提供的素材工作簿，选择"考勤统计表"，使用COUNTIF函数统计"考勤记录表"中的各项考勤项目，如统计迟到次数的公式为"=COUNTIF(考勤记录表!C5:AG5,"〇")"。

（2）使用考勤统计结果乘以考勤扣除费用，分别计算各项考勤扣费。

（3）将各项考勤费用相加得到总的考勤扣款，完成考勤表的统计，保存工作簿完成本例的制作。

职业素养　　考勤表是公司员工每天上班的凭证。考勤表的内容包含单位名称、部门名称、编号、姓名、迟到、早退、旷工、病假、事假、休假等。好的考勤表不仅能够直观的显示每个员工的考勤状况，还能够减少统计人员的工作量。

5.3.2　分析"产品各区销量表"

1．练习目标

本练习的目标是对"产品各区销售量"表格中各区的销售份额进行分析，该目标要求熟练掌握数据透视表和透视图的创建，以及图表的更改与美化方法，分析后的效果如图5-84所示。

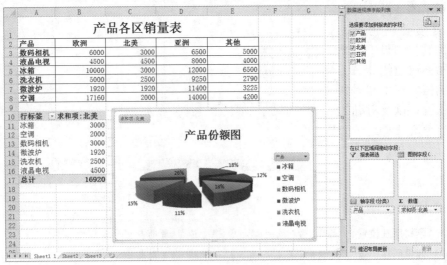

图5-84　分析"产品各区销量表"效果

素材所在位置	光盘:\素材文件\第5章\课堂练习\产品各区销量表.xlsx
效果所在位置	光盘:\效果文件\第5章\课堂练习\产品各区销量表.xlsx
视频演示	光盘:\视频文件\第5章\分析"产品各区销量表"

职业素养　分析"产品销量份额"的相关表格可以帮助商家了解产品各区的销售份额，总结当地的需求，从而调整产品产量与销售策略，达到盈利的目的。

2．操作思路

完成本练习需要先为数据区域创建数据透视表与透视图，然后设置透视图样式与布局方式，本例的操作思路如图5-85所示。

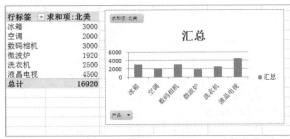

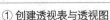

① 创建透视表与透视图　　　　② 设置透视图类型、样式与布局方式

图5-85　分析"产品销量份额"的制作思路

（1）打开提供的素材工作簿，创建数据透视表和数据透视图，在"数据透视表字段列表"列表框中设置报表的字段，拖动字段调整报表字段的位置与顺序，这里选中"产品"与"北美"字段。

（2）将数据透视图更改为饼型图，设置图表样式与布局样式，制作完成后，可通过在"数据透视表字段列表"列表框中选择其他地区的字段，可查看其他地区的销售份额。

5.4 拓 展 知 识

在分析一系列数值的趋势，如季节性增加或减少、经济周期等，可能需要在其后的每个单元格中创建微型图表，以便直观显示数据，这种图表被称为迷你图。并且制作的迷你图表可像公式一样进行复制，使用迷你图表的具体操作如下。

（1）选择要在其中插入一个或多个迷你图中的一个空白单元格或一组空白单元格，在【插入】→【迷你图】组中单击要创建的迷你图的类型。

（2）在打开的对话框中"数据区域"框中输入包含迷你图所基于的数据的单元格区域即可完成迷你图的创建，如图5-86所示。

图5-86　创建迷你图

5.5 课后习题

（1）打开"订单收入表.xlsx"工作簿，为其创建折线图，分析该年的订单金额变化趋势，如图5-87所示。

> **提示：** 选择除标题外的数据区域，围棋创建折线图，分别设置图表样式和布局样式。修改图表标题即可完成本例的制作。

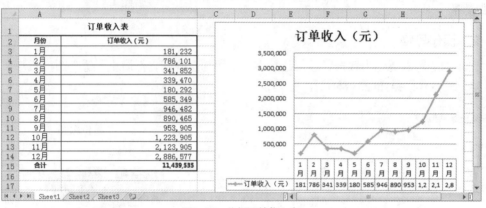

图5-87 分析订单收入表

素材所在位置	光盘:\素材文件\第5章\课后习题\订单收入表.xlsx
效果所在位置	光盘:\效果文件\第5章\课后习题\订单收入表.xlsx
视频演示	光盘:\视频文件\第5章\分析订单收入表.swf

（2）打开"商品入库统计表.xlsx"工作簿，设置主要排序条件为"商品名称"，次要排序条件为"存放仓库"，再对商品的数量进行求和汇总，汇总前后的效果如图5-88所示。

图5-88 "商品入库统计表"汇总前后的效果

素材所在位置	光盘:\素材文件\第5章\课后习题\商品入库统计表.xlsx
效果所在位置	光盘:\效果文件\第5章\课后习题\商品入库统计表.xlsx
视频演示	光盘:\视频文件\第5章\汇总商品入库统计表.swf

第6章

制作PowerPoint演示文稿

本章将详细讲解Office 2010办公软件中的PowerPoint 2010，它是办公用户制作演示文稿首选的软件，熟练使用PowerPoint 2010是办公自动化用户必会的技能。读者通过学习要能够掌握PowerPoint 2010的基本操作，会应用幻灯片板式、切换PowerPoint 2010视图模式、在幻灯片中插入对象等，并能够掌握相关演示文稿的制作基础。

 学习要点

- ◎ 演示文稿的基本操作
- ◎ 插入图表、声音与视频
- ◎ 插入相册

 学习目标

- ◎ 掌握演示文稿的基本操作
- ◎ 熟悉使用图表、声音与视频等对象来丰富演示文稿

6.1 PowerPoint 2010的基本操作

在制作演示文稿前，可以先熟悉PowerPoint 2010工作界面各组成部分的作用，并掌握如何新建演示文稿、切换PowerPoint 2010视图模式、应用幻灯片板式等基本操作，掌握制作一些基本演示文稿的方法。

6.1.1 认识PowerPoint 2010的工作界面

启动PowerPoint 2010后，将打开如图6-1所示的工作界面。其工作界面与Word和Excel的相似，主要由标题栏、菜单栏、工具栏等部分组成，不同的是多了便于演示文稿制作的"幻灯片/大纲"窗格、"备注"窗格和视图切换按钮组等部分，下面将对这些PowerPoint特有组成部分进行介绍。

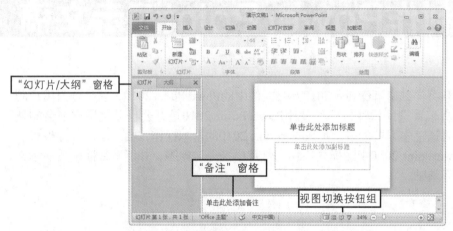

图6-1 PowerPoint 2010工作界面

1. "幻灯片/大纲"窗格

"幻灯片/大纲"窗格位于工作界面的左侧，其中包含了"幻灯片"和"大纲"两个选项卡，单击便可在两者间进行切换。下面分别对这两个选项卡的作用进行介绍。

◎ "幻灯片"选项卡：在其中可以看到所有幻灯片的缩略图，单击某张幻灯片的缩略图，如图6-2所示，该幻灯片便会在编辑区中显示。

◎ "大纲"选项卡：在其中可以直接对每张幻灯片的内容进行编辑，如输入该幻灯片所要表达的主题，输入文本介绍等，如图6-3所示。在"大纲"窗格中双击各标题左侧的▦图标，可以折叠和展开该张幻灯片的正文内容。

图6-2 "幻灯片"选项卡

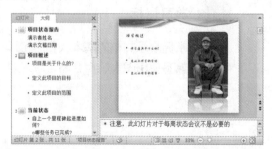

图6-3 "大纲"选项卡

2. "备注"窗格

"备注"窗格的功能是显示幻灯片的相关信息，以及在播放演示文稿时对幻灯片添加说明和注释，它位于幻灯片编辑区的下方，单击便可输入备注。

知识提示　　　"幻灯片/大纲"窗格和"备注"窗格的大小是可以根据幻灯片编辑的需要进行调整的，其方法是：将鼠标指针移到"备注"窗格的上方和左侧双线位置，当其变为双向箭头形状时，拖动鼠标即可调整"备注"窗格的高度和宽度，并相应调整"幻灯片/大纲"窗格的宽度。

3. 视图切换按钮组

视图切换按钮组位于状态栏的右侧，与【视图】→【演示文稿视图】组中的按钮视图按钮对应，包括"普通视图"按钮、"幻灯片浏览"按钮、"阅读视图"按钮、"幻灯片放映"按钮4个按钮，单击相应的按钮可以切换到各视图模式。下面分别介绍各视图的作用。

◎ **普通视图**：为幻灯片的默认视图模式，在该视图模式下可以对幻灯片的总体结构进行调整，也可以对单张幻灯片进行编辑，还可为其添加备注。

◎ **幻灯片浏览**：在该视图模式下可以浏览演示文稿中所有幻灯片的整体效果，并且可以对其进行整体的调整，如调整演示文稿的背景、移动或复制幻灯片等，但是不能编辑幻灯片中的具体内容。

◎ **阅读视图**：在该视图模式下可以在当前电脑上以窗口的方式查看演示文稿放映效果，单击"上一张"按钮和"下一张"按钮便可切换幻灯片。

◎ **幻灯片放映**：进入该视图模式后，PowerPoint 2010的工作界面将会隐藏，演示文稿中的幻灯片将按设置要求以全屏形式动态放映，除可以浏览每张幻灯片的放映情况外，还可以测试其中插入的动画和声音效果等。放映过程中，按【Esc】键可退出并返回工作界面。

6.1.2 新建幻灯片

幻灯片是指演示文稿中的单个页面，一个完整的演示文稿通常是由多张幻灯片组成的。新建的空白演示文稿默认只有一张幻灯片，因此，在制作演示文稿的过程中往往需要新建幻灯片。在PowerPoint 2010中，新建幻灯片的常用方法如下。

◎ **新建默认版式的幻灯片**：在"幻灯片/大纲"窗格中选择幻灯片后，单击鼠标右键，在弹出的快捷菜单中选择"新建幻灯片"命令；或按【Enter】键或【Ctrl+M】组合键；或在【开始】→【幻灯片】组中单击"新建幻灯片"按钮。可以在选择的幻灯片的后面插入一张默认为"标题和内容"版式的新幻灯片。

◎ **新建其他版式的幻灯片**：单击按钮下方的按钮，可在打开的下拉列表中选择一种幻灯片版式进行幻灯片新建，如图6-4所示。

图6-4　新建版式幻灯片

知识提示
对多张幻灯片进行操作时，除了需要新建幻灯片外，往往还需要对多张幻灯片进行选择、移动、复制和删除等操作。由于Office组件的共性，其操作方法与操作工作表的方法一样。因此这里不再进行介绍。

6.1.3 应用幻灯片版式

新建幻灯片后，若对其版式不满意，可将其更改为其他版式，其方法是：在【开始】→【幻灯片】组中单击"版式"按钮█右侧的 █按钮，在打开的下拉列表中选择一种幻灯片版式，即可将其应用于当前幻灯片，如图6-5所示。

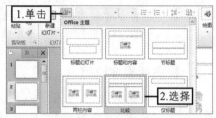

图6-5 应用幻灯片版式

6.1.4 输入与编辑文本

文本是幻灯片的重要组成元素之一，因此在新建幻灯片后，需要在幻灯片中输入并编辑文本。下面将对在PowerPoint 2010中输入和编辑文本的方法进行介绍。

1. 输入文本

与在Word中输入文本不同，用户不能直接在幻灯片编辑区中输入文本，而要通过占位符、文本框或"大纲"选项卡输入，下面分别进行介绍。

◎ **通过占位符输入文本**：占位符是指固定在一位置，单击可添加内容的符号，在幻灯片中显示为虚框，并在其中提示"单击此处添加标题"或"单击此处添加文本"等，如图6-6所示。单击提示即可将文本插入点插入到其中，直接输入文本即可。

图6-6 通过占位符输入文本

知识提示
在占位符中单击相应的图标，如图6-6所示，可插入图片、表格、图表或媒体文件等对象。当占位符的大小、位置不能满足需要时，可通过编辑文本框的方法来调整占位符的位置和大小。

◎ **通过文本框输入文本**：若需在空白位置输入文本，可通过绘制文本框来实现，在PowerPoint 2010中绘制文本框的方法与在Word中相同，这里不再介绍。

◎ **通过"大纲"选项卡输入文本**：定位文本插入点后即可输入文本，在输入文本时需注意：输入标题文本后，按【Ctrl+Enter】组合键，将切换到下一级的小标题或正文内容，即可输入下一级文本内容；将鼠标光标定位到文本中，按【Tab】键，可将该文本降一级；按【Shift+Tab】组合键，则可将该文本升一级；在输入同一级内容时，按【Shift+Enter】键可以换行。

2. 编辑文本

与在Word中编辑文本相同，除了可对幻灯片中的文本执行选择、修改、移动和复制等操作外，还可通过"字体"组和"字体"对话框设置文本的字体、字号、颜色及特殊效果等格式，使其更加美观，其操作与在Word中完全相同，这里不再赘述。

6.2 插 入 对 象

在演示文稿中插入各种对象，是丰富与美化演示文稿的重要手段。在PowerPoint 2010中除了可使用在Word 2010中插入的图片、形状、艺术字、SmartArt图形等对象外，还可插入图表、声音和视频等适用于幻灯片放映的对象。

6.2.1 插入图表

图表可以直观的对比与说明数据，为了增强幻灯片内容的说服力，图表被广泛应用于演示文稿中。在PowerPoint 2010中插入图表，将启用Excel 2010，以方便输入图表的数据，其具体操作如下。

（1）在【插入】→【插图】组中单击"图表"按钮📊，打开"插入图表"对话框。

（2）选择需要插入的图表类型与图表，如选择"簇状柱形图"选项，单击 确定 按钮。

（3）将插入图表并打开名为"Microsoft PowerPoint 中的图表"的Excel窗口，在该数据表的线框区域中输入数据，如图6-7所示。

（4）幻灯片中图表将根据输入的数据进行变化，如图6-8所示，输入完成后关闭Excel窗口。

图6-7 输入图表数据

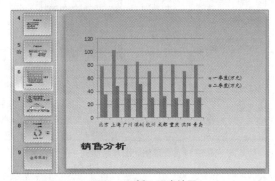

图6-8 插入图表效果

知识提示　　若输入的数据区域超出蓝色框线，可拖动框线的右下角，调整图表数据区域的大小。当插入图表后，可拖动图表调整大小与位置，也可在增加的"图表工具"选项卡中更改图表类型或样式、更改图表布局或编辑图表数据。

6.2.2 插入相册

插入相册是PowerPoint 2010特有的功能，通过使用插入相册功能可快速制作相册类演示文稿，并为相册的每张图片与每张幻灯片应用统一的版式，使演示文稿变得更加简洁、美观。插入相册的具体操作如下。

（1）在【插入】→【插图】组中单击"图表"按钮📷，在弹出的下拉列表中选择"插入相册"选项，打开"相册"对话框，单击 文件/磁盘(F) 按钮，如图6-9所示。

（2）打开"插入新图片"对话框，选择相册图片存放的路径，选择创建相册的多张图片，单

击 插入(S) ▾ 按钮，如图6-10所示。

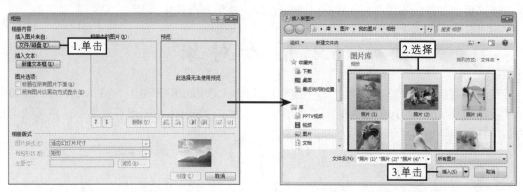

图6-9 创建相册 　　　　　图6-10 选择插入的相册图片

（3）返回"相册"对话框，在"相册中的图片"列表框中将显示插入的图片，单击选择后，可在右侧进行预览，选择图片后，单击下方的 ⬆ 和 ⬇ 按钮可调整图片在相册中的顺序，在"相册版式"栏中设置图片版式、相框形状和主题，如图6-11所示。

（4）设置完成后单击 创建(C) 按钮可返回工作界面查看创建的相册效果，如图6-12所示。

图6-11 设置相册图片与版式

图6-12 查看相册效果

知识提示　　　插入相册后，可在【插入】→【插图】组中单击"图表"按钮 📊，在弹出的下拉列表中选择"编辑相册"选项，打开"编辑相册"对话框，在其中对插入的相册进行编辑。

6.2.3　插入声音与视频

在PowerPoint 2010中，用户可通过插入声音或视频，使演示文稿变得更加声形并茂、吸引观众。下面将介绍音频和视频文件的插入方法。

1. 插入音频文件

在PowerPoint 2010中不仅可以插入剪辑管理器中的声音，还可插入存储在计算机中的声音文件。下面以插入自带的音频为例，其具体操作如下。

（1）在【插入】→【媒体】组中单击"音频"按钮 🔊，在打开的下拉列表中选择"剪贴画音频"选项。

（2）在打开的"剪贴画"任务窗格下方的声音文件列表框中选择提供的音频，单击鼠标左键插入，如图6-13所示。

（3）此时在幻灯片中将插入一个音频图标 ，拖动该图标到合适位置，选择该图标，在出现的播放控制条上单击"播放"按钮 ，即可播放音频，如图6-14所示。若声音大小不合适，可单击 按钮，在弹出的列表中拖动声音滑块进行调整。

图6-13　选择声音文件

图6-14　播放声音文件

（4）选择音频图标 ，在【音频工具】→【格式】组中可设置音频图标的格式，在【音频工具】→【播放】→【音频选项】组中可对播放声音文件的开始方式、隐藏声音图标等进行设置，如图6-15所示。

图6-15　设置音频选项

知识提示

若在"音频"下拉列表中选择"文件中的音频"选项，便可以在打开的对话框中选择并插入外部的声音文件。在插入外部的声音文件时，若声音文件太长，可以选择对声音进行裁剪，其方法为：选择音频图标，在【音频工具】→【播放】→【编辑】组中单击"裁剪音频"按钮 ，在打开的对话框中设置音频的开始位置和结束位置，单击 按钮即可，如图6-16所示。

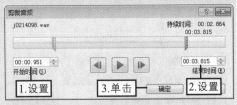

图6-16　裁剪声音文件

2. 插入视频文件

在制作公司简介与一些培训类演示文稿时，通常会通过插入相关视频来增强其说服力，活跃现场气氛。在PowerPoint 2010中，用户即可插入的视频有三种，即剪辑管理器中的视频、网站中的视频、计算机中的视频。下面以插入计算机中的视频为例进行介绍，其具体操作如下。

（1）在【插入】→【媒体】组中单击"视频"按钮 ，在打开的下拉列表中选择"文件中的视频"选项。

（2）在打开的"插入视频文件"对话框中选择要插入的视频文件，单击 按钮，如图6-17所示。

（3）此时在幻灯片中将插入一个黑色的矩形框，拖动矩形框挑这个视频播放区域的大小，选择该矩形框，在出现的播放控制条上单击"播放"按钮 ，即可播放插入的视频，如图

6-18所示。

（4）选择插入的视频矩形，在【视频工具】→【播放】组可对开始方式、音量等进行设置。

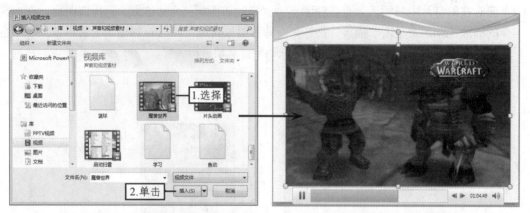

图6-17　选择插入的视频　　　　　　　　图6-18　播放视频

知识提示

插入视频后，视频的播放区域默认为黑色，为了幻灯片的美观，以及体现播放的内容，可通过设置标牌框架将播放区域设置为图片，其方法为：选择视频播放的区域矩形，在【视频工具】→【格式】→【调整】组中单击"标牌框架"按钮，在弹出的下拉列表中选择"文件中的图片"选项，即可在打开的对话框中选择播放区域的图片。

6.2.4　课堂案例——创建"公司简介"演示文稿

公司简介是对公司进行宣传的文件。一份好的公司简介不仅对公司概况、公司文化等进行了介绍，还包含产品或服务类别、销售业绩和售后服务等内容，本例将制作一份公司简介的演示文稿，参考效果如图6-19所示。

图6-19　"公司简介"演示文稿

素材所在位置	光盘:\素材文件\第6章\课堂案例\金福水果股份有限公司简介.pptx
效果所在位置	光盘:\效果文件\第6章\课堂案例\金福水果股份有限公司简介.pptx
视频演示	光盘:\视频文件\第6章\制作"公司简介"文档.swf

（1）启动PowerPoint 2010后，按【Ctrl+Enter】组合键，打开"另存为"对话框，将新建的工作簿保存为"金福水果股份有限公司简介.pptx"。

（2）单击幻灯片中的占位符，分别输入如图6-20所示的文本。

（3）选择标题占位符，在【开始】→【字体】组中设置字体格式为"华文琥珀、48、绿色"，选择副标题占位符，设置字体格式为"华文新魏、24、黑色"，移动占位符到合适的位置，如图6-21所示。

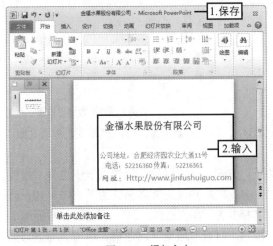

图6-20　添加文本　　　　　　　　　　　　图6-21　设置文本格式

（4）选择标题占位符，在【绘图工具】→【格式】→【形状样式】组中单击"形状效果"按钮，在弹出的下拉列表中选择【映像】→【半映像 接触】选项，应用映像效果，如图6-22所示。

（5）选择【插入】→【插图】组，单击"形状"按钮，在弹出的下拉列表中选择"矩形"选项，在标题下方拖动鼠标绘制矩形，在【绘图工具】→【格式】组设置形状填充为"绿色"，形状轮廓为"无"，如图6-23所示。

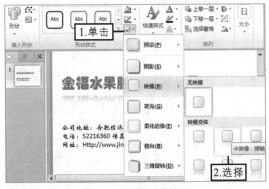

图6-22　设置映像效果　　　　　　　　　　图6-23　绘制形状

（6）选择【插入】→【图片】组，单击"图片"按钮，打开"插入图片"对话框，选择图片所在路径，在其中选择标志和封面水果图片，单击 插入(S) 按钮，如图6-24所示。在幻灯片中插入图片。

（7）拖动鼠标将封面水果图片移至幻灯片顶端，将标志图片移至幻灯片右下角，拖动图片的四角调整图片到合适大小，效果如图6-25所示。

图6-24 选择插入的图片　　　　图6-25 调整插入图片的大小与位置

（8）按Enter键新建一张幻灯片，插入"背景"图片，将其放置在幻灯片左侧。复制第1张幻灯片中的矩形和标志，放置在合适位置。

（9）选择【插入】→【文本】组，单击"文本框"按钮，在弹出的下拉列表中选择"横排文本框"选项，拖动鼠标绘制标题文本框，输入文本并设置文本格式为"黑体、40、绿色"，绘制内容文本框，输入文本并设置文本格式为"华文楷体、24"，如图6-26所示。

（10）在【开始】→【段落】组单击右下角的 按钮，打开"段落"对话框，单击"缩进与间距"选项卡，在其中设置对齐方式为"两端对齐"，设置行距的固定值为"32磅"，单击 确定 按钮，如图6-27所示。

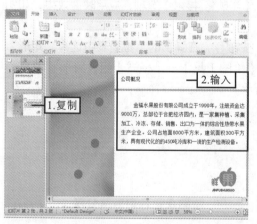　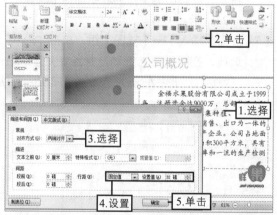

图6-26 新建幻灯片并添加内容　　　图6-27 设置文本段落格式

知识提示　从步骤中可看出，在PowerPiont 2010中插入并设置图片、形状、表格和文本框的方法，以及输入文本并设置文本的字体格式、段落格式的方法与在Word 2010中相同。

（11）在"幻灯片/大纲"窗格中的第2张幻灯片上单击鼠标右键，在弹出的快捷菜单中选择"复制幻灯片"命令，复制第2张幻灯片，重复该操作，连续复制5张幻灯片。

（12）在"幻灯片/大纲"窗格中选择第3张幻灯片，更改标题和内容为水果产品的相关内容。

（13）插入芒果与木瓜图片，调整图片大小，将其放置在内容文本下方，按住Shift键同时选择插入的芒果与木瓜图片，在【图片工具】→【格式】→【图片样式】组为其应用如图6-28所示的"透视阴影，白色"图片样式。

（14）选择第4张幻灯片，更改标题为"销售分区"，删除内容文本框，在【插入】→【表格】组中单击"表格"按钮，在弹出的下拉列表中选择"插入表格"选项。

（15）打开"插入表格"对话框，设置列数和行数分别为"2""10"，单击 确定 按钮，如图6-29所示。

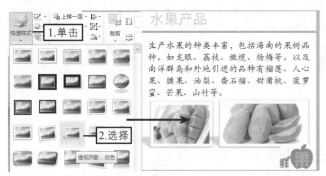

图6-28 应用图片样式

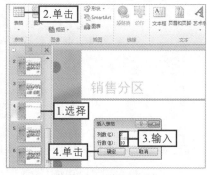

图6-29 插入表格

（16）在幻灯片中插入表格，输入并设置表格数据，拖动表格的列分割线，调整列宽，拖动表格的四角，调整表格大小，在【表格工具】→【设计】→【表格样式】组为其应用如图6-30所示的表格样式。

（17）选择第5张幻灯片，更改标题和内容为公司宗旨的相关内容，如图6-31所示。

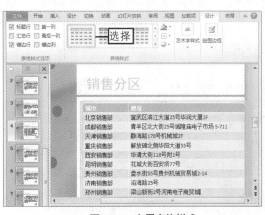

图6-30 应用表格样式

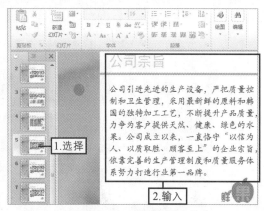

图6-31 编辑第5张幻灯片

（18）选择第6张幻灯片，更改标题和内容为公司成就的相关内容，如图6-32所示。

（19）选择第7张幻灯片，更改标题和内容为谢谢观赏的相关内容，选择内容文本，在【开始】【字体】组中单击"下划线"按钮，为其添加下划线，如图6-33所示。

（20）设置完成后在状态栏中单击"幻灯片浏览"按钮浏览演示文稿效果，结束后单击鼠标退出幻灯片浏览模式，保存演示文稿，完成本例的制作。

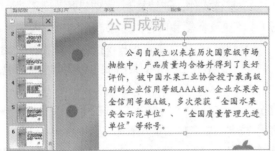
图6-32　编辑第6张幻灯片

图6-33　编辑第7张幻灯片

职业素养　公司简介是对公司的介绍。要求简介内容充实，但简单扼要，达到让别人初步了解公司的目的。公司简介一般包括公司概况（注册时间、注册资本、公司性质、技术力量、规模、员工人数等）、公司发展状况（公司的发展速度、成绩、荣誉等）公司文化（公司的目标、理念、宗旨）、公司主要产品等。

6.3　课 堂 练 习

本课课堂练习将分别制作新员工培训计划和手机促销活动策划案演示文稿，综合练习本章学习的知识点，将制作PowerPiont演示文稿应用到实践中，学以致用。

6.3.1　制作"新员工培训计划"演示文稿

1．练习目标

在进行员工培训前，通常需要制作一份培训计划，对培训内容和流程进行大致的规划。本练习将制作一份"新员工培训计划"演示文稿，其参考效果如图6-34所示。

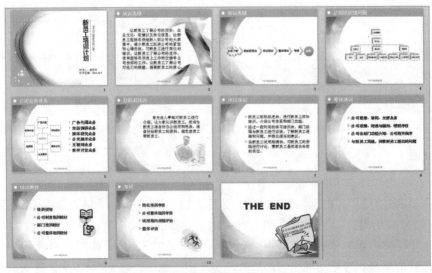
图6-34　"新员工培训计划"演示文稿参考效果

素材所在位置	光盘:\素材文件\第6章\课堂练习\新员工培训计划图片
效果所在位置	光盘:\效果文件\第6章\课堂练习\新员工培训计划.pptx
视频演示	光盘:\视频文件\第6章\制作"新员工培训计划"演示文稿.swf

2. 操作思路

根据练习目标要求，本练习的操作思路如图6-35所示。

① 新建幻灯片布局页面图片与形状

② 输入演示文稿内容

③ 设置文本格式插入剪切画

图6-35　制作"新员工培训计划"演示文稿的操作思路

（1）新建演示文稿，再新建10张幻灯片，在第1张、第2张和其他幻灯片中分别插入素材中的图片，旋转3¯10张幻灯片中的背景。

（2）在2¯10张幻灯片页面上方绘制形状，设置形状样式。

（3）输入演示文稿内容，将封面的标题字体格式设置为"微软雅黑、44、加粗、竖排"，副标题字体格式设置为"微软雅黑、22、深灰、竖排"。

（4）将内容页标题格式设置为"黑体、36、白色"，将内容页正文格式设置为"华文中宋、28、首行缩进2厘米、1倍行距"。

（5）为演示文稿内容页标题以及部分项目段落添加不同的项目符号，设置项目符号的颜色。

（6）在第6、9、10张幻灯片中插入剪切画，调整剪贴画大小、位置与图片效果，保存演示文稿完成本例的制作。

职业素养　　　　制作新员工培训计划可以规划新员工培训内容，让新员工了解公司概况、规章制度、组织结构，以帮助新入职员工快速溶入公司企业文化，树立统一的企业价值观念，行为模式，了解公司相关规章制度，培养良好的工作心态，职业素质，为胜任岗位工作打下坚实的基础。

6.3.2　制作"手机促销活动策划案"演示文稿

1. 练习目标

本练习的目标是制作"手机促销活动策划案"演示文稿，该目标要求熟练掌握幻灯片的新建、图形、图片以及文本框的插入与编辑方法，以及文本字体格式设置、段落的缩进、对齐和段行间距等设置方法。图6-36所示为"手机促销活动策划案"演示文稿编辑前后对比效果。

	素材所在位置	光盘:\素材文件\第6章\课堂练习\手机促销活动策划案
	效果所在位置	光盘:\效果文件\第6章\课堂练习\手机促销活动策划案.pptx
	视频演示	光盘:\视频文件\第6章\制作"手机促销活动策划案"演示文稿.swf

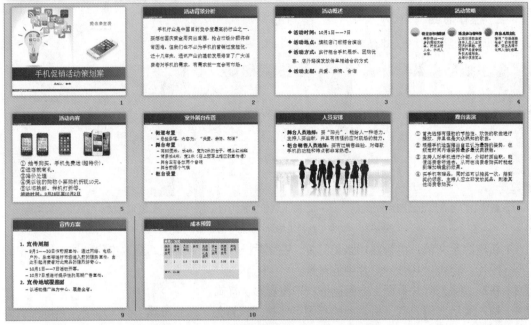

图6-36 "手机促销活动策划案"演示文稿效果

 职业素养 促销活动是指企业通过各种促销手段,向消费者传递产品信息,引起他们的注意和兴趣,激发他们的购买欲望和购买行为,以达到扩大销售目的的活动。常见促销策略包括人员推销、广告、目录、通告、赠品、店标、陈列、示范、展销等。一个好的促销策略,可突出产品特点,建立产品形象;及时引导采购,激发购买欲望,扩大产品需求;维持市场份额,巩固市场地位等等。

2. 操作思路

完成本练习需要先新建演示文稿并在其中输入促销内容,然后编辑文本字符格式与段落格式,插入、艺术字、图片与形状来美化演示文稿,本例的操作思路如图6-37所示。

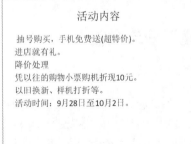

① 输入演示文稿内容　　　　　　② 美化演示文稿

图6-37 "手机促销活动策划案"演示文稿的制作思路

（1）新建演示文稿，再新建9张幻灯片，分别输入促销内容，在最后一张幻灯片中插入表格。

（2）在第1张幻灯片中分别绘制两个矩形形状，创建填充效果，排列到合适位置，将其复制到第2张幻灯片中，调整大小和位置，将其排列在页面顶端。

（3）在矩形中分别添加文本，设置最上面的文本格式为"微软雅黑、32、白色、加粗、居中对齐"，设置下面矩形中的文本格式为"Calibri (正文)、12、白色"，复制矩形与文本到其他内容幻灯片中，制作统一的版式。

（4）更改版式中的文本，设置文本大小，加粗标题与项目文本，根据文本的多少调整字号，为部分项目段落添加项目符号。

（5）在第1、7张幻灯片中插入图片，第1张幻灯片中插入艺术字，设置艺术字的字体格式为"方正少儿简体、28、加粗"，保存演示文稿完成本例的制作。

6.4 拓 展 知 识

当演示文稿中包含内容太多时，可通过超链接的方式来节省页面，当单击超链接时，将自动切换到对应的幻灯片或文件中，使用超链接的具体操作如下。

（1）选择需要创建超链接的文本，在【插入】→【链接】组单击"超链接"按钮🔗。

（2）打开"插入超链接"对话框，在左侧选择"现有文件或网页"选项，在"查找范围"下拉列表框后单击"浏览"按钮🖼，可在打开的对话框中选择链接的文件，将自动把链接文件的路径添加到"地址"下拉列表框中，如图6-38所示；若在左侧选择"本文档中的位置"选项，可将文本链接到演示文稿的幻灯片，完成后单击 确定 按钮即可。

（3）创建超链接后的文本颜色发生了更改，且添加了下划线，如图6-39所示。在放映演示文稿时，单击该超级链接，将自动打开链接的文件。

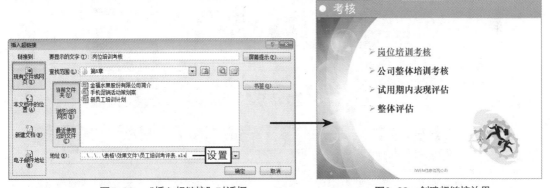

图6-38 "插入超链接"对话框   图6-39 创建超链接效果

6.5 课 后 习 题

（1）新建"公司推广"演示文稿，输入内容，插入图片、形状与SmarArt图形，对其进行格式设置，完成后的效果如图6-40所示。

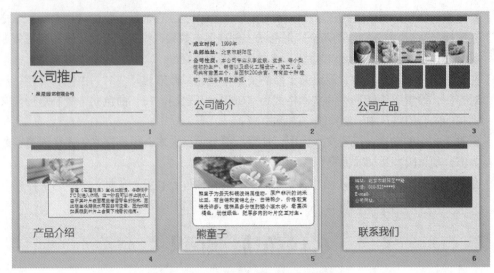

图6-40 "公司推广"演示文稿效果

素材所在位置	光盘:\素材文件\第6章\课后练习\公司推广
效果所在位置	光盘:\效果文件\第6章\课后练习\公司推广.pptx
视频演示	光盘:\视频文件\第6章\制作"公司推广"演示文稿.swf

（2）新建"广告策划案.pptx"演示文稿，绘制版式形状中的形状，输入广告策划案的内容，设置文本格式，插入表格与SmarArt图形，如图6-41所示。

| 效果所在位置 | 光盘:\效果文件\第6章\课后练习\广告策划案.pptx |
| 视频演示 | 光盘:\视频文件\第6章\制作"广告策划案"演示文稿.swf |

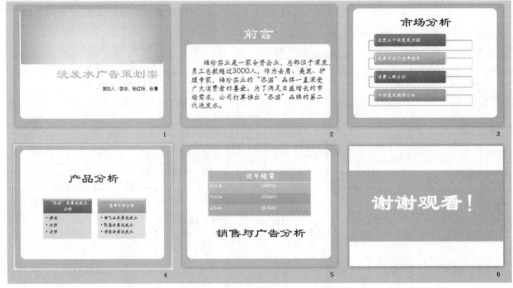

图6-41 "广告策划案"演示文稿效果

第7章

设计与放映PowerPoint演示文稿

　　一篇好的演示文稿，不仅需要内容详实，更需要版面美观、且生动有趣，本章将通过为演示文稿设置版式、添加动画来达到此目的。设计制作完成后，通过放映演示文稿来查看效果，从而使用户能够掌握设计与放映PowerPoint演示文稿的相关知识。

 学习要点

　◎　设置幻灯片的背景、主题与母版
　◎　设置幻灯片的动画和切换效果
　◎　设置幻灯片放映与控制放映

 学习目标

　◎　掌握设置幻灯片版式的方法
　◎　掌握设置幻灯片动画的方法
　◎　熟悉幻灯片放映的操作

7.1 设计幻灯片版式

幻灯片版式包含幻灯片的背景、颜色、字体与效果。合理的设计幻灯片版式，可增加演示文稿的观赏性。

7.1.1 设置幻灯片背景

在PowerPoint 2010中设置幻灯片背景与在Word 2010中设置页面背景相似。具体操作如下。

（1）在【设计】→【背景样式】组中单击 背景样式 · 按钮，在弹出的下拉列表中选择背景样式，若要设置其他背景样式，可选择"设置背景格式"列表，如图7-1所示。

（2）打开"设置背景格式"对话框，在其中设置纯色填充、渐变填充、图片或纹理填充等方式，这里选中"图片或纹理填充"单选项，如图7-2所示。

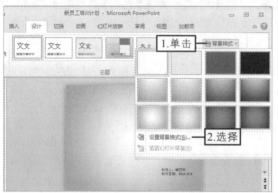

图7-1 选择内置的背景样式

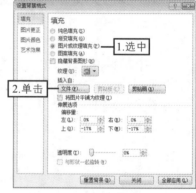

图7-2 选择填充背景的方式

（3）单击 文件(F) 按钮打开"插入图片"对话框，选择作为背景填充的图片，单击 插入(I) 按钮，返回"设置背景格式"对话框，单击 全部应用(L) 按钮，如图7-3所示。

（4）返回工作界面，即可查看设置的背景效果，如图7-4所示。

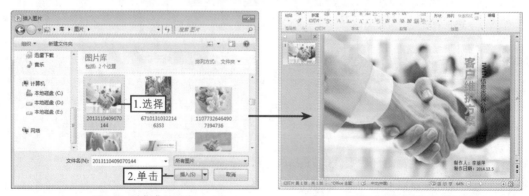

图7-3 选择背景图片

图7-4 设置背景后的效果

7.1.2 设置幻灯片主题

幻灯片的版式是由背景、文本、图形、表格、图片等元素和谐搭配在一起形成的，所以设计版式时需要考虑各种元素与幻灯片主题的色彩搭配。下面将分别讲解通过应用主题、更改颜色、字体与效果的搭配方案来快速美化演示文稿版面的方法。

1. 应用主题

PowerPoint 2010提供的主题设置了版面图形与版面风格，还包含了颜色、字体与效果的搭配，可以帮助用户快速制作出美观、风格统一的演示文稿，此外，用户还可将其他演示文稿中的主题应用到当前演示文稿中，其方法为。

◎ **应用提供的主题**：在【设计】→【主题】组中的"主题"下拉列表中选择一种主题选项，即可应用，如图7-5所示。

◎ **应用其他演示文稿中的主题**：在【设计】→【主题】组在"主题"下拉列表中选择"浏览主题"列表，在打开的

图7-5 应用主题

"选择主题或主题文档"对话框中选择演示文稿，便可将其主题应用到当前演示文稿。

2. 修改主题颜色、字体与效果方案

应用主题后，PowerPoint 2010还可对主题的颜色、字体与效果搭配方案进行更改，以制作出不同的版式效果，下面对其修改方法分别进行介绍。

◎ **修改颜色方案**：在【设计】→【主题】组中单击■颜色·按钮，在打开的下拉列表中选择一种主题颜色，如图7-6所示，即可将颜色方案应用于所有幻灯片。

◎ **修改字体方案**：在【设计】→【主题】组中单击☑字体按钮，在打开的下拉列表中选择一种字体，如图7-7所示，即可更改所有幻灯片的字体方案。

图7-6 修改颜色方案

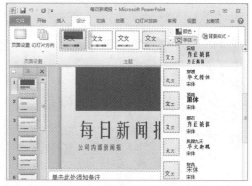

图7-7 修改字体方案

知识提示

若对配色或字体方案不满意，可在"颜色"和"字体"下拉列表中选择"新建主题颜色"命令或"新建主题字体"命令，在打开的对话框中进行自定义设置。

◎ **修改效果方案**：在【设计】→【主题】组中单击⊙效果·按钮，在打开的下拉列表中选择一种效果，可以快速更改图表、SmartArt 图形、形状、图片、表格和艺术字这些对象

的外观。

知识提示

应用主题后，可对其字体、形状颜色等进行修改，修改后在"主题"下拉列表中选择"保存当前主题"选项，可将修改的主题保存到下拉列表中。

7.1.3 设置幻灯片母版

在PowerPoint 2010中，除了使用主题来设计幻灯片的版式外，还可通过在幻灯片母版快速生成版式相同的幻灯片，从而减少重复插入背景、标志等对象，或重复设置标题与正文格式，提高工作效率。

1. 进入幻灯片母版视图

在对幻灯片母版进行设置前，需要先进入幻灯片母版视图。PowerPoint 2010中的母版分为幻灯片母版、讲义母版和备注母版3种，其作用和视图各不相同，下面分别进行介绍。

◎ **幻灯片母版**：在【视图】→【母版视图】组中单击"幻灯片母版"按钮，即可进入幻灯片母版视图，该视图左侧为"幻灯片版式选择"窗格，右侧为"幻灯片母版编辑"窗口。选择相应的幻灯片版式后，便可在右侧对其标题及文本的版面进行设置，如图7-8所示。

◎ **讲义母版**：在【视图】→【母版视图】组中单击"讲义母版"按钮，即可进入讲义母版视图，在该视图中可查看页面上显示的多张幻灯片，也可设置页眉和页脚的内容，以及通过"讲义母版"功能面板改变幻灯片主题、页面背景等，如图7-9所示。

图7-8 幻灯片母版

图7-9 讲义母版

知识提示

在幻灯片母版中，一般情况下，"幻灯片版式选择"窗格的第1张幻灯片为内容幻灯片版式，即统一更改所有幻灯片的版式。而第2张幻灯片为封面幻灯片版式。若需要更改部分其他版式，可在左侧窗格选择各种版式后再进行相应的更改。

◎ **备注母版**：在【视图】→【母版视图】组中单击"备注母版"按钮，即可进入备注母版视图，选中各级标题文本后可对其字体格式等进行设置。通常在查看幻灯片内容时，需要将幻灯片和备注显示在同一页面中，就可以在备注母版视图中进行查看。讲义母版和备注母版的设置效果只有在打印时才能显示出来。

2. 编辑幻灯片母版

默认情况下，编辑幻灯片母版即编辑"幻灯片版式选择"窗格的第1张幻灯片，以更改标题页外的所有幻灯片的版式，其编辑方法与在幻灯片中编辑的方法相同，如设置格式与对象的添加等，设置完成后单击"关闭母版视图"按钮■退出母版即可。下面将着重介绍幻灯片母版中的几种常用编辑操作。

◎ **设置统一背景**：在幻灯片母版视图左侧窗格中选择第1张幻灯片版式，然后在右侧编辑区单击鼠标右键，在弹出的快捷菜单中选择"设置背景格式"命令，在打开的对话框中设置需要的背景样式，应用设置后将为所有幻灯片版式添加相同的背景效果，如图7-10所示。

◎ **添加统一对象**：将每张幻灯片中都添加的对象（如图片、声音、文本等）全部添加到母版中，如图7-11所示。

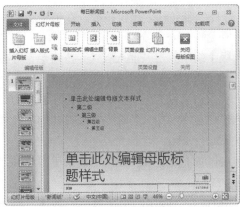

图7-10　设置统一背景

图7-11　添加统一对象

◎ **设置统一的标题与内容格式**：分别设置占位符中标题与各级文本内容的格式。

知识提示

在编辑幻灯片母版时，往往需要单独设置标题页版式，即对"幻灯片版式选择"窗格的第2张幻灯片进行编辑，以区别标题页和内容页。在编辑其他版式时，若没有对应的占位符，可在【幻灯片母版】→【母版版式】组中单击"插入占位符"按钮■，在弹出的下拉列表中选择并进行插入。

3. 设置页眉页脚

母版的顶部和底部通常会有几个小的占位符，在其中设置幻灯片的页眉和页脚的内容，包括日期、时间、编号和页码等内容，这些可通过"页眉和页脚"对话框进行设置，其具体操作如下。

（1）进入幻灯片母版视图，在左侧窗格中选择第1张幻灯片版式。

（2）然后在【插入】→【文本】组中单击"页眉和页脚"按钮■，打开"页眉和页脚"对话框。

（3）单击"幻灯片"选项卡，单击选中相应的复选框，表示显示日期、幻灯片编号和页脚等内容，再输入页脚内容或设置固定的页眉。单击选中"标题幻灯片中不显示"复选框，可以使标题页幻灯片不显示页眉和页脚，如图7-12所示。

（4）单击 全部应用(V) 按钮确认设置，设置页眉和页脚内容的格式，设置完成后单击"关闭母版视图"按钮 退出母版，即可查看设置的页眉与页脚效果，如图7-13所示。

图7-12　设置统一的页眉页脚　　　　　　图7-13　页眉页脚设置效果

4. 编辑幻灯片版式

设置幻灯片母版版式后，可单独编辑部分幻灯片的版式，以满足需要。在编辑版式过程中，往往需要使用到版式的插入、重命名等操作，下面分别进行介绍。

◎ **插入版式**：在【幻灯片母版】→【编辑母版】组中单击"插入版式"按钮 ，可在当前版式幻灯片后插入一张新的版式幻灯片。

◎ **重命名版式**：新插入的幻灯片版式需要进行重命名以方便识别，这时可在版式幻灯片上单击鼠标右键，在弹出的快捷菜单中选择"重命名版式"命令，在打开的幻灯片中可以设置新的版式名称，如图7-14所示。

◎ **复制版式**：在需要复制的版式幻灯片上单击鼠标右键，在弹出的快捷菜单中选择"复制版式"命令，可便于在复制的版式上进行修改。

◎ **删除版式**：在多余版式幻灯片上单击鼠标右键，在弹出的快捷菜单中选择"删除版式"命令，可删除版式。

◎ **应用新版式**：新建与编辑版式后，在【开始】→【幻灯片】组中的"版式"下拉列表也会进行更新，用户可使用应用版式的方法应用新建的版式，如图7-15所示。

图7-14　重命名版式　　　　　　图7-15　更换幻灯片版式

知识提示　　　　在一个演示文稿中默认只有一个幻灯片母版，若需要应用多个幻灯片母版，可在版式幻灯片上单击鼠标右键，在弹出的快捷菜单中选择"插入幻灯片母版"命令，插入新的幻灯片母版，并通过"版式"下拉列表应用插入的母版。

7.1.4　课堂案例1——美化"迪拜旅游攻略"演示文稿

本案例将通过美化"迪拜旅游攻略"演示文稿进一步巩固幻灯片版式设计与美化、背景设置、对象的插入、格式设置与母版应用等知识。制作完成后，参考效果如图7-16所示。

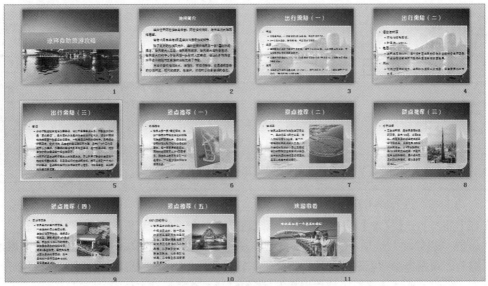

图7-16　美化演示文稿效果

素材所在位置　光盘:\素材文件\第7章\课堂案例1\迪拜旅游攻略.pptx

效果所在位置　光盘:\效果文件\第7章\课堂案例1\迪拜旅游攻略.pptx

视频演示　　　光盘:\视频文件\第7章\制作"迪拜旅游攻略"演示文稿.swf

（1）打开"迪拜旅游攻略.pptx"演示文稿，在【视图】→【母版视图】组中单击"幻灯片母版"按钮进入幻灯片母版视图。

（2）在"幻灯片版式选择"窗格中选择第1张幻灯片，在【设计】→【背景样式】组中单击背景样式按钮，如图7-17所示。在弹出的下拉列表中选择"设置背景格式"选项。

（3）打开"设置背景格式"对话框，单击选中"图片或纹理填充"单选项，单击文件(F)...按钮，如图7-18所示。

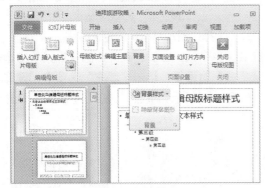

图7-17　设置背景格式

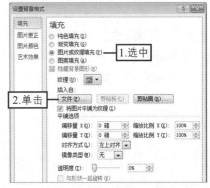

图7-18　选择背景填充方式

（4）打开"插入图片"对话框，选择"迪拜夜景"图片，单击 插入(I) 按钮，如图7-19所示。返回"设置背景格式"对话框，单击 全部应用(L) 按钮，单击 确定 按钮。

（5）选择标题占位符，设置占位符格式为"方正粗活意简体，44，白色，文字阴影"，设置内容占位符格式为"黑体，1.5倍行距"，如图7-20所示。

图7-19 选择背景图片

图7-20 设置标题与内容占位符格式

（6）在【插入】→【文本】组中单击"页眉和页脚"按钮 ，打开"页眉和页脚"对话框。

（7）单击"幻灯片"选项卡，选中"页脚"复选框，在下方的文本框中输入"迪拜旅游攻略"，单击选中"标题幻灯片中不显示"复选框，单击 全部应用(L) 按钮，如图7-21所示。

（8）在"幻灯片版式选择"窗格中选择第2张幻灯片，选择标题占位符，将其移动到中间，设置占位符的形状样式为"中等效果-橙色，强调颜色6"，删除多余的占位符，效果如图7-22所示。

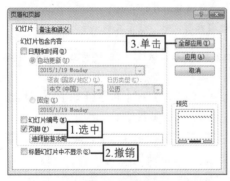

图7-21 设置页脚

图7-22 设置标题版式

（9）在"幻灯片版式选择"窗格中选择第3张幻灯片，选择如图7-23所示的矩形形状。

（10）拖动鼠标在幻灯片中间绘制矩形形状，在其上单击鼠标右键，在弹出的快捷菜单中选择"设置形状格式"命令，打开"设置形状格式"对话框，单击"填充"选项卡，设置填充颜色为"白色"，透明度为"30%"，如图7-24所示。单击"线条"选项卡，设置形状的边框颜色为"白色"。

知识提示　　　在选择设计幻灯片版式的图片时，要求图片不能过于花哨，更不能影响文本的查看。若版式图片颜色太深，可使用浅色文本，或添加形状后，再输入文本。

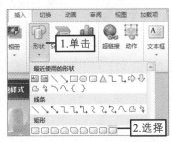

图7-23 插入矩形形状

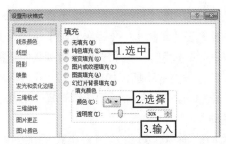

图7-24 设置形状填充

（11）单击 确定 按钮返回工作界面，即可查看设置的形状效果，在形状上单击鼠标右键，在弹出的快捷菜单中选择【置于底层】→【置于底层】命令，将其置于底层，效果如图7-25所示。

（12）设置完成后选择多余的版式，单击鼠标右键，在弹出的快捷菜单中选择"删除版式"命令。

（13）在【幻灯片母版】→【关闭】组中单击"关闭母版视图"按钮▣退出母版视图，保存演示文稿，完成本例的制作。

图7-25 查看设置的形状效果

7.2 设置幻灯片动画方案

在放映别人制作的演示文稿时，通常会发现演示文稿中的文本、图片等对象在动，这是因为设置了动画效果。用户不仅可以为对象设置动画效果，还可为幻灯片设置切换的动画效果，以使演示文稿的放映更加生动有趣。

7.2.1 添加动画

在PowerPoint 2010中，用户可以根据需要为每张幻灯片中的各个对象添加单个或多个动画效果，其具体操作如下。

（1）在幻灯片编辑区中选择要设置动画的对象，然后在【动画】→【动画】组中单击 按钮，在打开的列表框中选择某一类型动画下的动画选项，此时，在幻灯片编辑区中将显示设置的动画效果，如图7-26所示。

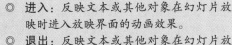

在PowerPoint 2010中，用户可以添加4种类型的动画，各类型动画含义分别介绍如下。

◎ **进入**：反映文本或其他对象在幻灯片放映时进入放映界面的动画效果。

◎ **退出**：反映文本或其他对象在幻灯片放映时退出放映界面的动画效果。

知识提示

◎ **强调**：反映文本或其他对象在幻灯片放映过程中需要强调的动画效果。

◎ **动作路径**：指定某个对象在幻灯片放映过程中的运动轨迹。

图7-26 添加动画

（2）若需要添加多个动画，则需要选择已添加动画的对象，在【动画】→【高级动画】组中单击"添加动画"按钮，在打开的下拉列表中选择添加的其他类型的动画，如图7-27所示。再次单击"添加动画"按钮，可继续选择添加其他类型的动画。

（3）添加动画后，对象左侧将出现添加动画的序号，单击选择对应的序号，将在动画功能面板中显示对应的动画信息。

图7-27　添加多个动画

（4）选择添加动画的对象，在【动画】→【预览】组单击"预览"按钮可按添加的顺序预览动画效果。

操作技巧　　若在"动画"或"添加动画"列表框底部选择"更多进入效果""更多强调效果"等命令，可以在打开的对话框中选择更多的动画效果进行添加。

7.2.2　设置动画效果

为对象添加动画效果后，还可以对动画的播放方式、计时、动画方向、动画的播放顺序等进行调整，使动画的播放更有条理。

1. 设置动画播放顺序

在为一个对象添加多个动画后，默认按照添加的顺序逐一播放，为了使动画衔接的更加自然，有时需要对动画的播放顺序进行调整。其具体操作如下。

（1）在【动画】→【高级动画】组单击动画窗格按钮，打开动画窗格，在其中按播放顺序显示了为选择对象添加的所有动画。

（2）直接拖动动画选项或选择各动画选项后单击底部的或按钮，即可调整动画播放顺序，如图7-28所示。

（3）调整完成单击播放按钮可预览动画播放。

图7-28　设置动画播放顺序

2. 设置动画效果选项

添加的动画不同，设置的动画效果选项也有所不同，用户可在选择需要的动画后在【动画】→【动画】组单击名为"效果选项"的按钮，在弹出的下拉列表中进行设置，若需进行更多动画效果选项的设置，可通过"效果选项"对话框的"效果"选项卡进行，其具体操作如下。

（1）在【动画】→【高级动画】组单击动画窗格按钮，打开动画窗格，选择需要设置效果选项的动画选项，单击其后的按钮，在弹出的下拉列表中选择"效果选项"选项，如图7-29所示。

（2）在打开的对话框中单击"效果"选项卡，在其中可对播放声音、播放后变色或隐藏、动画文本等进行设置。

（3）单击"正文文本动画"选项卡，可设置文本或图形的组合状态，常用于设置SmarArt图形对象和图表对象，如图7-30所示。需要注意的是，"正文文本动画"选项卡不是固定的，会根据动画与添加动画的对象发生变化，完成后单击 确定 按钮即可。

图7-29　选择"效果选项"命令　　　　　　　图7-30　设置动画效果

3. 设置动画计时

默认的动画效果播放速度以及时间是统一的，为了适应播放的需要，用户可在选择动画后，通过【动画】→【计时】组更改这些计时参数，如图7-31所示。下面分别对这些参数的含义进行介绍。

◎ **"开始"下拉列表**：在该下拉列表中可选择动画的开始播放时间，包括"单击时""与上一动画同时"和"上一动画之后"。

图7-31　设置动画计时

◎ **"持续"数值框**：在该数值框中输入播放动画持续时间的长短。

◎ **"延迟"数值框**：在该数值框中输入相对上一动画效果播放后经过多少秒后再播放该动画。

操作技巧　　打开动画窗格，单击动画选项后的□按钮，在弹出的下拉列表中选择"计时"命令，打开对话框的"计时"选项卡，在其中不仅可对开始、持续、延迟时间进行设置，还可设置播放速度与重复方式。

4. 设置动画触发器

设置动画触发器后，单击设置为动画触发器的对象，即可播放指定的动画效果，其具体操作方法如下。

（1）打开动画窗格，单击"计时"选项卡。

（2）单击 触发器① 按钮，单击选中"单击下列对象时启动效果"单选项，如图7-32所示。

（3）在其后的下拉列表中选择该幻灯片中的文本或对象，即可将其设置为动画触发器。设置触发器后，动画序号变为 图标。

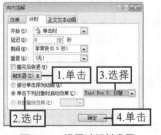

图7-32　设置动画触发器

（4）在【幻灯片放映】→【开始放映幻灯片】组中单击"从当前幻灯片开始"按钮 放映幻灯片时，只有单击设置为动画触发器的对象，才能播放该动画效果。

办公自动化实用教程

5. 使用动画刷

动画刷与Word中格式刷的意义与用法相似，不同的是，动画刷用于复制动画效果，使用动画刷可快速为对象添加已有的动画效果，其方法为：选择设置好动画效果的对象，在【动画】→【高级动画】组单击 动画刷 按钮，再单击需要应用复制动画的对象即可。若双击 动画刷 按钮，可为多个对象应用复制的动画效果，此时，再次单击 动画刷 按钮可退出动画刷模式。

操作技巧

若对设置的动画效果不满意，可重新在"动画"列表框中选择新的动画，也可选择"无"选项，或在动画窗格的动画上单击鼠标右键，在弹出的快捷菜单中选择"删除"命令删除该动画效果。

7.2.3 设置切换动画

设置幻灯片切换动画就是设置一张幻灯片放映结束后切换到下一张幻灯片时的动画效果，设置动画之后可使幻灯片之间的衔接更加自然、生动。设置的具体操作如下。

（1）打开要设置的演示文稿，选择要设置切换效果的幻灯片。

（2）在【切换】→【切换到此幻灯片】组中单击 按钮，在打开的列表中选择一种切换效果，如图7-33所示。

（3）此时在幻灯片编辑区中将显示切换动画效果，如图7-34所示。

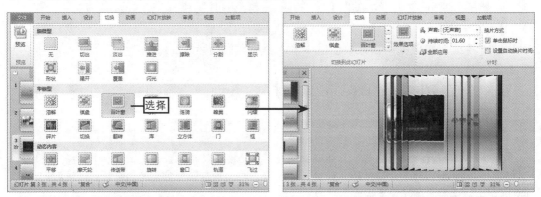

图7-33 选择切换动画　　　　　　　图7-34 查看切换动画效果

（4）用同样的方法便可为其他幻灯片设置各种切换效果，如果需要为整个演示文稿设置统一的切换效果，则在【切换】→【计时】组中单击 全部应用 按钮即可。

（5）在【切换】→【计时】组中的"声音"下拉列表框中可以设置幻灯片切换时的音效，在"持续时间"数值框中可输入切换的长度，即持续时间的长短，单击选中"单击鼠标时"或"设置自动换片时间"复选框可设置换片方式。

（6）设置切换效果和参数后，在【切换】→【预览】组中单击"预览"按钮 可以预览切换效果。

7.2.4 课堂案例2——为"促销方案"演示文稿添加动画

本案例将为"手机促销活动策划案"演示文稿设置幻灯片切换动画为"溶解"样式，将其应用到所有幻灯片中，然后为首页幻灯片的图形添加"进入"与"退出"动画，为标题占位符添加强调动画，再为其他正文幻灯片设置动画，并设置动画的播放与计时效果，调整动画顺序，第1张幻灯片动画预览效果如图7-35所示。

图 7-35　第1张幻灯片动画预览效果

素材所在位置	光盘:\素材文件\第7章\课堂案例2\手机促销活动策划案.pptx
效果所在位置	光盘:\效果文件\第7章\课堂案例2\手机促销活动策划案.pptx
视频演示	光盘:\视频文件\第7章\制作"手机促销活动策划案"演示文稿.swf

（1）打开"素材"演示文稿，在【切换】→【切换到此幻灯片】组中单击 按钮，在打开的列表中选择"溶解"，将自动预览其效果，如图7-36所示。

（2）在【切换】→【计时】组中单击"声音"下拉列表框右侧的按钮，在打开的下拉列表中选择"相机"选项，单击 全部应用 按钮，如图7-37所示。

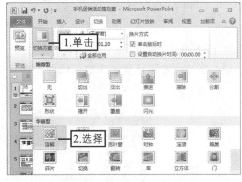

图7-36　添加切换效果

图7-37　设置切换效果

（3）选择第1张幻灯片，选择灯泡图形对象，然后在【动画】→【动画】组中单击 按钮，在打开的列表框中选择"轮子"选项，如图7-38所示。

（4）继续选择灯泡图形对象，在【动画】→【高级动画】组中单击"添加动画"按钮 ，在打开的下拉列表中选择"收缩并旋转"选项。

（5）在【动画】→【计时】组设置"开始"为"上一动画之后"，如图7-39所示。

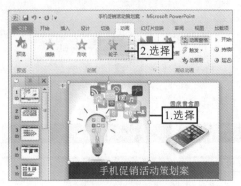

图7-38　添加轮子进入动画　　　　　　　　　图7-39　添加收缩并旋转退出动画

（6）使用相同的方法为"国庆黄金周"艺术字添加弹跳进入动画，在【动画】→【计时】组设置"开始"为"与上一动画同时"，设置"持续时间"为"2秒"，如图7-40所示。

（7）选择灯泡图形，在【动画】→【高级动画】组单击 动画刷 按钮，再单击白色手机图形复制动画效果。

（8）在【动画】→【高级动画】组单击 动画窗格 按钮，打开动画窗格，在动画窗格中选择"轮子"进入动画，将"开始"设置为"上一动画之后"，如图7-41所示。

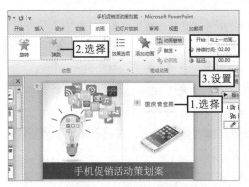

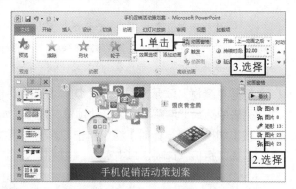

图7-40　添加弹跳进入动画　　　　　　　　　图7-41　复制动画

（9）选择标题占位符，为其添加放大/缩小的强调动画，如图7-42所示。

（10）在动画窗格中选择"图片23"的轮子进入动画，单击 按钮移至第二位，调整完成单击 播放 按钮可预览动画播放，如图7-43所示。

图7-42　添加放大/缩小的强调动画　　　　　　图7-43　调整动画顺序

操作技巧　在动画窗格中用户可通过动画的图标和颜色来区别动画的类型，如绿色表示进入动画、红色表示退出动画、黄色表示强调动画、线条表示路径动画。

（11）选择第1张幻灯片，选择SmarArt图形对象，为其添加飞入的进入动画，如图7-44所示。

（12）在动画窗格中单击动画后的 按钮，在弹出的的下拉列表中选择"效果选项"选项，如图7-45所示。

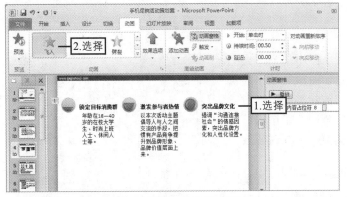

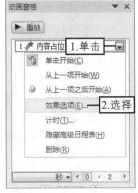

图7-44　添加飞入的进入动画　　　　　　　　图7-45　选择"效果选项"列表

（13）在打开的对话框中单击"计时"选项卡，在其中设置"延迟"为"1.5秒"，设置"期间"为"中速（2秒）"，如图7-46所示。

（14）单击"SmarArt 动画"选项卡，在其中设置"组合图形"为"逐个按级别"，单击　确定　按钮，如图7-47所示。

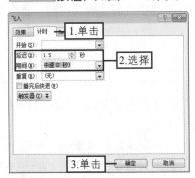

图7-46　设置动画计时　　　　　　　　　　图7-47　设置组合图形的动画播放方式

（15）使用相同的方法为第5张幻灯片中的图形添加飞入动画，设置动画的计时与播放速度，为第7张幻灯片中的图片添加直线路径动画；为第10张幻灯片中的表格添加放大与缩小的强调动画。

（16）设置完成后，在【幻灯片放映】→【开始放映幻灯片】组中单击"从头开始"按钮 放映幻灯片，查看动画效果。

7.3　设置幻灯片放映

放映幻灯片是制作演示文稿的最终目的。在放映前，用户可对放映的方式、放映的计时等进行设置，在放映过程中，还可通过动作按钮等方式来控制幻灯片的放映，以得到最佳的放映效果。

7.3.1 设置放映方式

在PowerPoint 2010中提供了多种放映设置，以满足不同场合的不同放映需求。设置幻灯片的放映方式主要包括设置放映类型、放映幻灯片的数量、换片方式和是否循环放映演示文稿等。下面分别对这些放映设置进行介绍。

1. 设置放映类型

在【幻灯片放映】→【设置】组中单击"设置幻灯片放映"按钮 ，将打开如图7-48所示的"设置放映方式"对话框，在"放映类型"栏中提供了三种放映类型，单击选中相应的单选项，即可为幻灯片应用对应的放映类型。下面对各放映类型的含义进行介绍。

图7-48 "设置放映方式"对话框

- ◎ **演讲者放映**：演讲者放映方式是PowerPoint 2010默认的放映类型，放映时幻灯片全屏显示，在放映过程中，演讲者具有完全的控制权。
- ◎ **观众自行浏览**：观众自行浏览方式是一种让观众自行观看幻灯片的交互式放映类型，观众可以通过提供的快捷菜单进行翻页、打印和浏览，但不能单击鼠标进行放映。
- ◎ **在展台浏览**：在展台浏览方式同样以全屏显示幻灯片，与演讲者放映方式不同的是除了保留鼠标指针用于选择屏幕对象进行放映外，不能进行其他放映控制，要终止放映只能按【Esc】键。

2. 设置需放映的幻灯片

默认情况将全部放映演示文稿中的幻灯片，若要放映连续的幻灯片时，可在"设置放映方式"对话框的"放映幻灯片"栏中手动输入放映开始和结束的幻灯片页数。若需要放映不连续的幻灯片，可通过自定义放映幻灯片来实现，其具体操作如下。

（1）在【幻灯片放映】→【开始放映幻灯片】组中单击"自定义幻灯片放映"按钮 ，在打开的下拉列表中选择"自定义放映"选项，打开"自定义放映"对话框，单击 新建(N)... 按钮，如图7-49所示。

（2）在打开的"定义自定义放映"对话框的"幻灯片放映名称"文本框中输入本次放映名称，然后在"在演示文稿中的幻灯片"列表中按住【Shift】键不放选择要放映的幻灯片，然后单击 添加(A) >> 按钮，将其添加到"在自定义放映中的幻灯片"列表中，如图7-50所示。

（3）返回"自定义放映"对话框，然后单击 放映(S) 按钮即可查看自定义放映效果。

操作技巧　　用户还可通过隐藏不需要放映的幻灯片来达到放映需要幻灯片的效果。其方法是：在"幻灯片"窗格中需要隐藏的幻灯片上单击鼠标右键，在弹出的快捷菜单中选择"隐藏幻灯片"命令也可隐藏幻灯片，再次选择该命令可重新显示出来。

图7-49 "自定义放映"对话框

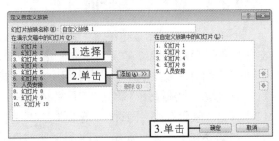

图7-50 添加在自定义放映中的幻灯片

3. 设置放映选项

在"设置放映方式"对话框的"放映选项"栏中可设置放映是否为循环放映，或在放映时，是否放映录制的旁白和添加的播放动画，若在"绘图笔颜色"和"激光笔颜色"下拉列表框中可以选择一种颜色，在放映幻灯片时，可使用该颜色的绘图笔或激光笔在幻灯片上写字或作标记。

4. 设置换片方式

在"设置放映方式"对话框的"换片方式"栏中可设置幻灯片的切换方式，包括手动切换和自动切换两种。手动切换表示在演示过程中将手动切换幻灯片及演示动画效果；自动切换表示演示文稿将按照幻灯片的排练时间自动切换幻灯片和动画，但是如果没有已保存的排练计时，即使选中该单选项，放映时还是以手动方式进行控制。

7.3.2 录制旁白

在放映幻灯片时，并不一定需要演讲者现场进行解说，可直接播放事先录制好的旁白来达到相同的放映效果。录制旁白的具体操作如下。

（1）在【幻灯片放映】→【设置】组中单击"录制幻灯片演示"按钮 ，打开"录制幻灯片演示"对话框。

（2）保持默认设置，然后单击 开始录制(R) 按钮，此时打开"录制"对话框，幻灯片开始放映并开始计时录音，如图7-51所示，此时只要安装了音频输入设备就可直接录制旁白。完成一张幻灯片的排练计时后，单击切换到下一张。

（3）在录制过程中可单击 按钮暂停录制。放映结束的同时将完成旁白的录制，并返回幻灯片浏览视图，每张幻灯片右下角会出现一个喇叭图标，表示添加了旁白，如图7-52所示。

图7-51 开始录制旁白

图7-52 查看录制的旁白

7.3.3　设置排练计时

设置排练计时，可以排练每一张幻灯片放映的时间，以合理安排每张幻灯片所用时间，有效控制演示文稿的进度，在无人操作的情况下，自动按排练效果进行放映。其具体操作如下。

（1）在【幻灯片放映】→【设置】组中单击"排练计时"按钮，进入放映排练状态。

（2）在放映左上角打开"录制"工具栏，如图7-53所示。

（3）开始放映幻灯片，同时在"录制"工具栏中进行计时，完成一张幻灯片的排练计时后，单击切换到下一张，所有幻灯片计时完成后弹出提示框确认是否保留排练计时，单击 是(Y) 按钮完成排练计时操作，如图7-54所示。

图7-53　"录制"工具栏　　　　　　　　　　图7-54　保留排练计时

（4）在【幻灯片放映】→【设置】组中选中"使用计时"复选框，在【幻灯片放映】→【开始放映幻灯片】组中单击"从头开始"按钮放映幻灯片，即可按计时排练的时间自动放映演示文稿。

7.3.4　添加动作按钮

动作按钮是PowerPoint 2010中的一个很重要的功能，它不仅可以帮助演讲者通过这个按钮定位到正在放映的其他幻灯片，还可以通过动作按钮打开其他程序或执行其他操作，添加动作按钮的具体操作如下。

（1）选择需要插入动作按钮的幻灯片，在【插入】→【插图】组中单击"形状"按钮。

（2）在弹出下拉列表的"动作按钮"栏中选择需要的动作按钮，如选择"第一页"动作按钮，如图7-55所示。

（3）这时鼠标指针变为十字形状，按住鼠标左键，在需要的地方拖动鼠标绘制合适大小的动作按钮，如图7-56所示。

（4）此时，将打开"操作设置"对话框，单击"单击鼠标"选项卡，设置单击动作按钮时执行的操作，如在"单击鼠标时的动作"栏中单击选中"超链接到"单选项，在下方的下拉列表中选择"第一张幻灯片"选项，如图7-57所示。

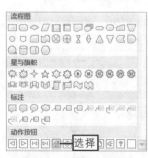

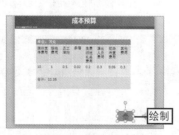

图7-55　选择动作按钮　　　　图7-56　绘制动作按钮　　　　图7-57　"操作设置"对话框

（5）若单击"鼠标移过"选项卡，可设置鼠标悬停在动作按钮上时，链接到的位置。设置完后单击 ▭确定 按钮。

（6）使用相同的方法添加其他动作按钮。在幻灯片放映过程中，单击相应的动作按钮会跳转到链接的位置。

操作技巧　　　　设置动作按钮后，还可在动作按钮上单击鼠标右键，在弹出的快捷菜单中选择"编辑超链接"命令，在打开的对话框中更改动作设置。

7.3.5　放映幻灯片

对幻灯片进行放映设置后，就可以开始放映幻灯片。在PowerPoint 2010中提供了四种放映幻灯片的方式，分别介绍如下。

◎ **从头开始放映**：在【幻灯片放映】→【开始放映幻灯片】组中单击"从头开始"按钮▯或按【F5】键，将从第1张幻灯片开始放映。

◎ **当前幻灯片开始放映**：在【幻灯片放映】→【开始放映幻灯片】组中单击"从当前幻灯片开始"按钮▯或按【Shift+F5】组合键，或单击状态栏上的"放映幻灯片"按钮▯，将从当前选择的幻灯片开始放映。

◎ **广播放映**：在【幻灯片放映】→【开始放映幻灯片】组中单击"广播放映"按钮▯，可以在Web浏览器向观看的远程查看者放映演示文稿。

◎ **自定义放映**：在【幻灯片放映】→【开始放映幻灯片】组中单击"自定义放映"按钮▯，可在弹出的下拉列表中选择自定义的放映方案。

7.3.6　控制幻灯片放映

在放映幻灯片过程中，不仅可以切换幻灯片、结束幻灯片放映，还可为正在放映的幻灯片添加标记，分别介绍如下。

◎ **切换幻灯片**：按【Page Up】组合键、按【←】键或按【Backspace】键，可切换到上一张幻灯片；单击鼠标左键、按空格键、按【Enter】键或按【→】键，可切换到下一张幻灯片；若单击鼠标右键，在弹出的快捷菜单中选择"定位至幻灯片"命令，在弹出的子菜单中可选择切换至指定的幻灯片，如图7-58所示。

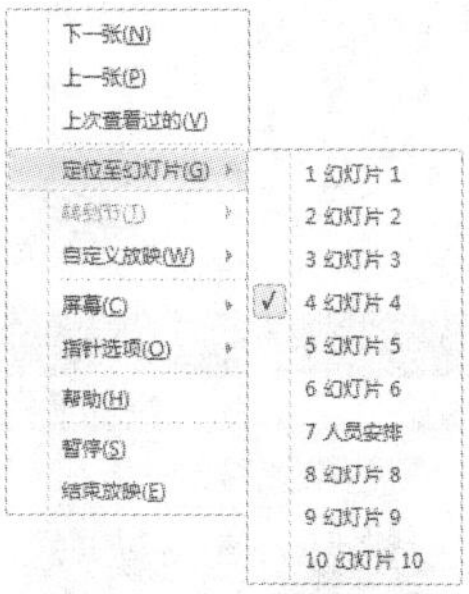

◎ **结束放映**：当最后一张幻灯片放映结束后，系统会在屏幕的正上方显示提示信息"放映结束，单击鼠标退出。"此时单击鼠标左键即可结束放映。如果想在放映过程中结束放映，可以按【Esc】键实现。

图7-58　定位至幻灯片

◎ **暂停放映**：单击鼠标右键，在弹出的快捷菜单中选择"暂停"命令，可停留在当前幻灯片中，再次单击鼠标右键，在弹出的快捷菜单中选择"继续执行"命令即可继续进行放映。

◎ **添加标记**：在演讲放映方式下放映幻灯片时，单击鼠标右键，在弹出的快捷菜单中选择"指针选项"命令，在弹出的子菜单中选择"笔"或"荧光笔"绘图笔样式，如图7-59所示。此时鼠标指针将变成点状，按住鼠标左键，像使用画笔一样在需要着重指出的位置进行拖动，即可标记重点内容，当结束放映时，将在打开的对话框中提示是否保留添加的标记，单击 保留(K) 按钮即可保留标记，如图7-60所示。

图7-59　选择荧光笔

图7-60　添加并保留标记

操作技巧

除了在"设置放映方式"对话框的"放映选项"栏中设置绘图笔和荧光笔的颜色外，还可在选择笔样式后，再次单击鼠标右键，在弹出的快捷菜单中选择【指针选项】→【墨迹颜色】命令，在弹出的子菜单中选择需要的标记颜色。若单击鼠标右键，在弹出的快捷菜单中选择【指针选项】→【橡皮擦】命令，拖动鼠标可插入错误的标记。

7.3.7　课堂案例3——放映"促销方案"演示文稿

本案例将对"手机促销活动策划案"演示文稿设置动作按钮、放映选项、放映方式和排练计时，然后按排练计时从头开始放映幻灯片，在放映的过程中，适当添加标记。最后保存标记，结束幻灯片放映，动作按钮、排练计时与标记效果如图7-61所示。

图7-61　动作按钮、排练计时与标记效果

素材所在位置	光盘:\素材文件\第7章\课堂案例3\手机促销活动策划案1.pptx
效果所在位置	光盘:\效果文件\第7章\课堂案例3\手机促销活动策划案1.pptx
视频演示	光盘:\视频文件\第7章\放映"促销方案"演示文稿.swf

（1）打开"手机促销活动策划案1.pptx"演示文稿，选择第一张幻灯片，在【插入】→【插图】组中单击"形状"按钮，在弹出下拉列表的"动作按钮"栏中选择"后退或前一项"动作按钮。

（2）拖动鼠标在右下角绘制合适大小的动作按钮，在打开的对话框中保持默认的"上一张幻灯片"链接设置，单击 确定 按钮，如图7-62所示。

（3）使用相同的方法继续绘制相同大小的"前进或下一项""开始""结束"和"第一页"动作按钮，如图7-63所示。

图7-62　绘制上一张动作按钮　　　　图7-63　绘制其他动作按钮

（4）在【幻灯片放映】→【设置】组中单击"设置幻灯片放映"按钮，打开"设置放映方式"对话框。

（5）单击选中"循环放映，按ESC键终止"复选框和"如果存在排练时间，则使用它"单选项，如图7-64所示。

（6）在"幻灯片"窗格中选择第1、2、4、6、8、10张幻灯片，单击鼠标右键，在弹出的快捷菜单中选择"隐藏幻灯片"命令，隐藏选择的幻灯片，如图7-65所示。

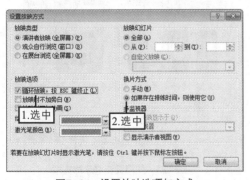

图7-64　设置放映选项与方式　　　　图7-65　隐藏幻灯片

（7）在【幻灯片放映】→【设置】组中单击"排练计时"按钮，进入放映排练状态。

（8）在放映左上角打开"录制"工具栏，开始放映幻灯片，同时在"录制"工具栏中进行计时，如图7-66所示。完成一张幻灯片的排练计时后，单击切换到下一张。

（9）在完成第9张幻灯片的计时后，按【Esc】键结束放映计时，弹出提示框确认是否保留排练计时，单击  按钮完成排练计时操作，如图7-67所示。

图7-66 "录制"工具栏　　　　　　　　　　图7-67 保留排练计时

（10）在【幻灯片放映】→【设置】组中单击选中"使用计时"复选框，在【幻灯片放映】→【开始放映幻灯片】组中单击"从头开始"按钮放映幻灯片，如图7-68所示。将按计时排练的时间放映演示文稿。

（11）在放映第4张幻灯片时，单击鼠标右键，在弹出的快捷菜单中选择【指针选项】→【墨迹颜色】命令，在弹出的子菜单中选择"红色、强调文字颜色2、深色50%"命令，如图7-69所示。

图7-68 查看计时效果　　　　　　　　　　图7-69 设置墨迹颜色

（12）按住鼠标左键为活动时间与地点信息添加标记框，如图7-70所示。

（13）单击"前进或下一项"动作按钮，切换到下一张幻灯片，使用荧光笔涂抹活动时间文本，如图7-71所示。

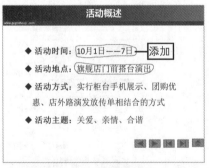

图7-70 添加标记框　　　　　　　　　　图7-71 使用荧光笔涂抹文本

（14）使用相同的方法为其他幻灯片添加标记，幻灯片将循环播放排练计时的幻灯片。

（15）放映完成后按【Esc】键结束放映状态，在打开的对话框中单击 保留(K) 按钮保留标记，完成演示文稿的放映，如图7-72所示。

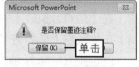

图7-72 保留标记

7.4 课堂练习

本次课堂练习将分别美化与放映"年终总结报告"演示文稿和放映"楼盘策划报告"演示文稿，综合练习本章学习的知识点，将幻灯片的设计与放映应用到实践中，学以致用。

7.4.1 美化与放映"年终总结报告"演示文稿

1. 练习目标

公司在年底时，通常需要将一年的销售情况进行汇总与分析，这就需要制作年终销售总结演示文稿，本练习要求对制作的"年终总结报告"演示文稿进行版式美化，并添加切换效果与动画效果，最后进行放映，效果如图7-73所示。

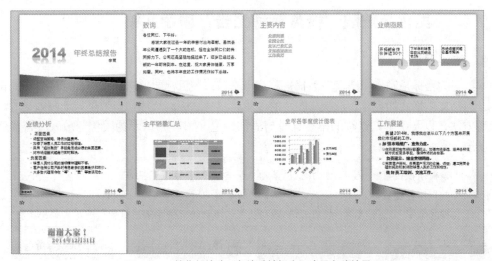

图 7-73　美化与放映"年终总结报告"演示文稿效果

素材所在位置	光盘:\素材文件\第7章\课堂练习\年终总结报告.pptx
效果所在位置	光盘:\效果文件\第7章\课堂练习\年终总结报告.pptx
视频演示	光盘:\视频文件\第7章\美化与放映"年终总结报告"演示文稿.swf

2. 操作思路

根据练习目标要求，本练习的操作思路如图7-74所示。

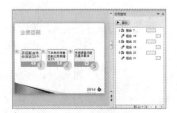

① 为幻灯片设计母版　　② 为幻灯片应用切换效果　　③ 为幻灯片组合图形设置动画效果

图7-74　美化与放映"年终总结报告"演示文稿的操作思路

办公自动化实用教程

（1）打开提供的素材文档，为其应用"聚合"幻灯片主题，进入幻灯片母版视图，设置母版的标题占位符的文本格式为"汉仪中圆简、41、加粗、文字阴影"。

（2）在母版右下角插入艺术字与自带的剪切画图案，调整图案大小与颜色。

（3）退出母版视图模式，为所有幻灯片添加"显示"切换效果，设置持续时间为"3.4秒"。

（4）为第4张幻灯片的组合形状分别添加"形状"与"浮入"的进入动画效果，设置开始方式。

（5）在【幻灯片放映】→【开始放映幻灯片】组中单击"从头开始"按钮放映幻灯片。

职业素养

年终总结是对过去一年、某一时期或某项工作的情况的总回顾、评价和结论。年终总结可以大体分为单位总结、个人总结、综合性总结、专题总结等。本例制作的年终总结主要针对于产品销售的总结。好的年终总结还有以下要求。

① 要善于抓重点、有独特的地方。

② 要注意观点与材料统一，且语言要准确、简明。

7.4.2 美化与放映"楼盘策划报告"演示文稿

1. 练习目标

本练习的目标是制作"楼盘策划报告"演示文稿，该目标要求熟练掌握幻灯片母版的设计方法，包括文本格式的设置、形状与图片的应用，熟悉掌握幻灯片切换效果与动画效果的添加与设置方法，以及了解幻灯片的排练计时与添加标记。图7-75所示为美化与放映"楼盘策划报告"演示文稿后的效果。

素材所在位置	光盘:\素材文件\第7章\课堂练习\楼盘策划报告\
效果所在位置	光盘:\效果文件\第7章\课堂练习\楼盘策划报告.pptx
视频演示	光盘:\视频文件\第7章\美化与放映"楼盘策划报告"演示文稿.swf

图7-75 "楼盘策划报告"美化与放映效果

职业素养

报告在企业办公中，常用于新产品开发、投融资、公司发展规划、年度发展等方面。楼盘策划报告是指开发楼盘的方案。详细的楼盘策划报告包括市场分析、产品定位、有效客层划分模式、销售主导策略、价格定位及价格分期策略、各阶段深化的市场推广策略、代理公司市场组织及销售管理等方面。

2. 操作思路

完成本练习需要先设计幻灯片母版版式，然后为幻灯片应用切换与动画效果，最后放映幻灯片并添加标记，本例的操作思路如图7-76所示。

① 为幻灯片设计母版   ② 为幻灯片应用切换与动画效果   ③ 设置排练计时并添加标记

图7-76 美化与放映"楼盘策划报告"演示文稿的操作思路

（1）打开提供的素材文档，进入幻灯片母版视图，插入图片并绘制形状制作版式，设置母版的标题占位符的文本格式为"微软雅黑、40、文字阴影，白色"。

（2）设置内容占位符的文本格式为"宋体、32、深蓝色"。

（3）设置标题页幻灯片标题占位符的文本格式为"微软雅黑、44，文字阴影，加粗，深蓝色"。

（4）退出母版视图模式，为所有幻灯片添加"推进"切换效果，为最后一张幻灯片添加动画效果。

（5）在【幻灯片放映】→【设置】组中单击"排练计时"按钮 ，进入放映排练状态。

（6）在【幻灯片放映】→【开始放映幻灯片】组中单击"从头开始"按钮 放映幻灯片，在需要添加标记的幻灯片上单击鼠标右键，在弹出的快捷菜单中选择【指针选项】→【荧光笔】命令，添加并保留标记，完成本例的制作。

7.5 拓展知识

为了方便制作的演示文稿在其他环境中进行放映，如未安装PowerPoint软件，缺少演示文稿所需的字体等环境，可将制作好的演示文稿打包到文件夹或光盘中。其具体操作如下。

（1）打开要打包的演示文稿，选择【文件】→【保存并发送】→【讲演示文稿打包成CD】命令，然后在最右侧的列表单击"打包成CD"按钮 ，打开如图7-77所示的"打包成CD"对话框。

（2）单击 复制到文件夹(F) 按钮，打开"复制到文件夹"对话框，在"文件夹名称"文本框中输入文件夹名称，在"位置"文本框中输入或单击 浏览(B)... 按钮选择保存位置，完成后单击 确定 按钮。

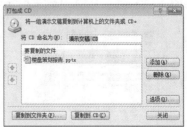

（3）打开提示框，提示是否一起打包链接文件。单击 是(Y) 按钮，系统开始自动打包演示文稿。

（4）完成后返回"打包成CD"对话框，单击 关闭 按钮，打包后自动打开文件所在文件夹，双击文件即可进行查看。

图7-77 "打包成CD"对话框

7.6　课后习题

（1）打开"食谱.pptx"演示文稿，应用主题，对其版式进行设计，并添加动画与切换效果，绘制动作按钮，如图7-78所示。

提示： 在绘制动作按钮时，在设置"形状"切换动画时，需将其持续时间延长；在为文本与图片添加动画时，图片动画的播放循序在文本动作前。制作完一张幻灯片的动画后，可使用动画刷快速复制动画到其他幻灯片的对象上。

素材所在位置	光盘:\素材文件\第7章\课后习题\食谱.pptx
效果所在位置	光盘:\效果文件\第7章\课后习题\食谱.pptx
视频演示	光盘:\视频文件\第7章\美化与放映食谱.swf

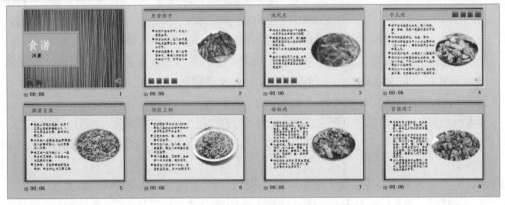

图7-78　"食谱"演示文稿美化与放映效果

（2）打开"绩效管理方案.pptx"演示文稿，进入母版，插入并调整图片大小与颜色，设计幻灯片版式，并添加动画与切换效果，放映幻灯片，效果如图7-79所示。

素材所在位置	光盘:\素材文件\第7章\课后习题\绩效管理方案.pptx
效果所在位置	光盘:\效果文件\第7章\课后习题\绩效管理方案.pptx
视频演示	光盘:\视频文件\第7章\美化与放映绩效管理方案.swf

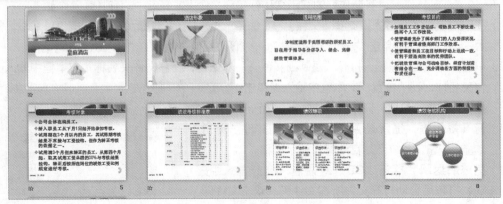

图7-79　"绩效管理方案"演示文稿美化与放映效果

第8章

常用办公工具软件的应用

在日常办公中，除了需要使用到Office 2010办公软件，还需要使用一些工具软件来辅助处理文件，如文件压缩软件、下载软件、阅读软件、图片浏览与处理软件。本章将详细讲解这些常用的办公工具软件的使用方法。通过学习要能够掌握办公工具软件来对日常办公中的文件进行压缩、下载、阅读，以及对常用图片进行浏览与处理等操作。

 学习要点

- ◎ 文件压缩与解压缩
- ◎ 下载文件
- ◎ 阅读与编辑文件
- ◎ 浏览与处理照片

 学习目标

- ◎ 掌握压缩软件的基本操作
- ◎ 掌握下载软件的基本操作
- ◎ 阅读软件的基本情况
- ◎ 熟悉图片处理软件的基本操作

8.1 使用压缩软件

压缩软件可以将大容量的文件压缩成小容量的文件，以节约计算机的磁盘空间，提高文件传输速率。WinRAR是目前最流行的压缩软件，它不但能压缩文件，还能保护文件，且便于文件在网络上传输，避免文件被病毒感染。下面将对使用WinRAR压缩文件与解压文件的方法进行详细介绍。

8.1.1 压缩文件

在WinRAR中，常用压缩文件的方法有两种，即快速压缩文件和分卷压缩文件。除此之外，还可将文件创建成自解压压缩文件，不同的压缩方式将得到不同的压缩效果，下面分别进行介绍。

1. 快速压缩文件

快速压缩文件是常用的压缩方式，适用于小容量文件的压缩处理。快速压缩文件的具体操作如下。

（1）在计算机中安装WinRAR，选择需要快速压缩的文件，单击鼠标右键，在弹出的快捷菜单中选择"添加到"文件名""命令，如图8-1所示。

（2）WinRAR开始压缩文件，并显示压缩进度。完成压缩后将在当前目录下创建该文件名的压缩文件，且压缩文件图标为 ，如图8-2所示。

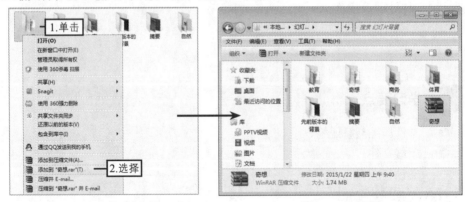

图8-1 压缩文件　　　　　　　图8-2 完成压缩

2. 分卷压缩文件

当需要压缩较大的文件时，为了节省压缩时间和减小压缩包大小，可选择分卷压缩文件，将一个文件压缩成多个压缩文件，其具体操作如下。

（1）在需要自定义压缩的文件上，单击鼠标右键，在弹出的快捷菜单中选择"添加到压缩文件"命令，如图8-3所示。

（2）打开"压缩文件名或参数"对话框，在其中自定义压缩文件名、压缩方式、压缩格式、压缩分卷

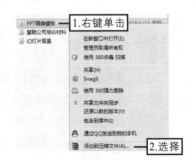

图8-3 选择"添加到压缩文件"命令

大小、更新方式和压缩选项等，单击 设置密码(P) 按钮可设置解压密码，这里在"压缩分卷大小，字节"下拉列表中输入自定义的分卷大小，如"12MB"，如图8-4所示。

（3）单击 确定 按钮，开始压缩，分卷压缩完成后，如图8-5所示，文件被分解为若干压缩文件，且每个文件大小约为12MB。

图8-4　设置分卷大小　　　　　　　　　　图8-5　查看分卷压缩效果

 知识提示　　用户也可将文件添加到压缩文件包中。在WinRAR界面中单击"添加"按钮 ，打开"压缩文件名和参数"对话框，在"常规"选项卡的"压缩文件名"文本框中输入压缩包文件，单击"文件"选项卡，在"要添加的文件"文本框右侧单击 追加(P)... 按钮，在打开的对话框中选择添加到压缩包中的文件，单击 确定 按钮。即可将其添加到压缩包。

3. 创建自解压压缩文件

为了方便没有安装WinRAR的计算机解压文件，可将文件创建为自解压格式的压缩文件，其具体操作如下。

（1）选择创建自解压压缩文件的文件，打开"压缩文件名或参数"对话框，在"压缩选项"栏中单击选中"创建自解压压缩格式"复选框，如图8-6所示。

（2）单击"高级"选项卡，单击 自解压选项(X)... 按钮，如图8-7所示。

图8-6　创建自解压压缩格式　　　　　　图8-7　单击"高级"选项卡

（3）在打开的对话框中可自解压文件的解压路径、桌面快捷方式、解压后启动程序等参数，如图8-8所示。

（4）设置完成后依次单击 确定 按钮开始创建自解压文件，创建完成后打开压缩文件所在窗口，可看见创建的自解压文件格式为.exe，图标为 ，如图8-9所示。

1.设置

2.单击

图8-8　设置解压路径

图8-9　完成自解压压缩文件创建

（5）创建自解压压缩文件后，双击该文件在打开的对话框中单击 解压 或 安装 按钮即可完成文件解压。

8.1.2　解压文件

压缩文件后，需要对其进行解压，才能对压缩文件进行查看，其具体操作如下。

（1）启动WinRAR，在"地址"下拉列表中选择压缩文件所在的路径，在下方选择需要解压的压缩文件，然后单击"解压到"按钮 ，如图8-10所示。

（2）打开"解压路径和选项"对话框的"常规"选项卡，在"目标路径"下拉列表框中设置存放解压文件的位置，再选择文件更新方式和覆盖方式，这里保持默认设置，如图8-11所示，完成后单击 确定 按钮即可开始解压文件。

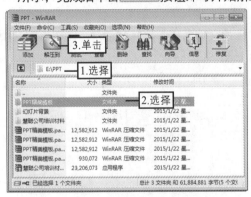

3.单击　1.选择　2.选择

图8-10　选择解压命令

1.设置　2.单击

图8-11　设置解压路径和选项

（3）若在解压过程中发生错误，可选择压缩文件，然后单击工具栏中的"修复"按钮 进行修复。

知识提示　　若计算机中安装了WinRAR，还在压缩文件上单击鼠标右键，在弹出的快捷菜单中选择"解压到当前文件夹"命令，可在当前文件夹中查看生成的文件。此外，在右键快捷菜单中选择相应的命令，还可对压缩包中的文件进行重命名等操作。

8.2 使用迅雷下载

在日常办公过程中，常需要从网上收集下载一些资料与软件，使用浏览器默认的下载功能下载，可能会不支持部分加速语言和插件下载，或因断网等原因出现下载中断，导致必须重新下载。而迅雷软件可以克服这一弊端，实现高速通道下载、离线下载和断点下载等，是当前较为流行的专业下载工具。

8.2.1 通过迅雷直接下载资源

安装迅雷下载软件后，在浏览网页时，遇到需要下载的资源，可通过右键菜单使用迅雷下载，其具体操作如下。

（1）启动迅雷软件，打开浏览器搜索下载资源，这里搜索下载"Adobe Acrobat XI Pro 11.0.3"，单击下载地址栏中的"使用迅雷下载"超链接，或在其他下载链接上单击鼠标右键，在弹出的快捷菜单中选择"使用迅雷下载"命令，如图8-12所示。

（2）在打开的"新建任务"对话框中设置下载文件的保存位置，单击 立即下载 按钮，如图8-13所示。

图8-12 找到下载链接

图8-13 使用迅雷下载

知识提示

　　　　若直接单击下载超链接，在"新建下载任务"对话框中设置下载文件的名称与保存路径，单击 下载 按钮，可使用浏览器默认的下载功能下载文件。

（3）此时将切换到迅雷页面，在"正在下载"选项卡中可查看下载进度，如图8-14所示。

（4）下载完成，单击"已完成"选项卡，即可看到下载的文件，如图8-15所示。选择下载的文件，单击 打开 按钮或找到下载文件的保存位置即可查看下载完的文件。

图8-14 开始下载并查看下载进度

图8-15 查看下载文件

8.2.2 使用断点下载

断点下载是将未完成的下载继续完成。使用断点下载分为两种情况，在同一台计算机上进行断点下载和在另一台计算机上进行断点下载，下面分别进行介绍。

1. 在同一台计算机上进行断点下载

在使用迅雷下载过程中，当发现文件没有下载进度时，为了避免重复下载浪费时间，可执行断点下载操作，其具体操作如下。

（1）打开原来的下载地址，再用迅雷开一个新任务，下载目录与原文件一致，单击 立即下载 按钮新建下载任务。

（2）打开"发现重复任务"对话框，单击 继续下载 按钮将在原来的基础上继续进行下载，如图8-16所示。

图8-16　继续下载

2. 在另一台计算机上进行断点下载

若需要在另一台计算机上继续执行未完成的下载操作，如将网吧未下载完的电影带回家继续下载，其具体操作如下。

（1）打开迅雷的下载目录，将未完成下载文件的.td和.cfg文件复制到另一台计算机中。

（2）在另一台计算机中打开迅雷，单击右上角的 按钮，在弹出的菜单中选择【文件】→【导入未完成下载】命令，如图8-17所示。

（3）在打开的对话框中找到复制的下载文件，单击 打开(O) 按钮继续进行下载即可。

图8-17　导入未完成下载

8.2.3 使用远程下载

使用远程下载可以通过绑定账号到计算机，在另一台计算机中下载文件到绑定账号的计算机中，其具体操作如下。

（1）打开迅雷，双击头像打开登录界面，输入注册账号和密码，单击 登录 按钮登录迅雷，如图8-18所示。

（2）单击"远程设备"选项卡，会提示将当前设备绑定到远程下载，单击 立即绑定 按钮开始绑定，绑定成功后将进行提示，单击"远程控制中心"按钮，如图8-19所示。

图8-18　登录迅雷

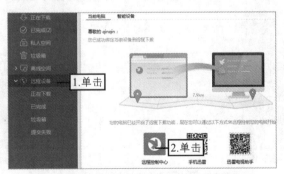

图8-19　将当前设备绑定到远程下载

（3）打开迅雷远程下载网页，在左侧的列表框中将显示绑定计算机的名称，使用相同的方法在另一台计算机上绑定账号，单击"新建"按钮，如图8-20所示。

（4）打开"新建远程下载任务"对话框，单击"新建普通任务"选项卡，进入文件下载的网页，复制下载链接到"下载链接"列表框中。

（5）在"储存路径"下拉列表框中选择绑定的远程的计算机名称，在其后选择并设置下载文件保存磁盘与名称，单击 按钮，即可开始下载，并自动将下载文件保存到设置的远程计算机中，如图8-21所示。

图8-20　打开迅雷远程下载网页

图8-21　新建远程下载任务

知识提示　远程下载功能不限于绑定计算机，还可绑定智能设备，如电视、路由器、网络储存设备、手机等设备。只需在远程设备页面单击"智能设备"选项卡即可。

8.2.4　优化下载环境

在使用迅雷下载软件时，可先设置文件下载的参数，如默认下载文件保存的地址、下载的任务数等，其具体操作如下。

（1）在迅雷主界面中单击"配置"按钮，打开"系统设置"对话框，在左侧单击"常规设置"选项卡，在打开的扩展功能区中设置启动项，在"使用指定的下载目录"栏中设置文件下载的默认地址，如图8-22所示。

（2）单击"下载设置"选项卡，在"任务管理"栏中设置下载模式与同事

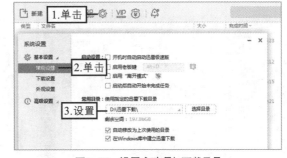

图8-22　设置启动项与下载目录

下载的最大任务数，在"模式设置"栏中设置下载的模式，如图8-23所示。

（3）单击"高级设置"选项卡，在展开的列表中单击"监视设置"选项卡，在"监视对象"栏中单击 按钮，如图8-24所示。解决浏览网页时，邮件菜单中没有出现迅雷相关菜单命令的问题。设置完成后单击 按钮。

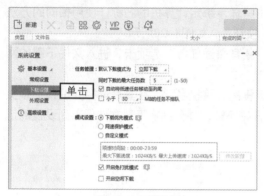

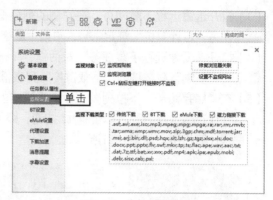

图8-23　下载设置　　　　　　　　　　　图8-24　修复浏览器关联

8.3　使用Adobe Acrobat

由Adobe公司推出的PDF格式是一种全新的电子文档格式，使用该格式，能如实保留原来的面貌和内容，以及字体和图像，且不受操作系统限制，使其广泛用于电子图书、产品说明、公司广告、网络资料以及电子邮件等领域。而Adobe Acrobat是一款专门用于查看、阅读、打印PDF文件的工具。取新版本的AdobeAcrobat XI 中还引入了将PDF转换为Word、PowerPoint的功能。下面对Adobe Acrobat的使用方法进行详细介绍。

8.3.1　创建PDF文档

储存其他文档时可以直接将其储存为PDF文件格式，也可利用Adobe Acrobat直接将其他支持PDF格式文件、网页、剪切板中的对象创建为PDF文件格式，其具体操作如下。

（1）启动Adobe Acrobat，单击"创建"按钮，在弹出的下拉菜单中可选择创建为PDF文件的对象，这里选择"从文件创建"命令，如图8-25所示。

（2）打开"打开"对话框，在其中选择PDF支持的其他格式文件，这里选择Powerpiont演示文稿，单击 打开(O) 按钮，如图8-26所示。

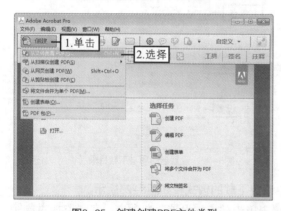

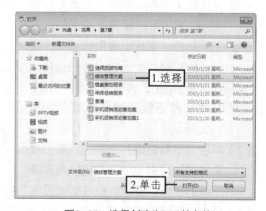

图8-25　创建创建PDF文件类型　　　　　　图8-26　选择创建为PDF的文件

（3）将打开选择的文件，并在标题栏可发现该文件的格式已经转换为PDF文件，如图8-27所示。

知识提示

可以创建为PDF文档的格式很多，包括Word、Excel、TIFF、PPT、HTML、TXT、PNG等，可选择"从文件创建"命令，在打开对话框中的"格式"下拉列表框中进行查看。

图8-27　PDF文档创建效果

8.3.2　阅读PDF文档

创建PDF文档后，也可打开计算机中的PDF文档进行阅读。下面利用Adobe Acrobat阅读PDF文档，其具体操作如下。

（1）启动Adobe Acrobat，选择【文件】→【打开】菜单命令，打开"打开"对话框，选择需要打开的PDF文件，单击 打开 按钮，如图8-28所示。

（2）此时即可打开该文档进行阅读，单击窗口左侧的"页面"按钮，在显示的页面缩略图窗格中单击需要阅读的文档缩略图，即可快捷打开指定页面并在浏览区中进行阅读，如图8-29所示。

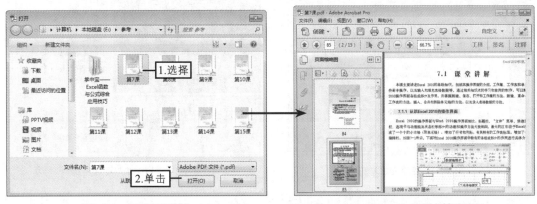

图8-28　打开PDF文档　　　　　　　　　　图8-29　查看文档缩略图

（3）在页面缩略图窗格右侧单击"折叠"按钮，关闭窗格。单击工具栏中的"下一页"按钮或"上一页"按钮可跳转到下一个页面或上一个页面，在其后的数值框中输入页码，然后按【Enter】键，可快速跳转到指定的页面，如图8-30所示。

（4）单击工具栏中的"放大"按钮或"缩小"按钮可放大或缩小显示页面，在其后的下拉列表框中可输入具体的缩放比例。

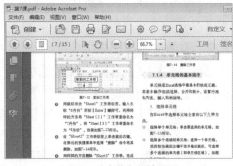

图8-30　定位与缩放页面

知识提示

单击将鼠标光标定位到Adobe Acrobat界面中，按住【Ctrl】键不放，滚动鼠标滚轮，也可放大或缩小页面显示。

8.3.3 编辑PDF文档

Adobe Acrobat不仅可以阅读PDF文档，还可根据需要，编辑其中的文本、图像、书签、链接或附件。编辑完成后，还可将其导入为Word、PowerPoint等格式，以方便其他软件打开该文档，下面分别进行介绍。

1. 编辑文本与图像

在Adobe Acrobat中不能直接对文本或图像进行修改、复制、删除、旋转、裁剪、替换、排列等，若需要编辑图片和文本，其具体操作如下。

（1）使用Adobe Acrobat打开需要编辑的PDF文档，单击界面右侧的"工具"选项卡，显示"工具"窗格，单击"编辑文本和图像"按钮，进入文本和图像的编辑状态。

（2）此时，PDF文档中文本或图片外出现线框，选择需要编辑的文本或图像，单击鼠标右键，在弹出的快捷菜单中即可执行相应的编辑操作，如图8-31所示。

（3）单击选择文本或图片所在框架，在"工具"窗格的格式栏中可设置文本的字体、颜色、字号、对齐方式，可设置翻转、旋转、裁剪或替换图片，如图8-32所示。

图8-31 编辑文本与图像

图8-32 设置文本与图像格式

知识提示　　在Adobe Acrobat中编辑文本与图像的方法与在Word中相似，如选择文本、裁剪图像，设置图像排列顺序、更换图像等。

2. 添加文本与图像

若需要在Adobe Acrobat中添加段落文本或图像时，除了通过复制文本框架或图片，再进行修改外，还可直接添加文本框架与图像，其方法分别介绍如下。

◎ **添加文本**：显示"工具"窗格，单击"添加文本"按钮，在任意位置单击，在出现的文本框架中直接输入需要添加的文本即可，直接拖动文本框架可移动文本的位置。

◎ **添加图像**：在"工具"窗格中单击"添加图像"按钮，在打开的对话框中双击需要插入的图像，可将其添加到Adobe Acrobat中。

3. 打印与导出PDF文件

编辑完成后，用户可在工具栏单击"打印文件"按钮 将其打印到纸张上，也可选择将

PDF文件导出为其他格式的文件，以方便在没有安装Adobe Acrobat的计算机中查看文档，将其具体操作如下。

（1）在"工具"窗格中单击"将文件导出为"按钮 ，在弹出的文件中可选择导出为Word、PowerPoint等格式，如图8-33所示。

（2）打开"另存为"对话框，设置导出文件的保存位置与名称，单击 保存(S) 按钮即可。

图8-33　导出PDF文件

8.4　浏览与处理照片

图像是制作办公文档中重要的元素之一。除了直接从网上下载图像外，还可导入自己拍摄的照片到电脑中，当导入的照片存在曝光不足等瑕疵时，可使用一些图像小工具进行简单处理，以得到理想的效果。

8.4.1　使用ACDSee浏览照片

使用ACDSee不仅可以自由浏览图片，还可对图片进行编辑和管理，并且支持ICO、PNG、XBM等20余种图像格式，是当前较为流行的看图软件。下面将对使用ACDSee浏览照片图片的方法进行介绍。

1. 打开与浏览图像

在ACDSee中，可快速打开电脑中的图片文件夹，并对文件夹中的图片进行预览、旋转等操作，其具体操作如下。

（1）启动ACDSee，在"文件夹"窗格中依次展开需要浏览的图片文件夹，将在右侧的列表中显示该文件夹中所有的图片。

（2）选择需要浏览的图片文件，在"预览"窗格中便会显示该图片的放大效果，如图8-34所示。

（3）通过拖动右下角的滑块，可调整所有图片的显示大小。

（4）在文件列表中单击 查看 按钮，在弹出的下拉列表框中选择图片文件的显示模式，这里选择"平铺"选项，效果如图8-35所示。单击 或 按钮可浏览下一张或上一张照片。

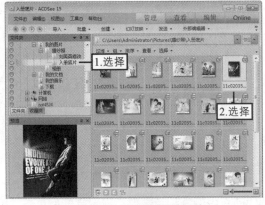

图8-34　打开浏览的文件夹

图8-35　设置文件的查看模式

（5）在文件列表中双击需要放大浏览的图片缩略图，此时将切换至图片查看窗口，在其中可浏览所选图片的详细内容，如图8-36所示。

（6）单击工具栏中的"缩放"按钮🔍，然后在图片上单击鼠标左键即可放大图像，单击鼠标右键即可缩小图像。

（7）放大图像后，单击"滚动工具"按钮🖐，可移动图像在窗口的位置，若在图片上滚动鼠标滚珠即可切换浏览图像，如图8-37所示。图片浏览完成后，直接按【Enter】键或双击图像即可返回ACDSee浏览窗口。

图8-36　打开浏览的文件夹

图8-37　放大显示图像

知识提示

在浏览图片过程中可单击"全屏幕"按钮🔲或按【F】键，进入自动切换图片进行全屏浏览的模式。再次单击"全屏幕"按钮🔲，便可退出图片文件的自动切换状态。若单击"向左旋转"按钮🔄或"向右旋转"按钮🔄可旋转图片。

2. 编辑图像

在ACDSee中除了可浏览图片外，还可对图片进行简单的编辑，如添加文本、添加特殊效果、调整颜色、裁剪等。下面将为图片添加特殊效果、裁剪图片、并调整图片颜色，其具体操作如下。

（1）在文件列表中选择需进行编辑的图片，单击菜单栏右侧的 编辑 按钮，进入图片编辑窗口。图片编辑窗口左侧的"调整"列表框中，显示了许多编辑栏，根据需要在其中设置相关参数。这里单击"颜色"栏中的"特殊效果"超链接，如图8-38所示。

（2）在打开的窗口中将显示艺术、颜色、边缘、自然等多种特殊效果，选择需要的效果，这里选择"LOMO"选项，如图8-39所示。

图8-38　添加特殊效果

（3）将打开该效果的设置窗口，在窗口左侧的面板中设置相关参数。设置完成后单击"编辑工具"列表框底部的 完成 按钮，如图8-40所示。

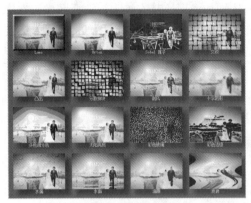

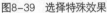
图8-39 选择特殊效果

图8-40 设置特殊效果

（4）在图片编辑窗口左侧的"调整"列表框中单击"几何形状"栏中的"裁剪"超链接。在打开的窗口中可拖动图片上的边框，调整裁剪区域的大小，拖动裁剪框中心，可移动裁剪框位置，设置完成后单击 完成 按钮，如图8-41所示。

（5）在图片编辑窗口左侧的"调整"列表框中单击"颜色"栏中的"色彩平衡"超链接。在打开的窗口中对图片的饱和度、色调和亮度等参数进行设置，设置完成后单击 完成 按钮，如图8-42所示。

图8-41 裁剪照片

图8-42 调整色彩平衡

知识提示

除了上面的编辑外，用户还可通过"调整"列表框中的选项为图片添加边框、文字、晕影和形状，以及调整图片的光线、色阶、杂点、模糊、锐化、清晰度等。

3. 管理图像

面对计算机中庞大的图片资源，使用ACDSee不仅可以轻松实现图片的移动、复制、删除、重命名等文件与文件夹的管理操作，而且可以对图片进行分类或标记，以方便图片的查找，下面分别进行介绍。

◎ **图片文件与文件夹的管理**：进入图片编辑窗口，用户可在选择图片后，通过"编辑"菜单直接进行复制、剪贴、重命名或粘贴、移动、设置标题等操作。

◎ **添加标记**：ACDSee中标记分为评级、类别和标签，用户可为图片添加标记，再通过
过滤标记来快速浏览需要的图片。如为图片添加类别，其方法为：选择图像，选择
【编辑】→【设置类别】菜单命令，在弹出的子菜单选择或新建该图像的类别，需要
浏览该类别的图像时，可直接单击图像上方的"过滤"按钮 过滤▾ ，在弹出的快捷菜单中
选择设置类别即可，如图8-43所示。

图8-43　设置特殊效果

4. 批处理图像

在编辑大量图片过程中，用户可通过ACDSee的批处理功能来快速完成翻转、调整大小、调整
曝光度、重命名、转换格式等操作，下面以批量重命名和批量转换格式为例进行介绍，其具体操作
如下。

（1）在ACDSee中打开需要执行批处理的
图片文件夹。单击选择其中的一张图
片，按【Ctrl+A】组合键全选图片，在
工具栏中单击 批量▾ 按钮，在弹出的下
拉列表中选择"重命名"选项。

（2）在打开的对话框中设置模板的名称，开
始的数字，单击 开始重命名(R) 按钮，将
以模板加序号的方式批量命名选择的
多个图片文件，如图8-44所示。

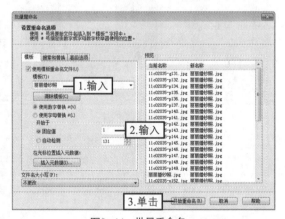

图8-44　批量重命名

（3）按【Ctrl+A】组合键全选图片，在工具
栏中单击 批量▾ 按钮，在弹出的下拉列
表中选择"转换文件格式"选项。

（4）在打开的对话框中设置转换的格式，单击 下一步(N) 按钮，如图8-45所示。

（5）在打开对话框的"目标位置"栏中选择转换后的图像文件保存的目标文件夹，并在其下的
下拉列表框中输入保存路径，单击 下一步(N) 按钮，如图8-46所示。

（6）在打开的对话框中保持默认设置不变，单击 开始转换(C) 按钮即可完成图片批量格式的转换。

图8-45 选择转换的格式

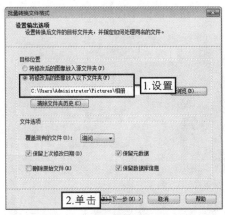

图8-46 设置转换后的保存位置

8.4.2 使用光影魔术手处理照片

光影魔术手是一款专门对数码照片画质进行改善和效果处理的工具软件，它能够满足大多数照片的后期处理要求。通过它，许多照片的设置不需要任何专业的图像技术，只需一两步即可创作出专业的图像效果。

1. 图像的基本调整

与其他图形处理软件一样，光影魔术手也有其基本的图形调整功能，如自由旋转、缩放、裁剪等，其具体操作如下。

（1）启动光影魔术手进入其操作界面。单击工具栏中的"浏览"按钮 ，在左侧打开的窗格中选择图片文件夹的路径，将在右侧界面是中显示图片文件夹中图片，如图8-47所示。

（2）选择需要编辑的图片，单击 按钮返回操作界面，单击"尺寸"按钮 右侧 按钮，在弹出的下拉列表中选择需要的尺寸，如图8-48所示。

图8-47 选择图片文件夹

图8-48 设置图片尺寸

（3）单击"裁剪"按钮 ，进入裁剪状态，拖动图片的四角或四边中，即可裁剪图片，裁剪完成后单击按钮即可，如图8-49所示。若单击右侧的 按钮，在弹出的下拉列表中可选择不同比例的裁剪方式。

（4）单击"旋转"按钮 ，拖动角度滑块可旋转图像，如图8-50所示。若单击右侧的 按钮，在弹出的下拉列表中可选择水平翻转、垂直翻转等旋转选项。

图8-49　裁剪图像

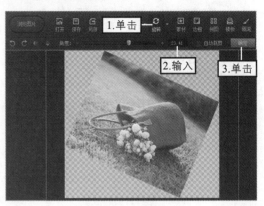

图8-50　旋转图像

2. 照片质量调整

使用数码相机拍照时，经常会因为天气、光线、技术等原因使拍摄的照片存在曝光不足或曝光过度等问题，此时可通过基本调整面板快速设置清晰度、色度、减光与补光等效果，以提高照片的质量，其具体操作如下。

（1）打开需要调整的图片，在"基本调整"选项卡的"一键设置"栏中单击 自动美化 按钮，可一键美化图像，前后效果如图8-51所示。使用相同的方法可设置自动曝光、自动平白衡、一键模糊、一键补光、一键减光等。

图8-51　自动美化前后效果

（2）打开需要调整的图片，在"基本调整"选项卡的"基本"栏中拖动相应滑块，可设置图片亮度、对比度、色相和饱和度，前后效果如图8-52所示。

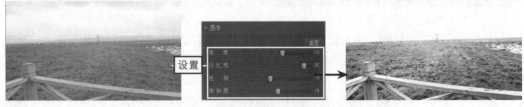

图8-52　调整亮度、对比度、色相和饱和度前后效果

（3）打开需要调整的图片，在"基本调整"选项卡的"数码补光"栏中拖动"补光亮
度""范围选择""强力追补"滑块，可设置调整图片曝光不足的问题，如图8-53所
示。若要还原设置前的效果，可单击 重置 按钮。

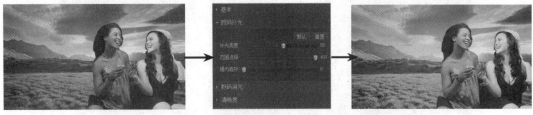

图8-53 补光前后效果

（4）打开需要调整的图片，在"基本调整"选项卡的"数码减光"栏中拖动"范围选
择""强力追补"滑块，可设置调整图片曝光不足的问题，如图8-54所示。

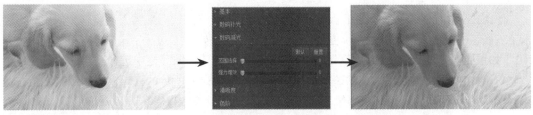

图8-54 减光前后效果

在"基本调整"选项卡中还可对清晰度、噪点、色阶、色调等参数进行调整。
其调整方法都相似。

知识提示

3. 添加艺术效果

拍摄照片后，可通过设置其胶片效果，来丰富照片，如反转片效果、黑白、负片效果效果
等，以制作唯美的色调，其具体操作如下。

（1）打开要添加艺术效果的图像，在"数码暗房"选项卡的"全部"与"胶片"栏中选择需
要添加的效果，这里选择"反转片效果"选项，如图8-55所示。

图8-55 反转片效果

（2）展开"反转片效果"设置面板，分别拖动"反差""暗部""高光""饱和度"滑块，设置反转片效果参数，设置完成后单击████按钮，如图8-56所示。

图8-56　最终效果

4. 人像美容

使用数码相机拍摄人物照片时，并不一定要通过专业修图软件来为人像美容，使用光影魔术手就能轻松实现祛斑、磨皮和美白的功效，其具体操作如下。

（1）如果要美容的人物图像，在"数码暗房"选项卡的"人像"栏中选择美容的项目，将展开对应的面板，如选择"祛斑"选项，将展开如图8-57所示的祛斑设置面板，设置祛斑笔触的半径与力量，单击人像上的斑点，即可达到祛斑效果。

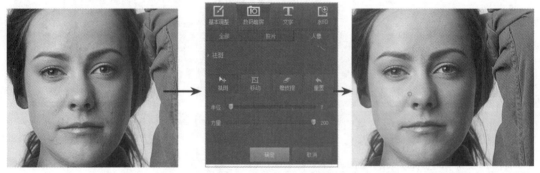

图8-57　人像祛斑

> **知识提示**　在进行人像美容时，要先祛斑，再进行磨皮或美白，以得到更好的效果。并且在祛斑时，可根据斑点的大小来设置笔触的半径。力量越大，祛斑效果越明显。

（2）在"数码暗房"选项卡的"人像"栏中选择"局部磨皮"选项，展开"局部磨皮"设置面板，设置磨皮笔触的半径与力量，在人像上拖动或单击磨皮区域，即可达到磨皮效果，如图8-58所示。

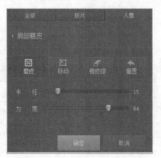

图8-58　设置人像局部磨皮

（3）在"数码暗房"选项卡的"人像"栏中选择"局部美白"选项，展开"局部美白"设置面板，设置美白笔触的半径与力量，在人像上拖动或单击美白区域，即可达到美白效果，如图8-59所示。

图8-59　设置人像局部美白

知识提示　　　在进行局部磨皮与美白时，可按住【Ctrl】键滚动鼠标滚轮来放大局部区域，在设置面板中单击"移动"按钮，拖动鼠标可移动图像的局部区域，若设置的磨皮与美白效果不好，还可单击"橡皮擦"按钮，在需要去除磨皮与美白效果的区域拖动擦出。

5. 抠图

在浏览照片时，若发现背景不理想，可通过光影魔术手的抠图功能删除背景或更换背景，其具体操作如下。

（1）打开抠图的照片，如图8-60所示。在工具栏单击"抠图"按钮，在弹出的下拉列表框中选择抠图的方式，包括自动抠图、手动抠图、形状抠图和色度抠图，这里选择"自动抠图"选项，如图8-61所示。

图8-60　打开图像　　　　　　　　　图8-61　设置抠图方式

知识提示　　　在选择抠图方式时，可根据图像的特征选择，如前景与背景颜色差别较大时，可采用色度抠图，形状明显时可采用形状抠图。

（2）打开"自动抠图"对话框，在右侧的列表框中单击"选中笔"或"删除笔"按钮，设置选择画笔的类型，先单击"选中笔"按钮，在需要保留的区域绘制线条，线条颜色为绿色，再单击"删除笔"按钮，在需要删除的区域绘制线条，线条颜色为红色，如图8-62所示。

（3）单击 按钮，打开"选择背景"窗格，默认为透明背景，如图8-63所示。若发现抠图效果不佳，可单击 按钮返回抠图界面。

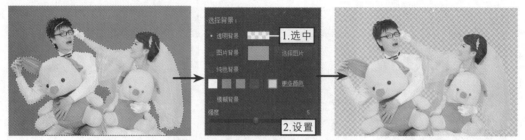

图8-62　设置保留与选择区域　　　　　　　　　图8-63　透明背景效果

（4）单击选中"图片背景"单选项，单击其后的 按钮，在打开的对话框中双击作为新背景的图片，单击抠图，拖动抠图图像边框调整其大小，并将其放置到背景图片的合适位置，在"背景"窗格中设置其强度与抠图图像边缘羽化、前景透明度等参数，效果如图8-64所示。

（5）处理完成后单击 按钮可确认替换背景返回操作界面，保存图像即可。

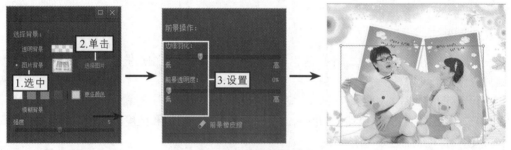

图8-64　设置抠图与背景

6．添加文字与水印

在照片上添加文字标签或图片水印，不仅可以标注作者、时间等信息，增加作品的独特性，还可以维护图片版权，其具体操作如下。

（1）打开图片，在工具栏右侧单击"文字"选项卡，打开"文字"面板，在其中的文本框中输入文本"轻轻仰望"。

（2）在下方设置字体、字号与字体颜色、样式、对齐方式、透明度和旋转角度，如图8-65所示。

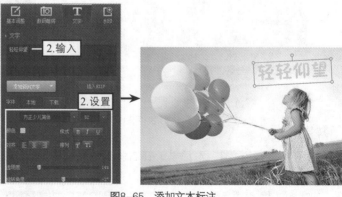

图8-65　添加文本标注

（3）单击 按钮，展开高级设置面板，选中发光、描边、阴影、背景对应的复选框，在

其后设置高级效果，这里单击选中"描边"和"阴影"复选框，单击其后的色块设置描
边与阴影颜色，拖动滑块设置描边粗细和阴影位置，如图8-66所示。

（4）单击"水印"按钮，打开"水印"面板，单击<添加水印>按钮，在打开的"打开"对话框中
双击作为水印的图像，将其插入图像中，调整水印位置，在面板中设置其与背景的融合
方式、大小、透明度和旋转角度，如图8-67所示。

图8-66 设置文本描边与阴影

图8-67 添加图片水印

7. 添加边框

在光影魔术手中，用户可为照片添加各式各样的边框，包括轻松边框、花样边框、撕边边
框等样式，其具体操作如下。

（1）在工具栏中单击"边框"按钮，在打开的下拉列表框中选择边框类型，这里选择"花
样边框"选项。

（2）打开"花样边框"对话框，在右侧的"推荐素材"选项卡中选择如图8-68所示选项。

（3）在对话框左侧的窗格中拖动方框，调整图片在边框中的位置，单击<确定>按钮，下载并
应用该边框样式，效果如图8-69所示。

图8-68 选择边框类型

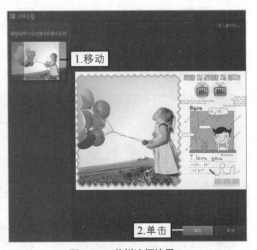
图8-69 花样边框效果

8. 拼图

当需要将多张照片合并为一张时，用户可使用光影魔术手的拼图功能来快速达到效果，其

具体操作如下。

（1）在工具箱中单击"拼图"按钮，打开"拼图"面板，选择"模板拼图"选项，如图8-70所示。

（2）打开"模板拼图"对话框，在其右侧选择一种模板样式，在左侧单击"添加多张图片"按钮，在打开的对话框中选择多余拼图板块的图片，单击 打开(O) 按钮。

（3）返回到"模板拼图"界面，依次将面板上方的图片拖动到图像对应的格子中，完成后单击 确定 按钮，效果如图8-71所示。直接拖动板块中的图片可调整在拼图中的位置。

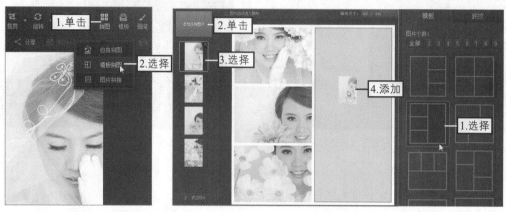

图8-70 选择拼图方式　　　　　　　图8-71 设置拼图版式

9. 批处理图片

光影魔术手还提供了批处理图片的功能，可以帮助用户为多张图片同时设置尺寸、添加文字水印、添加边框、进行一键调整等，以提高图片处理效率。其具体操作如下。

（1）启动光影魔术手，单击工具栏中"批处理"按钮，打开"批处理"对话框，单击 +添加 按钮，打开"打开"对话框，在其中选择需要进行批处理的图片，单击 打开(O) 按钮，返回到"批处理"对话框，单击 下一步 按钮，如图8-72所示。

（2）在打开的对话框中设置需要批处理的动作，这里单击 按钮，打开"添加边框"预览框，在其中选择如图8-73所示的花样边框，单击 确定 按钮。

图8-72 添加照片　　　　　　　图8-73 动作设置

（3）返回"批处理"对话框，单击 下一步 按钮，在打开的对话框中设置批处理后的格式和文件位置等，单击 开始批处理 按钮，如图8-74所示。

（4）批量处理完成后会出现"批处理"对话框，单击 完成 按钮，在目标文件夹中即可查看批处理效果，如图8-75所示。

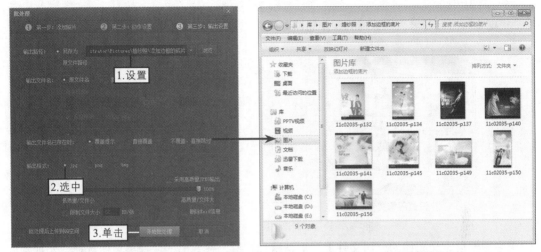

图8-74 设置输出参数　　　　　　　　　　图8-75 批处理效果

8.5 课堂练习

本次课堂练习将分别加密压缩公司文件和处理拍摄的照片，综合练习本章学习的知识点，将办公常用的小工具应用到实践中，学以致用。

8.5.1 加密压缩公司文件

1. 练习目标

对于公司重要的文件，在进行压缩时，可设置解压密码，当需要解压该文件时，需要输入设置的密码才能进行解压，以起到保护文件的效果，如图8-76所示。

图8-76 加密压缩公司文件后的效果

素材所在位置	光盘:\素材文件\第8章\课堂练习\公司文件
效果所在位置	光盘:\效果文件\第8章\课堂练习\公司文件.rar
视频演示	光盘:\视频文件\第8章\加密压缩公司文件.swf

2．操作思路

根据练习目标要求，本练习的操作思路如图8-77所示。

① 设置压缩文件参数 ② 输入压缩密码

图8-77　设置"会议记录"文档格式的操作思

（1）在需要自定义压缩的公司文件上，单击鼠标右键，在弹出的快捷菜单中选择"添加到压缩文件"命令。

（2）打开"压缩文件名或参数"对话框，在其中自定义压缩文件名、压缩方式、压缩格式、压缩分卷大小、更新方式和压缩选项等，单击 设置密码(P) 按钮。

（3）在打开的对话框中输入解压的密码，这里输入"123456"，单击 确定 按钮，开始压缩。

8.5.2　浏览与处理拍摄的照片

1．练习目标

本练习将对拍摄的照片进行处理，该目标要求熟练掌握使用ACDSee浏览、编辑与批处理图像的方法，以及使用光影魔术手为图片添加日历、边框的方法。图8-78所示为处理前后的对比效果。

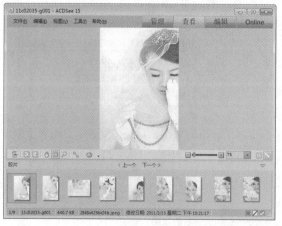

图8-78　处理前后的对比效果

素材所在位置	光盘:\素材文件\第8章\课堂练习\相册
效果所在位置	光盘:\效果文件\第8章\课堂练习\相册
视频演示	光盘:\视频文件\第8章\浏览与处理拍摄的照片.swf

2. 操作思路

完成本练习需要使用ACDSee浏览照片，并对照片进行批量重命名操作，然后使用光影魔术手为照片制作模板日历样式、添加多图边框，本例的操作思路如图8-79所示。

　　　①批量重命名　　　　　　②应用模板日历　　　　　　③应用多图边框

图8-79　浏览与处理拍摄的照片的制作思路

（1）在ACDSee中打开并浏览照片，选择所有图片，在工具栏中单击 批量▼ 按钮，在弹出的下拉列表中选择"重命名"选项。

（2）在打开的对话框中设置模板的名称为"美美的我"，开始的数字为"1"，单击 开始重命名(R) 按钮进行批量命名。

（3）用光影魔术手打开相册中的图片"美美的我_1"，在工具栏单击"日历"按钮 ，在弹出的下拉列表中选择"模板日历"选项，在打开的对话框中应用日历模板，另存为"我的日历"。

（4）在工具栏单击"边框"按钮 ，在弹出的下拉列表中选择"多图边框"选项，在打开的对话框中添加"美美的我_4""美美的我_7"照片，应用多图边框模板，另存为"多图相框"。

8.6 拓 展 知 识

在管理日常办公文件过程中，常会遇到重要文件被误删的情况。这时可使用磁盘数据恢复软件——EasyRecovery来恢复误删的文件，其具体操作如下。

（1）启动EasyRecovery，在主界面左侧单击 数据恢复 按钮，再单击 DeletedRecovery（删除恢复）按钮。

（2）在打开的对话框中选择被删除文件所在磁盘，软件开始对所选D盘进行扫描，扫描结束后，选择需恢复的文件。

（3）在对话框中单击选中"恢复至本地驱动器"单选项，并选择恢复文件的保存位置。

（4）系统开始恢复文件，恢复完成后会显示相关信息，接着在之后打开的对话框中单击 否(N) 按钮即可。

8.7 课后习题

（1）使用迅雷下载Office办公软件下载完成后，对其进行解压操作，以方便软件的安装，如图8-80所示。

 视频演示　　　　光盘:\视频文件\第8章\下载与解压Office办公软件.swf

图8-80　下载与解压Office办公软件

（2）使用光影魔术手打开"浪漫婚纱照"，依次添加晚霞渲染和白色晕影数码暗房效果，然后为其添加原色叠加模式的撕边边框，处理前后的对比效果如图8-81所示。

 素材所在位置　　光盘:\素材文件\第8章\课后习题\浪漫婚纱照
效果所在位置　　光盘:\效果文件\第8章\课后习题\浪漫婚纱照
视频演示　　　　光盘:\视频文件\第8章\处理婚纱照.swf

图8-81　处理前后的对比效果

第9章

网络办公应用

利用网络，可以轻松实现文件传送、资料下载、客户交流，是提高办公效率的必要手段之一。本章将对网络办公应用进行讲解，使用户快速掌握使用局域网、在局域网中传送文件，以及网络资源下载、利用邮件、QQ进行网上交流的方法。

 学习要点

◎　使用局域网和飞鸽传书
◎　连接Internet和使用浏览器
◎　搜索和下载网络资源
◎　收发电子邮件和使用QQ交流

 学习目标

◎　了解局域网
◎　掌握常用办公文件的搜索与下载方法
◎　熟悉收发邮件操作以及使用Outlook管理电子邮件的方法
◎　熟悉使用QQ交流的方法

9.1 局域网办公

局域网是指在某一区域内由多台计算机互联成的计算机组。在公司内部组建局域网，可以实现文件管理、应用软件共享、打印机共享、工作组内的日程安排等功能，是当前流行的网络办公方式，下面将对局域网的使用，以及在局域网中传送文件的方法进行介绍。

9.1.1 使用局域网

当需要查看或使用局域网中其他计算机中的文件时，并不需要在对应的计算机中进行完成，用户只需将文件资源设置为共享，再通过局域网访问计算机中共享的文件资源即可。下面分别对共享文件与访问共享文件的方法进行介绍。

1. 共享文件

共享文件是指将文件共享到局域网中，供局域网内的其他用户浏览或修改。共享文件可以省去文件传送的麻烦，在设置文件共享时，还可设置共享文件的访问权限，即读取或修改，其具体操作如下。

（1）在需要共享的文件夹上单击鼠标右键，在弹出的快捷菜单中选择【共享】→【特定用户】命令，如图9-1所示。

（2）打开"文件共享"窗口，在"选择用户"下拉列表框中选择"Everyone"选项，单击 添加(A) 按钮，将其添加到下面的列表框中。

（3）单击"Everyone"用户"权限级别"列下的 ▼ 按钮，在打开的下拉列表中选择"读取"选项，依次单击 共享(H) 按钮，如图9-2所示。

（4）稍等片刻，完成文件的共享后将提示"您的文件已共享"，单击 完成(D) 按钮即可。

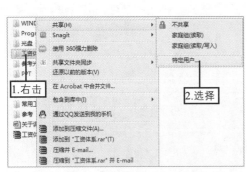

图9-1　选择共享文件与共享对象　　　　图9-2　设置共享权限

 知识提示：在文件夹的快捷菜单中选择"属性"命令，在打开的对话框中选择"共享"选项卡也可进行文件夹的共享设置。若要终止文件夹的共享，可在共享的文件夹上单击鼠标右键，在弹出的快捷菜单中选择【共享】→【不共享】命令，在打开的窗口中选择"停止共享"选项即可。

2. 访问共享文件

用户可通过"网络"窗口来快速访问局域网中共享的文件资源，其具体操作如下。

（1）在"计算机"窗口右侧的窗格中选择"网络"选项，打开"网络"窗口，在该窗口列出了局域网中的打印机、多功能设备以及计算机，如图9-3所示。

（2）双击需要访问共享资源的计算机，即可进入该计算机查看该计算机所有共享的文件，双击需要访问的文件夹图标将其打开，如图9-4所示。若需要使用该文件，可将其复制粘贴到本地计算机中。

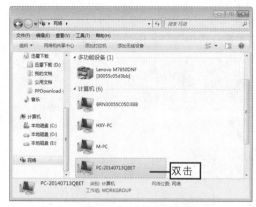

图9-3 选择共享文件的计算机

图9-4 查看共享文件

知识提示

单击 按钮，在弹出的"所有程序"菜单中选择"运行"命令，打开"运行"对话框。在"打开"文本框中先输入"\\"，再输入需要访问计算机名或其网络IP地址，单击 确定 按钮也可访问共享文件夹。计算机名，可通过在"计算机"图标上单击鼠标右键，在弹出的快捷菜单中选择"属性"命令，在打开的窗口中进行查看。局域网的IP地址可通过将鼠标光标移至飞鸽传书头像，在弹出的面板中查看。

9.1.2 使用飞鸽传书

飞鸽传书是面向企业、学校、家庭的局域网即时通讯软件，可实现局域网内部文字、文件、文件夹的高速传递，软件具有即装即用、传输快捷的特点，可运行于多种操作平台，并实现跨平台信息交流。

1. 信息与文件交流

当安装相同版本的飞鸽传书，并登录飞鸽传书后，即可在局域网中进行信息与文件交流，其具体操作如下。

（1）双击下载文件中的可执行文件 ，启动飞鸽传书。双击需交流的用户名称，打开交流窗口，在下方的列表框中输入信息后按【Enter】键或单击 发送 按钮，对方即可收到信息。

（2）当对方回复消息后，在桌面任务栏右下角会出现相应的提示，在交流窗口中即可看到具体的内容，如图9-5所示。

图9-5 信息交流

知识提示
　　　　　　通过交流工具中间的工具栏，用户还可设置发送文本的字体格式、发送表情、常用语、图片等，单击 按钮可显示"历史记录"选项卡，查看与该好友的聊天记录。

（3）当收到局域网中其他用户传来的文件时，任务栏右下角的通知区域会出现提示，且交流窗口将显示"文件传输"选项卡，如图9-6所示。

（4）单击"接收"超链接，接收完成后，将在交流窗口中进行提示，单击"打开"超链接可查看接收的文件，可根据需要单击对应超链接将其删除或移动到其他位置，如图9-7所示。

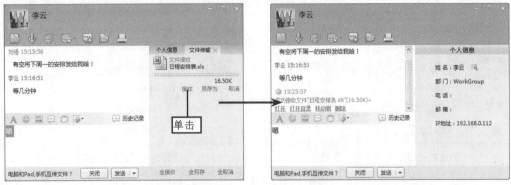

图9-6　显示"文件传输"选项卡　　　　　　　　　　图9-7　接收文件

（5）单击交流窗口上方"发送文件/文件夹"按钮 ，在打开的对话框中选择文件夹，单击 发送 按钮，如图9-8所示。

（6）此时在"文件传输"选项卡中将显示发送的文件，如图9-9所示。当对方接收后，交流窗口右侧的列表框中将显示传输文件夹的进度。

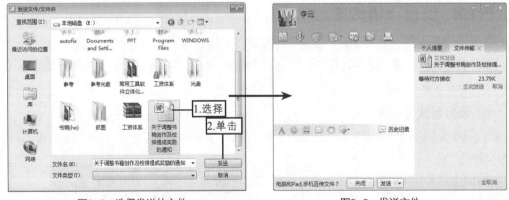

图9-8　选择发送的文件　　　　　　　　　　　　图9-9　发送文件

知识提示
　　　　　　若需要将通知等信息或文件传递给局域网中的其他用户，可在飞鸽传书主界面底端单击"群聊"按钮 ，在打开的交流窗口中进行信息与文件的交流。

2. 消息与文件管理

　　进行信息交流或文件传送后，用户可通过消息管理器或文件管理器对其信息或文件进行管理。下面分别进行介绍。

◎ **消息管理**：在飞鸽传书主界面底端单击"消息管理器"按钮 ，在打开的对话框查看消息记录等，在信息上单击鼠标右键，可在弹出的快捷菜单中选择删除记录。

◎ **文件管理**：在飞鸽传书主界面底端单击"文件记录/共享"按钮 ，在打开的对话框查看以往发送或传递的文件、图片等。在信息上单击鼠标右键，可在弹出的快捷菜单中选择打开或删除文件。

3. 个人设置

为了方便在局域网中身份的识别，可在飞鸽传书主界面中单击头像，在打开的对话框中设置头像、个性签名、姓名、部门、电话、邮箱等基本信息，如图9-10所示。在设置头像是时，需单击已有的头像，在打开的对话框中进行选择。

图9-10　个人设置

知识提示

在"设置"对话框中单击"系统设置"选项卡，可设置软件的启动、主面板、状态和接收文件默认保存的位置等。

9.2　网络资源搜索与下载

局域网便于信息交流与文件传送，但其资源有限，很多办公资源，还需在互联网中搜索下载，本节将对连接Internet、使用IE浏览器搜索网上资源，并下载需要的资源的方法进行介绍。

9.2.1　连接Internet

搜索与下载Internet中的资源前，需要先将计算机连接到Internet，连接方法有多种，如ADSL宽带上网、小区宽带上网和专线上网等，下面分别进行讲解。

◎ **ADSL宽带**：需到运营商处申请开通该项业务，运营商会派专业人员上门安装并调试，同时还会提供用户名和密码，之后只需双击桌面上的"宽带连接"图标，在打开的"连接 宽带连接"对话框中输入用户名和密码，如图9-11所示，然后单击 按钮后即可连入Internet。ADSL宽带方式的优点是速度快、稳定，但费用较高。

图9-11　ADSL宽带连接

◎ **小区宽带**：小区宽带方式是通过小区中的服务器上网，运营商在小区中建立一个服务器中转站，小区用户通过申请、缴费，将个人电脑通过服务器连入到Internet。小区宽带上网的明显特征是上网速度会随小区中同时上网人数增多而减慢。

◎ **专线上网**：它使用专用的线路连接网络，拥有固定的IP地址，资源不会被其他人占用，速度极快但费用也较高，适用于拥有局域网的大型单位或业务量较大的个人。

9.2.2 使用IE浏览器

连接Internet，需要通过浏览器来承载网页，而IE（Internet Explorer）浏览器是系统默认的浏览器，也是使用最为广泛的浏览器之一。通过IE浏览器可以打开需要的网页，收藏喜欢的网页资料，下面分别进行讲解。

1．浏览网页

选择【开始】→【Internet】菜单命令，启动IE浏览器后，用户可通过以下三种方式来浏览网页中的资源。

◎ **地址栏：** 在地址栏中输入网址，如在地址栏中输入新浪网的网址"www.sina.com"，然后单击地址栏左侧的 按钮或按【Enter】键即可打开网页进行浏览，如图9-12所示。单击地址栏右侧的 按钮可在打开的下拉列表中选择最近访问过的网页。

◎ **超级链接：** 在浏览网页过程中，用户可通过单击网页中的文字或图像超级链接，可跳转到其他网页，如在图9-12中单击"天气"超级链接，将跳转至如图9-13所示的天气网页中。

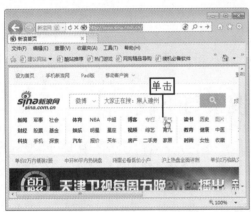

图9-12 通过地址栏打开网页

图9-13 使用超链接打开网页

◎ **IE浏览器的按钮：** 在浏览网页过程中，用户可通过单击 按钮返回到上次浏览过的网页；单击 按钮可返回到后退之前的网页；单击 按钮，可快速访问IE浏览器设置的主页。

2．设置主页

主页是指启动IE浏览器后默认打开的网页，用户可将常用的网站或导航网站设置为IE浏览器的主页，以便于进行浏览或资源的搜索，其具体操作如下。

（1）启动IE浏览器，打开需设置为主页的网页，选择【工具】→【Internet 选项】菜单命令。

（2）打开"Internet 选项"对话框的"常规"选项卡，在"主页"栏的"地址"列表框中显示的是当前主页的网址，直接输入需更改的主页网址或单击 使用当前页(C) 按钮，如图9-14所示。单击 确定 按钮确认设置。

图9-14 设置IE主页

3. 收藏网页

当浏览到有用的网页时，为了方便下次快速浏览，可将其收藏到浏览器的收藏夹中，下次浏览时，直接从收藏夹中选择即可进行再次浏览，其具体操作如下。

（1）在IE浏览器中打开需要收藏的网页，选择【收藏夹】→【添加到收藏夹】命令，如图9-15所示。

（2）打开"添加收藏"对话框，在"名称"文本框中可设置网页的名称，单击 添加(A) 按钮，如图9-16所示。

（3）即可将当前网页添加到收藏夹中，在"收藏夹"菜单中可查看收藏的网页，选择对应的网页，可快速切换至对应网页。

图9-15 打开需要收藏的网页　　　　　　　图9-16 添加网页到收藏夹

9.2.3 搜索网络资源

Internet中的信息繁多，为了尽快找到需要的资源，就需要使用网页中的搜索引擎或搜索框来筛选需要的资源。

1. 使用搜索引擎

利用搜索引擎不仅可以按类别搜索资源，还可输入搜索对象，进行精确搜索。常见的搜索引擎有谷歌、百度、SOSO搜搜、雅虎、必应等，以百度搜索引擎为例，其具体操作如下。

（1）在IE浏览器的地址栏中输入www.baidu.com，按【Enter】键打开网页。在搜索框上方单击超级链接可继续进行分类搜索。

（2）在搜索框中输入需要搜索的内容，单击 百度一下 按钮，即可打开搜索的页面，如图9-17所示。单击搜索框下方的文本链接可筛选搜索结果的类别。

图9-17 使用搜索引擎搜索资源

知识提示
对于一些常用的购物、微博网站，如淘宝、新浪、当当、搜狐、赶集网等，若记不清网址，除了通过搜索引擎进入页面外，还可通过一些导航网站进入网页。常用的导航网站有466傲游网址导航、360安全网址导航、hao123网址导航、2345网址导航等。

2. 搜索技巧

在搜索资源时，除了需要使用到搜索引擎，还需要掌握一些搜索技巧，下面分别对一些常用的技巧进行介绍。

◎ **使用双引号进行精确查找**：如果查找的是一个词组或多个汉字，可将它们用双引号括起来，这样得到的结果最少、最精确。

◎ **使用加减号限定查找**：在搜索词前冠以加号(+)限定搜索结果中必须包含的词汇，用减号(–)限定搜索结果不能包含的词汇。

◎ **使用通配符模糊查找**：当搜索英文时，记不全单词，可使用通配符进行搜索。通配符包括星号（＊）和问号（？），前者表示匹配的数量不受限制，后者匹配的字符数要受到限制。

9.2.4 下载网上资源

网络中的资源十分丰富，必要时可以将其下载到本地电脑中以备使用。若没有安装迅雷等下载软件，用户可直接通过IE浏览器进行下载，其具体操作如下。

（1）打开百度网页，在搜索框中输入关键字搜索需要下载的资源，单击搜索结果的超链接，进入下载网站，这里单击第一条搜索结果，如图9-18所示。

（2）找到资源的下载地址栏，单击其中的电信下载链接，在打开的下载对话框中单击 按钮可将其下载到计算机的默认位置并打开下载的文件，若单击 按钮右侧下拉按钮，在弹出的下拉列表选中选择"另存为"选项，可设置文件下载后保存的路径，如图9-19所示。

图9-18　搜索下载资源　　　　　　　　　　　图9-19　使用IE的下载功能

知识提示
某些网页中的文字资料，可以直接将其复制到计算机的文本编辑场所中，部分网页中的图片，可直接在其上单击鼠标右键，在弹出的快捷菜单中选择"图片另存为"命令，将其储存到计算机中。若要保存整个网页，可在IE浏览器中选择【文件】→【另存为】命令，打开"保存网页"对话框进行保存。

9.3 网上交流

在日常办公中，经常需要与客户进行沟通，利用Internet可以轻松实现远程的交流，如收发电子邮件、使用QQ聊天软件及时交流等，以达到自动化办公的目的。

9.3.1 收发电子邮件

电子邮件又称E-mail，它可以快捷、方便地通过网络跨地域传递和接收信息，具有速度快、价格低、投递准确的特点，并且可以插入图片声音等对象，使其受到办公人员的青睐，成为与客户交流的重要手段之一。发送电子邮件需要通过邮箱进行，下面对使用邮箱收发电子邮件的方法进行介绍。

1. 邮件撰写与发送

在发送电子邮件前，需要登录邮箱，再撰写邮件内容进行发送。邮箱的种类很多，如Outlook mail、MSN mail、Gmail、Yahoo mail、QQ mail、163邮箱、189邮箱等，其使用方法都相似，下面以使用163邮箱为例进行介绍，其具体操作如下。

（1）在IE浏览器地址栏中输入"http://email.163.com"，并按【Enter】键，打开电子邮箱登录页面，输入账号及密码后单击 登录 按钮登录邮箱，如图9-20所示。

（2）单击左侧列表框中的 ✉写信 按钮，如图9-21所示。

图9-20 登录邮箱　　　　　　　　　图9-21 进入写信页面

知识提示　在进行登录前需要先注册一个电子邮箱，在邮箱登录页面中单击对应的注册按钮即可进行注册。这里单击下方的"注册网易免费邮箱"超级链接，在打开的页面中根据提示填写注册信息，即可完成注册操作。

（3）在"收件人"及"主题"文本框中分别输入收件人邮箱地址及邮件主题，在邮件内容编辑框中输入邮件内容，单击"添加附件"超链接，如图9-22所示。若要发送多个邮箱地址，可在"收件人"文本框中分别输入收件人邮箱地址，并用逗号隔开。

（4）在打开的对话框中选择计算机中要添加的附件，再单击 打开(0) 按钮，如图9-23所示。

（5）完成邮件内容及添加附件后，单击 发送 按钮完成发送邮件的操作。

图9-22　撰写邮件　　　　　　　　　　　　　图9-23　在邮件中上载文件

知识提示

　　发送邮件后，若无法确认他人是否查看邮件，可在发送邮件前设置已读回执，当他人打开阅读邮件后，将发送提示；也可将邮件定时发送，或为邮件设置打开密码，以保护邮件安全。其方法是：在撰写邮件后，单击邮件编辑框右下角的按钮，在编辑框下方展开的工具栏中选中相应的复选框，并进行对应的设置，最后单击 发送 按钮发送邮件即可，如图9-24所示为设置已读回执和定时发送的效果。

图9-24　邮件已读回执和定时发送设置

2. 接收与管理邮件

　　若他人向你的邮箱发送了邮件，即可登录邮箱接收并查看邮件内容，然后进行邮件的回复、转发、标记和删除等操作，其具体操作如下。

（1）登录电子邮箱后，在打开的页面左侧选择"收件箱"选项，打开收件箱，在打开的页面右侧单击要查看的邮件标题，即可打开该邮件，这里单击"悄然而来"的邮件，如图9-25所示。

（2）打开邮件，查看完邮件内容后，单击上方的按钮可管理邮件，如单击 回复 按钮可回复邮件；单击 转发 按钮可将邮件转发给他人；单击 删除 按钮可删除邮件，如图9-26所示。

图9-25　打开收件箱　　　　　　　　　　　　图9-26　邮件阅读与管理

9.3.2 使用Outlook管理邮件

收发电子邮件不仅限于在网上登录邮箱进行，用户可通过电子邮件收发与管理软件——Outlook来达到相同目的，且更便于邮件的管理。

1. 配置Outlook

Outlook是Office办公软件中集成的一款邮件收发软件，在使用Outlook收发邮件之前，需要先为其配置电子邮箱地址，其具体操作如下。

（1）启动Outlook，打开配置向导对话框，单击 下一步(N) 按钮，进入"电子邮箱"对话框，单击选中"是"单选项确认配置电子邮件账户，单击 下一步(N) 按钮，如图9-27所示。

（2）打开"自动账户设置"对话框，输入姓名、电子邮件账户和密码，然后单击 下一步(N) 按钮，如图9-28所示。

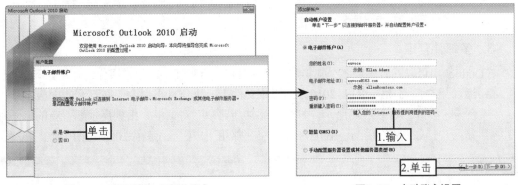

图9-27 确认配置电子邮件账户　　　　　　图9-28 自动账户设置

（3）在打开的对话框中将询问是否允许来自已知可信源的设置，单击 允许(A) 按钮，如图9-29所示。

（4）开始配置电子邮件账户，稍等片刻后，将完成配置，单击 完成 按钮，如图9-30所示，稍后即可进入Outlook主界面。

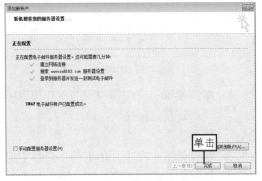

图9-29 允许来自已知可信源的设置　　　　　图9-30 完成配置

2. 使用Outlook收发邮件

配置完成后，打开Outlook即可收发邮件，其具体操作如下。

（1）打开Outlook的主界面，在左侧列表框中选择"收件箱"选项。在中间列表框中选择需要查看的信件，在右侧列表框中即可查看电子邮件了，如图9-31所示。

（2）在【开始】→【新建】组中单击 按钮，打开"未命名–邮件"窗口，分别输入"收件人"与邮件内容，若要添加附件、项目或签名，可在【邮件】→【添加】组单击相应的按钮。然后单击 按钮即可发送，如图9–32所示。

图9–31　邮件接收

图9–32　邮件发送

3. 多邮件管理

在Outlook中可以同时添加多个邮箱账户，并对其进行管理，常用方法分别介绍如下。

◎ **添加用户**：启动Outlook 2010，选择【文件】→【信息】命令，在打开的面板中单击 添加账户 按钮，如图9–33所示。打开"添加新账户"对话框，根据提示配置新的电子邮箱账户，如图9–34所示。配置完成后将在邮箱用户栏显示新添加的邮箱用户。

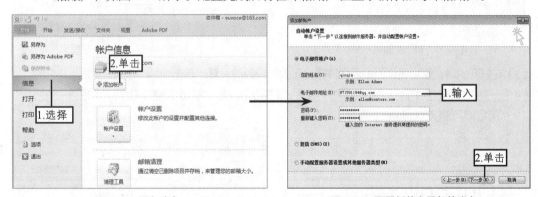

图9–33　添加账户　　　　　　　　　　　图9–34　配置新的电子邮箱账户

◎ **邮件搜索**：在左侧相应的用户列表中单击 搜索文件夹 按钮，在打开的下拉列表中选择"新建搜索文件夹"命令，打开"新建搜索文件夹"对话框，在其中设置需要搜索文件的条件。

◎ **邮件筛选**：在【开始】→【查找】组中单击 筛选电子邮件 按钮，在打开的下拉列表中选择需要筛选的条件，如选择【本周】→【上个月】命令，邮件列表框中只显示上个月的邮件。

9.3.3　使用QQ进行交流

QQ是目前最流行的即时通讯软件，它可以不受任何时间或地域限制，在网上与同事或客户进行交流或传递文件。

1. 登录并添加好友

QQ与飞鸽传书不同,需要先添加QQ好友的号码,添加后才能进行信息沟通,其具体操作如下。

(1)双击桌面上的腾讯QQ图标,在打开的对话框下拉列表框中输入QQ号码和密码。单击 登录 按钮,如图9-35所示。

(2)稍后将登录到QQ主界面,在主界面下方单击 查找 按钮,如图9-36所示。

(3)在打开的对话框中输入好友的QQ号,单击 查找 按钮,将搜索到该好友,单击头像右侧的 +好友 按钮进行添加,如图9-37所示。

图9-35 登录QQ软件　　图9-36 准备查找好友　　图9-37 查找好友

> **知识提示** 在使用QQ之前需要先申请一个QQ号码,若没有QQ账户和密码,可在登录界面单击"注册账号"超级链接,在打开的页面中根据提示申请。申请成功后,需要记住申请的账号和密码,方便以后登录。

(4)在打开的"添加好友"对话框的文本框中输入验证信息,依次单击 下一步 按钮,如图9-38所示。

(5)在"备注姓名"文本框中输入"刘强",然后单击"创建分组"超链接,在打开的提示对话框中输入分组名称"同事",单击 确定 按钮,最后单击 下一步 按钮,如图9-39所示。

(6)稍后打开发送成功对话框,单击 完成 按钮完成好友添加。当对方同意添加后,在QQ界面的组中将出现添加的好友头像,如图9-40所示。

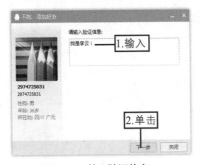 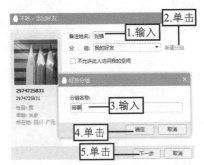 

图9-38 输入验证信息　　　图9-39 添加备注与分组　　图9-40 查看添加的好友

2. 与好友交流的方式

与飞鸽传书的交流方法相似,在QQ面板中双击好友头像,即可打开聊天窗口,在该窗口中可采取以下几种常用的聊天方式。

◎ **文字交流**：在QQ聊天窗口下方输入需要交流的信息，单击 发送(S) 按钮即可发送消息，若在聊天窗口中单击 A 按钮，可设置交流文字的字体、字体颜色、大小等格式，如图9-41所示。

◎ **语音交流**：在QQ聊天窗口上方单击 按钮，即可发起语音通话。对方接受后，即可开始进行语音聊天，单击 挂断 按钮即可结束本次通话。

◎ **视频交流**：若在打开的聊天窗口上方单击 按钮，即可发起视频对话。等对方接受视频后，可在窗口中看到对方的影像，如图9-42所示。

图9-41 文字交流

图9-42 视频聊天

◎ **文件发送与接收**：在QQ聊天窗口上方单击 按钮，在打开的下拉菜单中选择"发送文件/文件夹"命令，在打开的对话框中选择需要发送的文件，单击 发送(S) 按钮，文件即可发送，并在打开的"传送文件"面板中显示传送进度。文件传送完毕后，将在聊天窗口提示文件传送成功，如图9-43所示。若要接收文件，直接在"传送文件"面板中单击"接收"超级链接即可。

图9-43 文件发送

3. 创建公司QQ群

QQ群可以实现多人聊天交流服务，通常可为公司创建一个QQ群，以方便员工的内部交流与公司信息的传达。其具体操作如下。

（1）登录到QQ主界面，在主界面单击 按钮，进入群界面，单击 创建群 按钮，在弹出的快捷菜单中选择"创建群"命令。如图9-44所示。

（2）在打开的对话框中选择群的类型，单击 下一步 按钮，在打开的对话框中填写群资料，单击 下一步 按钮，如图9-45所示。

（3）在打开的对话框中选择需要添加到群的好友，单击 添加 按钮将其添加到群中，如图
9-45所示。单击 完成创建 按钮即可完成创建群。

图9-44 创建群

图9-45 填写群资料

图9-46 添加好到群中

9.4 课堂练习

　　本次课堂练习将分别使用QQ与客户交流和查看并回复电子邮件，综合练习本章学习的知识点，将网络办公应用到实践中，学以致用。

9.4.1 与客户交流项目

1. 练习目标

　　在日常办公过程中经常会与客户交流公司项目，若不能当面详谈，可通过QQ进行网上交流。

视频演示　　　　　　光盘:\视频文件\第9章\与客户交流项目.swf

2. 操作思路

　　根据练习目标要求，本练习的操作思路如下。

（1）登录QQ，添加客户为好友，设置备注并将其添加到新建的客户分组中。

（2）打开与客户的聊天窗口，进行文字或视频交流。

（3）发送与接收项目资料文件，并进行讨论。

9.4.2 查看并回复电子邮件

1. 练习目标

　　本练习将主要练习Outlook的使用，以及电子邮件的查看并回复的方法。

视频演示　　　　　　光盘:\视频文件\第9章\ 查看并回复电子邮件.swf

2. 操作思路

　　完成本练习需要启动Outlook并配置电子邮件账户，然后查看收件箱，回复收到的邮件，

本例的操作思路如下。

（1）启动Outlook，配置电子邮件账户。选择【文件】→【信息】命令，在打开的面板中单击 按钮，添加账户。

（2）在左侧列表框中选择"收件箱"选项。在中间列表框中选择需要查看的信件，在右侧列表框中查看电子邮件。

（3）查看邮件后在【开始】→【响应】组单击"答复"按钮，在打开的页面中进行邮件回复。

9.5 拓展知识

QQ新增了远程演示功能，公司通过该功能可在群中放映PPT、文档、安排，并可进行解说等，以实现远程办公，其具体操作如下。

（1）在QQ群的聊天窗口，在窗口上方单击"远程演示"按钮，在打开的下拉列表中选择"演示文档"选项。

（2）在打开的对话框中选择需要演示的文档，向对方发起远程演示文档请求，如图9-47所示。

（3）在当对方接受请求后，打开文档演示窗口，这时可选择计算机上的文档演示给对方，如图9-48所示。

（4）关闭窗口即可结束与对方的文档演示。

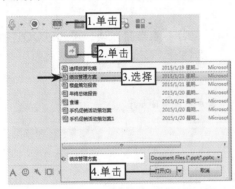
图9-47 选择演示的文档

图9-48 文档演示

9.6 课后习题

（1）打开IE浏览器，将百度网页设置为主页，使用百度搜索Office办公文档的模板资源，并将其下载到计算机中。

视频演示　光盘:\视频文件\第9章\搜索与下载Office办公文档的模板资源.swf

（2）登录电子邮箱，添加多个收件人，发送邀请函给客户。

视频演示　光盘:\视频文件\第8章\发送电子邮件给客户.swf

第10章
办公设备的使用与维护

本章将详细讲解办公设备的使用与维护的相关知识，主要包括打印机、扫描仪、传真机、复印机、一体化速印机、投影仪、刻录机、移动办公设备等的使用。读者通过学习应掌握相关的办公设备的使用和维护的知识。

 学习要点

◎　使用与维护打印机和扫描仪

◎　使用与维护传真机和复印机

◎　使用与维护一体化速印机和投影仪

◎　使用与维护刻录机和移动设备

 学习目标

◎　了解常用办公设备的类型和工作原理

◎　掌握常用办公设备的使用方法

◎　掌握常用办公设备的维护知识

10.1　使用打印机

打印机是办公自动化中重要的输出设备之一，主要用于将计算机运算和处理后的结果输出到纸张上。用户可通过简单的操作，利用打印机把制作的各种类型的文档适时地输出到纸张或有关介质上，从而便于在不同场合传送、阅读和保存。

10.1.1　打印机类型

办公中常用的打印机按工作方式和原理可分为3种：针式打印机、喷墨打印机和激光打印机。

1．针式打印机

用打印针和色带以机械冲击的方式在纸张上印字的打印机称为针式打印机。针式打印机是一种典型的击打式打印机，包括印字机构、横移机构、走纸机构和色带机构4部分，如图10-1所示。

在如今的打印领域中，虽然喷墨打印机和激光打印机已经占领了主导地位，但商务应用中票据、报表的多层打印，喷墨打印机和激光打印机都无法完成，唯有针式打印机才能胜任。

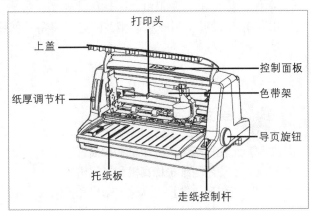

图10-1　针式打印机的结构

针式打印机的特点是结构简单、技术成熟、性价比高、维护简便，以及消耗费用低。

操作技巧　在选购针式打印机时，应从现实需要、性能指标、使用寿命、功能优劣、是否安装字库、服务质量和打印噪声这几个方面进行考虑。

2．喷墨打印机

喷墨打印机是一种经济型非击打式的高品质打印机，是一款性价比较高的彩色图像输出设备，因其强大的彩色功能和较低的价格，在现代办公领域颇受青睐。

喷墨打印机是一种将墨水喷到纸张上形成点阵图像的打印机，主要由喷头和墨盒、清洁单元、小车单元和送纸单元4部分组成，其外观如图10-2所示。

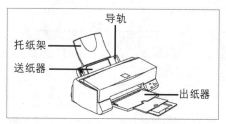

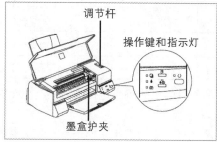

图10-2　喷墨打印机结构

喷墨打印机的特点是体积小、操作简单方便、打印速度快、工作噪音低和分辨率高。

操作技巧　　在选购喷墨打印机时，应注意墨滴控制、打印精度、耗材成本和打印速度几个方面，还应注意是否能直接打印照片。

3. 激光打印机

激光打印机是现代高新技术的结晶，其打印速度和打印质量是3种打印机中最好的，图10-3所示为激光打印机的外观图，表10-1所示为打印机组成部分的名称和功能。

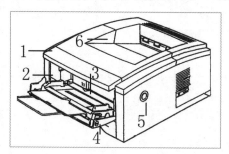

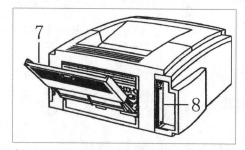

图10-3　打印机组成部分示意图

表 10-1　打印机组成部分的名称和功能

编号	名称	功能
1	控制面板	通常有 5 个指示灯，从左到右依次是：电源、准备就绪、卡纸、多功能纸盘状态和标准纸盘状态（就绪灯亮为进纸或纸张就绪状态，就绪灯灭且纸盒灯闪表明对应纸盒缺纸）
2	多功能纸盒	放置纸、信封等打印介质，按住两侧凸块向前拉可打开

续表

编号	名称	功能
3	纸张宽度导板	按纸张大小调节位置，将纸张夹紧
4	标准纸盒	标准的 250 张纸盒，可装 B5~A4 纸或公文纸
5	打印机电源开关按钮	控制打印机电源开关
6	顶部出纸盘	接收打印后的纸
7	后出纸盘	接收打印后的纸，使用时向后推上沿凹槽可打开
8	并行端口	打印信息输入口，用专用并行端口电缆与计算机连接

激光打印机的特点是技术成熟、性能稳定、打印速度快、噪声低、使用成本低廉和输出质量高。

激光打印机的工作原理是感光鼓从书写机构接收一幅图像，变成由电荷阵列组成的潜在图像，用墨粉对图像显影后，再将其传输到纸张上，最后将纸上的墨粉颗粒进行热压熔结后浸入到打印纸中，输出打印好的文本或图像。图10-4所示即为激光打印机的工作原理。

图10-4　激光打印机工作原理示意图

操作技巧　　在选购激光打印机时，应从打印质量、打印速度、可靠性、可扩展性、易用性、价格、耗材和售后服务几个方面进行考虑。

10.1.2　安装打印机

购买打印机后，需先将其与计算机主机相连接，然后安装相应的打印器驱动程序，最后对打印机进行设置。安装打印机的具体操作如下。

（1）将打印机电源连接线连接到打印机与电源插座中，并将打印机数据连接线连接到打印机和计算机主机上。

（2）系统会自动检测到新硬件并自动安装驱动程序，如图10-5所示。

（3）完成驱动程序的安装后，打开"控制面板"窗口，然后单击"硬件和声音"超链接，打开"硬件和声音"窗口，单击"设备和打印机"栏下的"添加打印机"超链接，如图10-6所示。

图10-5 安装驱动程序

图10-6 单击"添加打印机"超链接

（4）打开"添加打印机"对话框，选择"添加本地打印机"选项，在打开的对话框中默认端口类型，直接单击 下一步(N) 按钮，如图10-7所示。

（5）在打开的对话框中选择已安装的驱动程序，直接单击 下一步(N) 按钮，在打开的对话框的"打印机名称"文本框中设置打印机名称，如图10-8所示。

图10-7 选择端口

图10-8 设置打印机名称

（6）单击 下一步(N) 按钮，在打开的对话框中选中"不共享这台打印机"单选项，如图10-9所示。

（7）单击 下一步(N) 按钮，在打开的对话框中显示已成功添加打印机，单击 完成(F) 按钮即可，如图10-10所示。

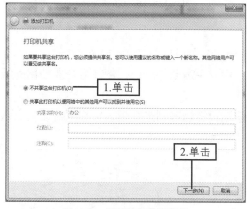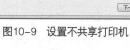

图10-9 设置不共享打印机

图10-10 完成打印机设置

10.1.3 添加纸张

安装完打印机之后，在打印机的纸盒中放入纸张即可进行使用。

1. 在纸盒中添加纸张

在纸盒中放入纸张后，打印机在打印时会自动从其中获取纸张，其具体操作如下。

（1）将纸盒从设备中完全拉出，如图10-11所示。按下导纸释放杆，然后滑动导纸板以适合纸张大小，并确保其牢固地插入插槽中，如图10-12所示。

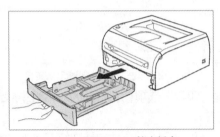

图10-11　拉出纸盒

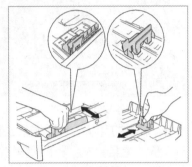

图10-12　调整导纸板

（2）将纸张放入纸盒中，确保纸张的厚度位于最大纸张限量标记之下，如图10-13所示。

（3）将纸盒牢固地装回设备中，确保其完整地置于打印机中，展开纸张支撑翼板，如图10-14所示，以免纸张从出纸托板中滑出。

图10-13　放入纸张

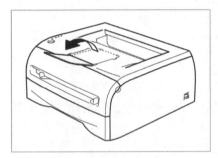

图10-14　展开支撑翼板

2. 在手动进纸槽中添加纸张

除了纸盒，用户还可选择在手动进纸槽中添加纸张，其具体操作如下。

（1）展开纸张支撑翼板，然后打开手动进纸槽，用双手滑动导纸板，使其适合要使用的纸张宽度，如图10-15所示。

（2）双手将一张纸放入手动进纸槽，直到纸张前端边缘触碰到进纸辊。当感到打印机吸入纸张时，松开双手使纸张进入设备，如图10-16所示。

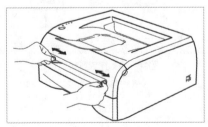

图10-15　调整导纸板

图10-16　放入纸张

10.1.4 维护打印机

打印机的日常维护包括更换打印耗材、清洁打印机、清除卡纸等多个方面。下面以激光打印机为例，简单介绍维护打印机的方法，其具体操作如下。

（1）打开前盖，取出硒鼓单元和墨粉盒组件，按下蓝色锁杆并将墨粉盒从硒鼓单元中取出，如图10-17所示。

图10-17 取出硒鼓单元和墨粉盒组件

（2）左手拿起硒鼓，右手用斜口钳把鼓芯有齿轮一头的定位销拔出，如图10-18所示，然后抓住鼓芯的塑料齿轮拔出鼓芯，如图10-19所示。

图10-18 拔出定位销　　　　　　　　图10-19 拔出鼓芯

（3）用一字螺丝刀向上挑出充电辊的一头，将其抽出，再用斜口钳把顶出来的铁销拔出，如图10-20所示。

图10-20 取出充电辊

（4）用十字螺丝刀拧开硒鼓另一头的螺丝，并把显影仓和废粉仓分开，如图10-21所示。

图10-21 分开显影仓和废粉仓

（5）取出显影仓上的磁辊，如图10-22所示，为防止所加碳粉和原碳粉不兼容，应先用布擦掉磁辊上原有的碳粉，如图10-23所示。

图10-22　取出磁辊

图10-23　清洁磁辊

（6）用一张废纸叠成槽口形状，便于向粉仓中加粉，如图10-24所示。

（7）加完碳粉后，安装磁辊并合上齿轮盖，注意齿轮不要丢失或者反装，如图10-25所示。

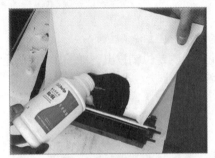

图10-24　进行加粉

图10-25　安装磁辊

（8）合上清洁过的废粉仓和加好碳粉后的显影仓，如图10-26所示，然后将各元件重新组装即可完成加粉。

（9）关闭打印机并拔下电源插头，将纸盒从打印机中拉出，然后用干燥的无绒抹布擦拭打印机外部、纸盒内部等位置以清除污垢，完成后将纸盒重新装回打印机内部，如图10-27所示。

图10-26　进行组装

（10）按下前盖释放按钮打开前盖，用干燥的无绒抹布擦拭激光器窗口，完成后将硒鼓单元和墨粉盒组件重新装入打印机，合上前盖，如图10-28所示。

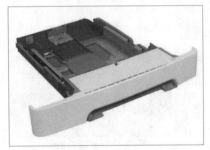

图10-27　取出纸盒

图10-28　清洁激光器窗口

操作技巧

打印机卡纸有多种情况，具体介绍如下。

①墨粉盒卡纸：取出硒鼓单元和墨粉盒，卡纸会随之一起取出。

②纸盒卡纸：将纸盒拉出，将卡纸从纸盒上方的纸盒中拉出即可。

③硒鼓单元卡纸：按下硒鼓单元的蓝色锁杆，取出墨粉盒，清除卡纸。

④打开后盖，左右滑动滑块，打开定影单元盖，清除卡纸。。

10.2 使用扫描仪

扫描仪是一种捕获图像并将其转换为计算机可以显示、编辑、储存和输出的数字化输入设备。扫描仪是除键盘和鼠标以外被广泛应用于计算机的输入设备。扫描仪的种类很多，根据工作原理的不同可分为两种：滚筒式扫描仪，如图10-29所示，和平板式扫描仪，如图10-30所示。下面以平板式扫描为例，介绍扫描仪的使用和维护方法。

图10-29　滚筒式扫描仪

图10-30　平板式扫描仪

10.2.1 安装扫描仪

扫描仪在运输时，为了保护光学组件，扫描仪保持在上锁状态；在使用时，首先需要将其解锁，然后再与计算机连接起来，最后接通电源。具体操作如下。

（1）撕下扫描仪上的运输胶带，打开文档盖板（扫描仪掀盖），找到锁定开关，将锁定开关向开锁标志🔓方向滑动，如图10-31所示。

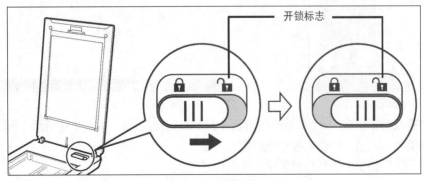

图10-31　解锁扫描仪

（2）使用随附的USB电缆线将扫描仪连接至计算机，将随附的电源线连接至交流适配器，将交流适配器连接至扫描仪。

（3）将电源线插入电源插座，按开关开启电源，如图10-32所示。

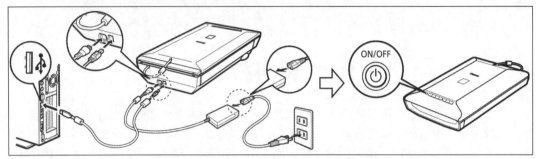

图10-32　连接扫描仪

10.2.2　扫描文件

扫描文件的具体操作如下。

（1）打开扫描仪盖，将要扫描的文件放在文件台上，需要扫描的面朝下，将文件抚平，盖上扫描仪盖。

（2）在计算机中单击　　按钮，在打开的菜单中选择扫描仪的驱动程序，这里选择"ControlConter 4"选项，如图10-33所示。

（3）打开"ControlConter 4"窗口，单击　　　按钮，如图10-34所示，即可开始扫描，并显示扫描进度。

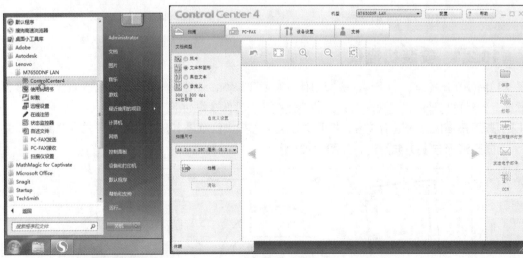

图10-33　选择扫描仪驱动　　　　　　　　　　　图10-34　开始扫描

（4）扫描完成后即可在ControlConter 4界面中显示出扫描结果，如图10-35所示，观察发现扫描结果中有黑边，单击　按钮裁剪图片。

（5）在打开的对话框中调整裁剪区域，如图10-36所示。

图10-35　扫描文件

图10-36　裁剪文件

（6）单击 确定 按钮，确认裁剪，然后单击 按钮保存，如图10-37所示。

（7）在打开的"保存"对话框中设置图片格式，单击 确定 按钮即可，如图10-38所示。

图10-37　单击"保存"按钮

图10-38　设置保存格式

10.2.3　维护扫描仪

扫描仪的日常维护与保养应注意下列几点。

◎ **不要经常插拔电源线与扫描仪的接头**：经常插拔电源线与扫描仪的接头，会造成连接处的接触不良，导致电路不通。

◎ **不要中途切断电源**：当扫描一幅图像后，扫描仪的扫描部件需要一部分时间从底部归位，所以最好等到扫描部件完全归位后，再切断电源，否则容易损坏部件。

◎ **放置物品时要一次定位准确**：放置物品时要一次定位准确，不要随便移动，以免刮伤玻璃，更不要在扫描的过程之中移动物品。

◎ **不要在扫描仪上面放置物品**：有些用户常将一些物品放在扫描仪上面，时间长了，扫描仪的塑料遮板因中空受压将会导致变形，影响使用。

◎ **长久不用时请切断电源**：当长久不用时，扫描仪的灯管依然是亮着的，由于扫描仪灯管也是消耗品，所以建议用户在长久不用时切断电源。

◎ **机械部分的保养**：扫描仪长久使用后，要拆开盖子，用浸有缝纫机油的棉布擦拭镜组两条轨道上的油垢；擦净后，再将适量的缝纫机油滴在传动齿轮组及皮带两端的轴承上面，这样可以减少扫描仪的噪音。

10.3 使用传真机

传真机是现代图像通信设备的重要组成部分，它是目前采用公用电话网传送并记录图文真迹的唯一技术手段。传真通信是把记录在纸上的文字、图表和相片等静止的图像变换成电信号，经传输线路传递到接收方，在接收方获得与发送原稿相似的记录图像的通信方式。传真机的组成部分如图10-39所示。

图10-39 传真机组成部分示意图

10.3.1 安装传真机

安装传真机通常需要安装印字薄膜、话筒线、载纸盘和记录纸支架。下面以松下KX-FP7009CN传真机为例，其具体操作如下。

（1）打开送稿盘，向上拉前盖的中间部分以打开前盖，如图10-40所示。

（2）关闭送稿盘，并按绿色钮松开后盖，或者向里按绿色控制杆以松开后盖，如图10-41所示。

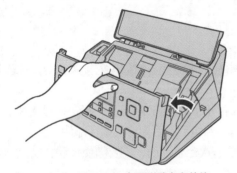

图10-40 打开送稿盘和前盖

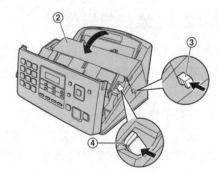

图10-41 松开后盖

（3）打开后盖，如图10-42所示。

（4）将印字薄膜辊的蓝色齿轮（⑤）插入本机的左前插槽中，将印字薄膜辊的白色齿轮（⑥）插入本机的左后插槽，如图10-43所示。

操作技巧　可以用手触摸印字薄膜，不会像复写纸那样粘到手上。确保安装后的蓝色齿轮和白色齿轮如图10-43所示。

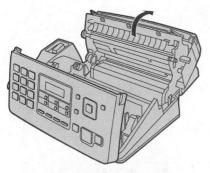

图10-42 打开后盖

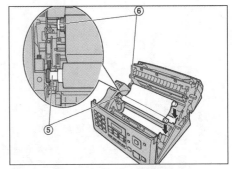

图10-43 放入印字薄膜辊

（5）按照箭头所示的方向转动蓝色齿轮（⑦），直至印字薄膜拉紧，而且至少在蓝芯上缠绕一圈印字薄膜（⑧），如图10-44所示。

（6）向下按后盖两端带有凸点的区域（⑨），关上后盖，如图10-45所示，然后关紧前盖。

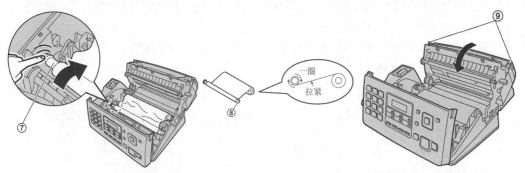

图10-44 安装印字薄膜　　　　　　　　　　图10-45 关紧前后盖

（7）将话筒线连接到话筒和传真机（方法与连接电话机相同），如图10-46所示。

（8）将载纸盘（②）薄片（①）插入本机背面的插槽（③），如图10-47所示。

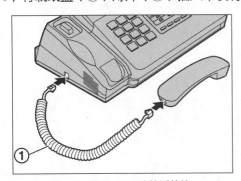

图10-46 连接话筒线

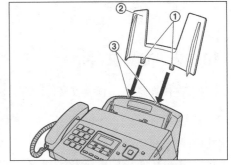

图10-47 安装载纸盘

（9）将记录纸支架（①）插入记录纸出口右侧的插槽（②）中，然后插入左插槽（③），如图10-48所示。

（10）翻松纸张以免卡纸，将拉力板向前拉（①），然后轻轻地插入纸张，打印面朝下（②），如图10-49所示，注意不应使纸张超越薄片（③）。

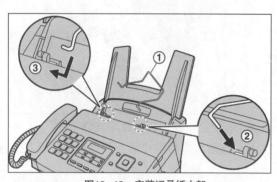

图10-48　安装记录纸支架

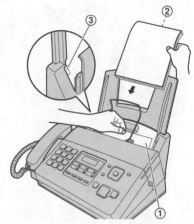

图10-49　放入记录纸

（11）将连接传真机的电话线（①）、电源线（②）、电话分机或答录机（④）等设备分别插入对应的接口，如图10-50所示。

（12）图10-50中③所示为传真机的电话分机接口。如果本机和计算机一起使用并且Internet提供商要求安装滤波器（⑤），请按图10-51所示进行连接。

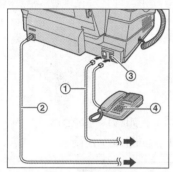

图10-50　连接线缆

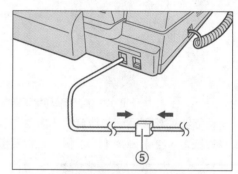

图10-51　连接网络

10.3.2　传真文件

传真文件由发送文件和接收文件两部分组成，下面分别介绍。

1. 发送文件

安装好传真机后就可以发送传真了，其具体操作如下。

（1）将发送的文件正面朝下放入纸张入口中（在发送时，应把先发送的文件放置在最下面），如图10-52所示。

（2）拨打接收方的传真号码，要求对方传输一个信号，当听到从接收方传真机传来的传输信号（一般是"嘟"声）时，在"操作面板"中按下"开始"键，如图10-53所示。

2. 接收文件

用户听到传真机铃响后，拿起话筒，对方要求发送一个信号，用户按"开始"键发送信号，对方发送传真数据后，传真机将自动接收传真文件。

图10-52 放入要传送文件

图10-53 拨号要求传输信号

用户可按"功能"键设置传真机的接收方式，共有4种接收方式。

◎ "电话优先"方式：电话铃响起时，拿起话筒，传真机发现收到的是传真而不是电话时，会给出"请放下电话开始接收"或"开始接收"等语音提示，系统自动开始接收传真。若电话无人接听，传真机将自动转为接收传真方式开始接收传真。

◎ "传真优先"方式：当对方选用自动发送传真时，电话铃响3声后传真机就会自动接收传真；当对方选用手动发送传真时，电话铃第二次响3声后传真机自动接收传真。

◎ "传真专用"方式：电话铃响一声后传真机开始自动接收传真。此方式在接收传真时还可向外拨打电话，但不能接听电话，也不能使用电话录音功能。可用此方式设置只接收电话簿上登录的用户发来的传真，可防止垃圾传真；还可为此方式设置指定时间段响铃或不响铃接收。

◎ "传真录音"方式：电话铃响两声后电话接通，开始播放录音留言，录音留言播放完毕后自动切换为传真接收方式或电话录音方式。

10.3.3 维护传真机

为了延长传真机的使用寿命，保证传真质量，有效地发挥传真机的作用，要做好传真机的保养和维护工作。下面重点介绍传真机的使用注意事项，以及日常维护、清洁和保养等方法。

1. 传真机的使用注意事项

传真机在日常使用中应注意以下事项。

◎ **注意使用环境**：传真机应放在室内的平台上，与其他物品保持一定的空间距离，可利于通风并避免造成干扰；避免受到阳光直射和热辐射；勿将机器置于潮湿、灰尘多的环境；不要把传真机安装在有震动和不稳固的地方以及冷、暖机附近；尽量不与空调、打字机等易产生噪声的机器共用一个电源；在遇到闪电、雷雨等天气时，应立即停止使用传真机，并且拔掉电源和电话线，以免雷击造成损坏。

◎ **注意开机频率**：每次开关机都会使机内的电子元器件发生冷热变化，频繁地冷热变化容易导致机内元器件提前老化，每次开机的冲击电流也会缩短传真机的使用寿命；但不能长时间不开机，每半年应开机4小时以上，以免传真机电池的电压低于正常值。

◎ **尽量使用标准传真纸**：应参照说明书使用推荐的传真纸。劣质传真纸光洁度不够，使用时会对感热记录头和输纸辊造成磨损；记录纸上的化学染料配方不合理，会使打印质量不佳。

◎ **检查原稿是否规范**：若原稿不规范则会造成卡纸、轧纸和撕纸等故障，严重的还会损坏设备。凡出现以下情况之一的原稿都不能使用：大于技术规格规定的最大幅面的原稿；小于最小幅度或小于文件检测传感器所能检测到的最小距离的原稿；严重皱折、卷曲、破损或残缺的原稿；过厚（大于0.15mm）或过薄（小于0.06mm）的原稿；纸上有大头针、回形针或其他硬物的原稿。

2. 传真机日常清洁和保养

◎ **保持机器表面清洁**：使用传真机时应注意保持机器表面的清洁，外壳及其他部件一般可用干布擦拭，切勿使用苯或稀释液擦拭。

◎ **做好记录头清洁**：传真机的记录头洁净与否，是传真效果的重要保证，因此应注意经常清洁。清除灰尘时，应先切断电源，打开操作面板，取出记录纸，然后用干净的软布蘸化学纯酒精轻轻擦拭记录头和记录头盖；若传真机刚接收了大量文件，记录头可能发热，此时不能马上进行清洁工作，以免损坏记录头。

◎ **定期清洁传真机内部**：经过一段时间使用后，原稿滚筒和扫描仪上会累积灰尘，最好每半年清洁一次。原稿滚筒可使用干净的软布或蘸酒精的纱布进行清洁；扫描仪部分在传真机内部，需要使用特殊的清洁工具，切不可直接用手或布、纸进行擦拭。

10.4 使用复印机

复印机是一种将已有文件快捷产生多个备份的办公设备，如今的复印技术主要有传统的静电复印和数码复印两种。复印机中使用最广泛的是静电复印机，如图10-54所示。

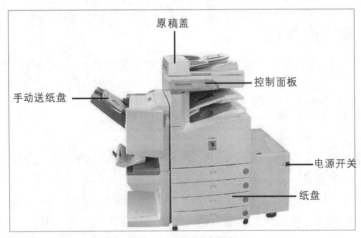

图10-54 静电复印机

10.4.1 复印机工作原理

静电复印技术是将纸或其他媒介上的内容转印到另外一个媒介上。静电复印系统的组成结构如图10-55所示。

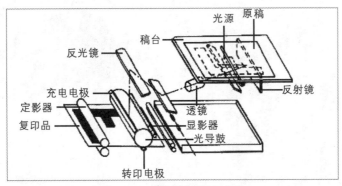

图10-55　静电复印系统示意图

目前所使用的静电复印机，其复印过程必须经过充电、曝光、显影、转印和定影5个工序，如图10-56所示。用电摄影方式对原稿进行摄影，将原稿上的图文内容投影在某种光导材料制成的光导体鼓面上。利用静电效应，在导体表面带上电荷，形成与原稿图文内容一样的潜像，由这些电荷吸引带有异性电荷的色粉微粒，这样在光导体表面就会显示出色粉图像。经过转印，将光导体表面的色粉图像印到复印纸上，再经过某种定影方法，即可得到需要的复印品。

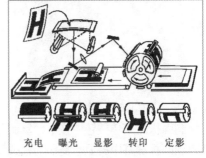

图10-56　静电复印工序示意图

10.4.2　复印文件

下面使用柯尼卡美能达C754数码复印机复印一份文件，其具体操作如下。

（1）打开下前门，按主电源开关，将其设置为"｜"状态，如图10-57所示。

（2）关闭下前门，控制面板中的电源按钮发出黄光，并且屏幕显示本机正在启动；当电源按钮变成蓝光时，表明复印机已做好准备可以使用，如图10-58所示。

图10-57　打开主电源开关

图10-58　显示电源按钮状态

（3）打开ADF（自动输稿器）至20度或更大倾斜度位置，把原稿顶部朝向本机的后侧放置，并使原稿与刻度左后侧的标记对齐，如图10-59所示，然后关闭ADF。

（4）拉出纸盒1，如图10-60所示，注意不要触碰胶片。

（5）将横向导板滑动到适合所装入纸张尺寸的位置，如图10-61所示。

（6）将纸张装入纸盒，使进行打印的一面朝上，如图10-62所示，然后关闭纸盒1。

图10-59 装入原稿

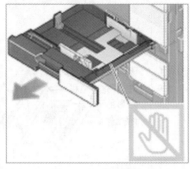

图10-60 拉出纸盒

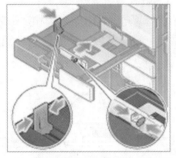

图10-61 调整位置

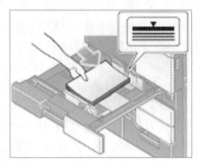

图10-62 装入纸张

（7）在控制面板的菜单按钮中按下"复制"按钮，如图10-63所示。

（8）在控制面板屏幕中将显示复印的相关设置，如图10-64所示，这里保持默认的设置。

图10-63 选择操作

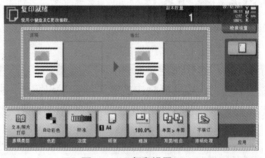

图10-64 复印设置

（9）使用数字键盘指定份数，如图10-65所示，也可以通过滑动控制面板屏幕，触摸输入复印
份数。

（10）按开始按钮，如图10-66所示，原稿便会被扫描并开始复印，然后在出纸盒中即可看到
复印的稿纸，完成复印操作。

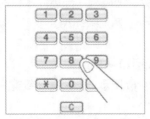

图10-65 输入复印份数

图10-66 开始复印

10.4.3 维护复印机

复印机是一种精密的办公设备，必须合理使用，同时要注意进行日常维护，以延长其使用寿命。

1. 组件更换

当碳粉不足时应及时添加碳粉，保证复印机正常工作。下面介绍添加碳粉的方法，其具体操作如下。

（1）打开前盖，如图10-67所示，然后将固定拨杆搬起，如图10-68所示。

图10-67 打开复印机前盖

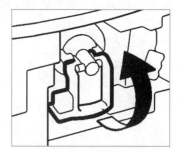

图10-68 搬起固定拨杆

（2）推开拨杆，然后轻轻拉出粉瓶架。向后压粉瓶，将瓶头抬起，然后取出碳粉瓶，如图10-69所示。

（3）水平拿住新的碳粉瓶，摇动几次后去掉保护盖，如图10-70所示。

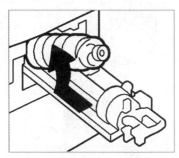

图10-69 取出碳粉瓶

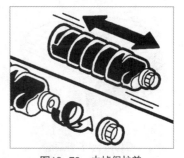

图10-70 去掉保护盖

（4）将碳粉瓶放到碳粉架上，然后向前拉瓶头，如图10-71所示

（5）按下固定拨杆，然后合上机器前盖即可，如图10-72所示。

图10-71 放入碳粉瓶

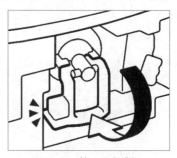

图10-72 按下固定拨杆

操作技巧

碳粉在存放时要注意避开火源，避免阳光直射；废弃的碳粉瓶不能直接暴露在阳光下，否则有燃烧的危险；添加碳粉时要注意，碳粉不能重复使用，且应使用设备推荐的碳粉，以避免出现故障。

2. 卡纸处理

卡纸是复印机使用过程中常见的故障，当发生卡纸时复印机将停止工作，同时"卡纸"指示灯将闪烁。要处理卡纸现象，应先确定卡纸的位置。下面介绍卡纸的处理方法，其具体操作如下。

（1）打开前盖，如图10-73所示，取出硒鼓单元及墨粉盒组件，如图10-74所示。

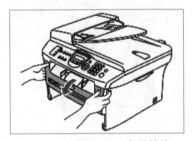
图10-73 打开前盖

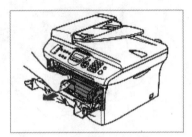
图10-74 取出组件

（2）打开后盖，如图10-75所示，然后将滑块朝身体方向拉出，打开后部斜槽盖，如图10-76所示。

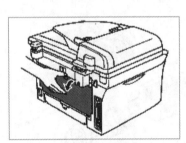
图10-75 打开后盖

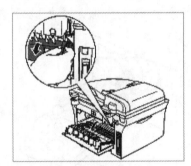
图10-76 拉出滑块

（3）将卡纸从定影单元中抽出。如果不能轻松地抽出卡纸，需先用一只手按下蓝色滑块，另一只手轻轻将卡纸抽出，如图10-77所示。

（4）合上后盖，然后将硒鼓单元和墨粉盒组件装回设备中，最后合上前盖即可，如图10-78所示。

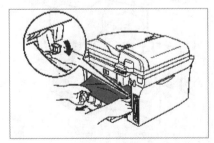
图10-77 抽出卡纸

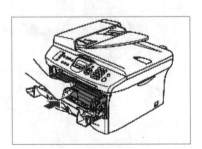
图10-78 将组件装回设备

3. 日常保养

复印机经过一段时间的使用后，难免会出现一些故障。为避免复印机出现故障从而影响使用，应定时对其进行清洁。若复印品出现质量问题，一般是由复印机受到污染引起的，此时可采用以下几种方法对复印机的光学系统进行清洁。

◎ 用橡皮气球把光学元件（透镜和反射镜）表面的灰尘及墨粉吹去，也可用软毛刷（最好使用专用的镜头毛刷）轻轻将嵌在缝隙中的灰尘刷去。

◎ 用光学脱脂棉或镜头纸，轻轻擦拭光学元件表面。如果表面较脏则不能使用该方法，因为如有较大的硬颗粒灰尘留在光学元件表面，擦拭时反而会损伤元件，此时必须使用橡皮气球将灰尘完全拂去后才能擦拭。

◎ 光学元件表面如果有油污和手指印等污迹，可用光学脱脂棉蘸少量清洁液擦洗。

10.5 使用一体化速印机

一体化速印机是一种新型的现代化办公设备，集制版、印刷于一体，通过数字扫描，热敏制版成像的方式进行工作，从而实现高清晰的印刷质量，印刷速度可达每分钟100张以上。同时它还具有对原稿缩放印刷、拼接印刷、自动分纸控制等多种功能，绝大多数的机型还支持计算机打印直接输出的功能，如图10-79所示。

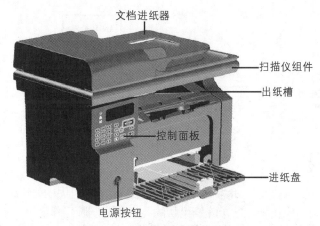

图10-79　一体化速印机结构示意图

10.5.1 一体化速印机的工作原理

一体化速印机采用电子扫描方法阅读原稿件，热敏头根据电子扫描所得到的原稿内容打印在热敏纸上制成印刷用版，然后以自动油印的方法进行印刷，整个过程自动化程度很高，操作非常简便。印刷过程可分为卸版、扫描、制版、挂版、进纸、印刷和出纸等步骤。

1. 卸版

在制新纸版前，必须先将滚裹在滚筒上已印刷过的纸版卸掉。卸版机构如图10-80所示，其中最左部分表示滚筒与印刷向相反方向转动，卸版轮转动并接近于滚筒；中间的部分表示纸版前沿卷起的部分被卷夹在上、下卸版轮之间，使纸被卸下并送往废版盒；右侧部分表示废纸版被压板压缩，以节省废版盒内的空间。

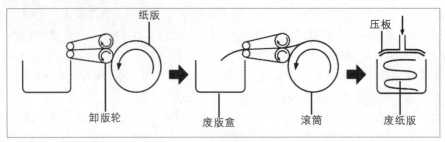

图10-80　卸版机构示意图

2. 扫描

输入原稿时，原稿的图文通过反射镜和镜头照射到电荷耦合器上，把扫描信号以像素的形式暂存于电荷耦合器中，再将像素模拟信号通过A/D（模/数）转换器转换成数码信号。该数码信号经调制后，送到热敏打印头的控制电路，用以控制热敏打印头的动作。图10-81所示是光学纸版系统的原理图。

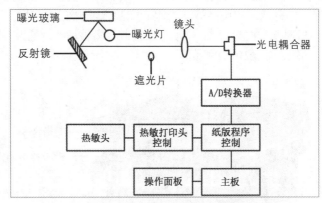

图10-81　光学纸版系统原理图

3. 制版、挂版

原稿图文经扫像、模数转换和调制后的信号，送到热敏打印头控制器，从而控制热敏打印头在热敏蜡纸上打出与原稿相应的矩阵蜂巢状的孔，完成制版工作。

挂版是将打印好的纸张挂包在滚筒上，挂版在输入原稿时就已进行了。

4. 进纸

进纸机构由纸轮，上、下分层轮，第二层上、下进纸轮等组成。进纸轮输送印纸；分离片和上、下层分离轮组成中央分离机构，从而防止送纸过程中发生送多张印纸或卡纸的故障；进纸机构的作用是有效地将单张印纸送入印刷滚筒的下方。

5. 印刷

将纸张从进纸台上送入印刷筒的下方。油墨通过供墨装置流入印刷滚筒，再从滚筒上的钢网、油网和印刷版上的孔印在印纸上，这样印纸上即可形成与原稿一致的油墨图像。

6. 出纸

利用分离爪和风扇，将印刷后的纸张从滚筒上分离并送到接纸台上，完成印刷。

10.5.2 使用一体化速印机

使用一体化速印机印刷文件主要分为准备印刷、放置原稿、设置、开始印刷4大的步骤。下面使用一体化速印机来复印文件，其具体操作如下。

（1）小心向外拉动，打开进纸盘，如图10-82所示。

（2）向前移动进纸导向板锁定杆，调整导向板的位置，使之与纸张尺寸匹配，如图10-83所示。

图10-82 打开进纸盘

图10-83 调整导向板

（3）将纸装入进纸盘，如图10-84所示，注意装纸前应该弄平卷曲的纸张。

（4）让纸张与进纸导向板轻轻接触，然后将锁定杆移回原位，如图10-85所示。

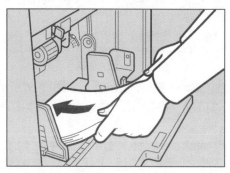

图10-84 放入纸张

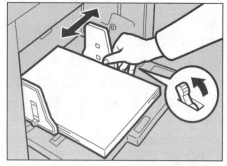

图10-85 锁定导向板

（5）小心向外拉动，打开输出纸盘，如图10-86所示。

（6）抬起纸张输出导向板，将宽度调整到纸张尺寸，如图10-87所示。

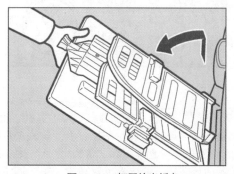

图10-86 打开输出纸盘

图10-87 调整导向板宽度

（7）抬起纸张输出纸盘尾部的挡板，如图10-88所示，至少需要30度以上。

（8）调整挡板的位置，使其与输出纸张的尺寸相同，如图10-89所示。

图10-88　抬起挡板

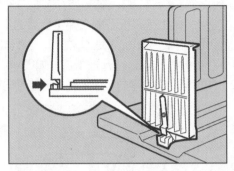

图10-89　调整挡板位置

（9）抬起曝光玻璃盖，如图10-90所示。

（10）将原稿面朝下放置在曝光玻璃上，原稿与左刻度标记对齐，如图10-91所示。

图10-90　抬起盖板

图10-91　放入原稿

（11）在控制面板中按制版模式选择键，使其亮起，按"启动"键，开始制版，如图10-92所示。

（12）按印刷模式选择键，使其亮起，按数字键输入印刷的数量，按"启动"键，开始印刷，如图10-93所示。

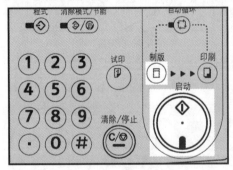

图10-92　制版

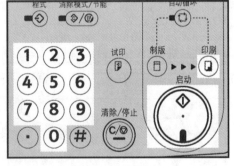

图10-93　印刷

知识提示　　　印刷数量应该在9999之内，印刷完成后，需要按"清除模式/节能"键，清除先前输入的作业设置，使一体化速印机返回初始状态。在印刷过程中，如果需要停止作业，需要按"清除/停止"键；清除输入值时，也可以按"清除/停止"键。按住"清除模式/节能"键并保持3秒，控制面板关闭，并进入节能模式，在节能模式下按"清除模式/节能"键返回准备状态。

10.5.3 维护和保养一体化速印机

一体化速印机的日常维护和保养包括使用日常使用注意事项、更换耗材和清洁设备等，下面分别进行讲解。

1. 一体化速印机的日常使用

数码复印机的日常使用主要包括以下几个方面的注意事项。

◎ 印刷过程中，请勿关闭主电源、打开门或盖、移动机器。

◎ 让机器远离腐蚀性液体，不要让液体溅射到机器上。

◎ 请勿擅自修理和更换用户手册没有指定的任何部件。

◎ 完成当天的印刷作业后，请务必关闭机器电源。

◎ 如果设备长时间不使用，则一旦印筒上的油墨变干，图像浓度可能会降低。请多印几份，直到图像浓度恢复正常。

◎ 机器运转过程中，若电源低于规定电压值的90%，印刷质量会下降。因此，请务必确保电源输出端的供电电压至少不低于额定电压值的90%。

◎ 如果手上沾有油墨污迹，请避免长时间或反复接触皮肤。接触到皮肤后，请在休息和吃饭前及在工作结束时将皮肤彻底清洗干净。用无水洗手剂擦拭，然后再用肥皂和水清洗，便可很容易将皮肤上的油墨洗净。

◎ 机器不能放置在阳光或强光源直射的地方，空调器冷风或加热器热风直接吹到的地方，灰尘多的地方。

2. 更换耗材

当墨粉等耗材用尽时，应及时进行更换，其具体操作如下。

（1）打开设备前盖等待其冷却，取出硒鼓单元和墨粉组件，如图10-94所示。

 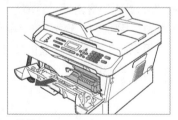

图10-94 取出硒鼓单元

（2）按下锁定杆，从硒鼓单元中取出墨粉盒，如图10-95所示。

（3）双手握住新的墨粉盒左右晃动，使其中的墨粉均匀分布，如图10-96所示。

 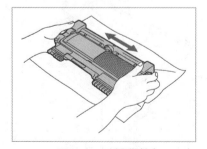

图10-95 取出墨粉盒　　　　　　　图10-96 摇晃墨粉盒

（4）拆下新墨粉盒上的保护盖，如图10-97所示，然后将其装入硒鼓单元中，直至锁定位置，如图10-98所示。

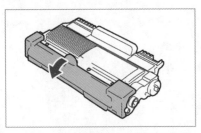

图10-97　拆下保护盖

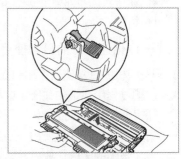

图10-98　装入墨粉盒

（5）左右滑动滑块，清洁硒鼓单元中的电晕丝，如图10-99所示。

（6）最后将硒鼓单元和墨粉组件装回设备，并盖上前盖即可，如图10-100所示。

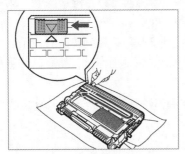

图10-99　滑动滑块

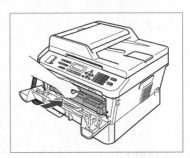

图10-100　将组件装回设备

3. 清洁设备

在使用一体机的过程中应定期进行清洁，以保证其正常工作，其具体操作如下。

（1）关闭设备电源，用柔软的无绒干布擦去设备外部的灰尘。

（2）取出纸盒，用无绒干布擦拭纸盒内外部的灰尘，如图10-101所示，然后擦拭设备内部的搓纸辊，如图10-102所示。

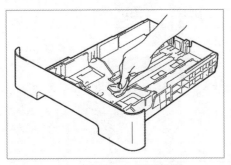

图10-101　清洁纸盒

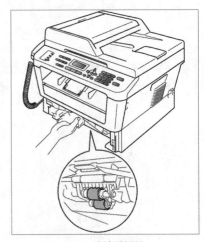

图10-102　清洁搓纸辊

（3）抬起原稿盖板，用柔软的无绒湿布清洁白色塑料表面和其下方的平板扫描器玻璃，如图10-103所示。

（4）在自动进稿器单元中，用柔软的无绒湿布清洁白色塑料条和其下方的平板扫描器玻璃条，如图10-104所示。

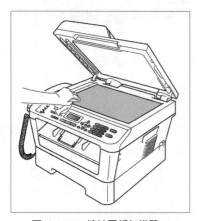

图10-103　清洁平板扫描器

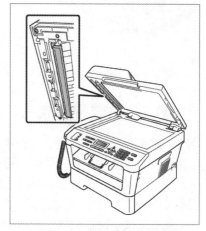

图10-104　清洁自动进稿器单元

（5）打开设备前盖等待其冷却，然后取出硒鼓单元和墨粉组件。

（6）转动硒鼓单元的齿轮查看感光鼓，找到污迹时，用干棉签将其擦除，如图10-105所示。

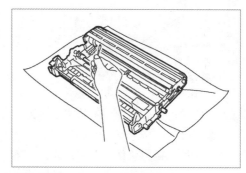

图10-105　清洁感光鼓

10.6　使用投影仪

投影仪是用于放大显示图像的投影装置，它采用先进的数码图像处理技术，配合多种信号输入输出接口，无论是计算机的RGB信号，还是DVD、VCD、影碟机、录像机和展示台的视频信号，都能转换成高分辨率的图像投在打屏幕上，并具有高分辨率、高清晰度和高亮度等特点。随着数码技术的迅猛发展，投影仪作为一种高端的光学仪器，已被广泛应用于教学、移动办公、讲座演示和商务活动中。投影仪一般可分为两种，即便携式投影仪，如图10-106所示，和吊装式投影仪，如图10-107所示。

图10-106 便携式投影仪

图10-107 吊装式投影仪

10.6.1 安装投影仪

投影仪的投影方式有多种，主要有桌上正投、吊装正投、桌上背投和吊装背投4种，其中桌上正投和吊装正投是办公过程中使用最多的投影方式。不论使用哪种方式进行投影，都必须对投影的角度进行适当的调整，所以首先可将将投影仪安装好，使其正对投影屏幕，再通过投影仪的操作面板上的按键，调整投影角度和投影大小。

◎ **桌上正投**：投影机位于屏幕的正前方，如图10-108所示，是放置投影机最常用的方式，安装快速并具移动性。

◎ **吊装正投**：投影机倒挂于屏幕正前方的天花板上，如图10-109所示。

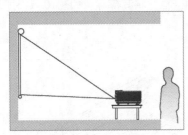

图10-108 桌上正投

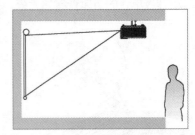

图10-109 吊装正投

◎ **桌上背投**：投影机位于屏幕的正后方，如图10-110所示，此安装位置需要一个专用的投影屏幕。

◎ **吊装背投**：投影机倒挂于屏幕正后方的天花板，如图10-111所示，此安装位置需要一个专用的投影屏幕和投影机天花板悬挂安装套件。

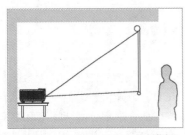

图10-110 桌上背投

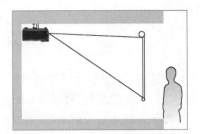

图10-111 吊装背投

安装投影仪时要注意镜头和屏幕之间的距离，如图10-112所示。屏幕的大小不同，其数值也有相应变化，可参考表10-2中的参数进行调整，实际操作中应根据需要和实际情况进行调整。

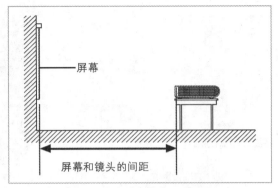

图10-112　屏幕和镜头的距离

表 10-2　屏幕和镜头间距的设置参数

屏幕尺寸	40 英寸	80 英寸	100 英寸	150 英寸	200 英寸	250 英寸	300 英寸
最小距离	1.2m	2.3m	2.9m	4.4m	5.9m	7.3m	8.8m
最大距离	1.4m	2.8m	3.6m	5.4m	7.2m	9.0m	10.7m

10.6.2　应用投影仪

连接好设备后，就可以启动投影仪了，其具体操作如下。

（1）将电源线插入投影仪和电源插座，打开电源插座开关，接通电源后，检查投影仪上的电源指示灯是否亮橙色，如图10-113所示。

（2）取下镜头盖，如图10-114所示，如果镜头盖保持关闭，它可能会因为投影灯泡产生的热量而导致变形。

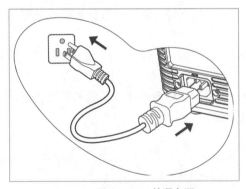

图10-113　接通电源

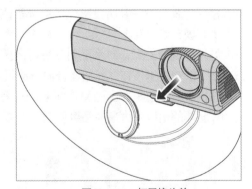

图10-114　打开镜头盖

（3）按投影仪或遥控器上的POWER键启动投影仪。当投影仪电源打开时，电源指示灯会先闪烁，然后常亮绿灯，如图10-115所示。启动程序约需30秒钟。在启动的后面阶段，将显示启动标志。

（4）如果是初次使用投影仪，请按照屏幕上的说明选择OSD语言，如图10-116所示。

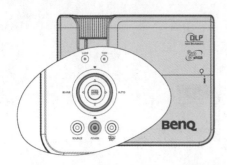

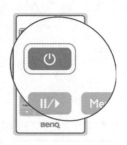

图10-115　启动投影仪　　　　　　　　　　　　图10-116　选择语言

（5）接通所有连接的设备，然后，投影仪开始搜索输入信号。屏幕左上角显示当前扫描的输入信号。如果投影仪未检测到有效信号，屏幕上将一直显示"无信号"信息，直至检测到输入信号。

（6）也可手动浏览选择可用的输入信号，按投影机或遥控器上的SOURCE键，显示信号源选择栏，重复按直到选中所需信号，然后按Mode/Enter键，如图10-117所示。

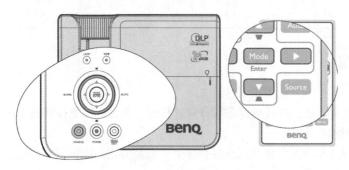

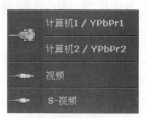

图10-117　设置输入信号

（7）按快速装拆按钮并将投影仪的前部抬高，一旦图像调整好之后，释放快速装拆按钮以将支脚锁定到位。

（8）旋转后调节支脚，对水平角度进行微调，如图10-118所示。要收回支脚，抬起投影仪并按下快速装拆按钮，然后慢慢向下压投影仪，接着按反方向旋转后调节支脚。

（9）按投影机或遥控器上的AUTO键，在3秒钟内，内置的智能自动调整功能将重新调整频率和脉冲的值以提供最佳图像质量，如图10-119所示。

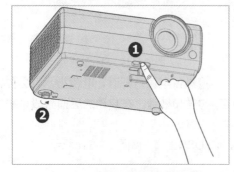

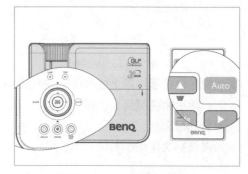

图10-118　调节图像高度和投影角度　　　　　　图10-119　自动调整图像

（10）旋使用变焦环将投影图像调整至所需的尺寸，如图10-120所示。

（11）旋动调焦圈以使图像聚焦，如图10-121所示，然后完成启动操作，可以使用投影仪播放视频和图像。

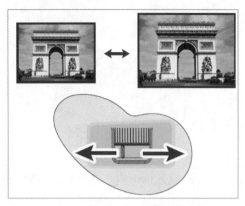

图10-120　微调图像大小

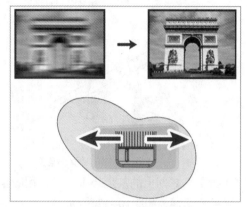

图10-121　微调清晰度

10.6.3　维护和保养投影仪

投影仪需要定期清洁，组件损坏时需要及时更换，同时还需注意相关使用事项，下面分别进行讲解。

1.更换和清洁组件

投影仪属于精密仪器，在使用时应定期清洁，并更换损坏的组件，其具体操作如下。

（1）关闭投影仪电源并拔出电源线。

（2）将投影仪底面朝上，用螺丝刀拧开底盖，如图10-122所示。

（3）用螺丝刀拧松投影灯上的螺丝，扳开把手，然后握住把手将投影灯拉出，如图10-123所示。

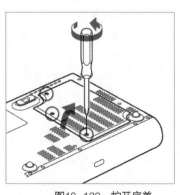

图10-122　拧开底盖

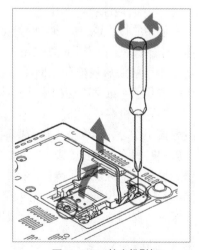

图10-123　拉出投影灯

（4）放入新的投影灯，拧紧螺丝，然后折下把手，如图10-124所示，然后盖上底盖并拧上螺丝。

（5）使用真空吸尘器从通风口外清除空气滤网上的灰尘，如图10-125所示。

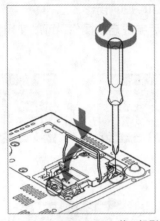

图10-124　装入投影灯

图10-125　用吸尘器清洁空气滤网

（6）当空气滤网上的灰尘较多，难以用吸尘器清洁时，应从底部拆下空气滤网盖，然后取出空气滤网，如图10-126所示。

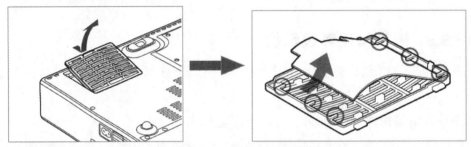

图10-126　拆下空气滤网

（7）用清水清洗滤网，然后将其放在阴暗处晾干，最后重新装回设备中。

2. 日常维护

投影仪在使用时应注意以下几点。

◎　对未使用的投影仪，应将其反射镜盖上，遮住放映镜头；短期不使用的投影仪还应加盖防尘罩；长期不使用的投影仪应放入专用箱内，以尽量减少灰尘。

◎　切勿用手触摸放映镜和正面反射镜。若光学元件有污秽和尘埃，可用橡皮球吹风除尘，或用镜头纸和脱脂棉擦拭、螺纹透镜集垢较多时，只能拆下用清水冲洗，不得使用酒精等有机溶剂。

◎　投影仪工作时，要保证散热窗口通风流畅，散热风扇不转时投影仪绝对不能使用。连续放映时间不宜过长（应不超过1小时），否则箱体内的温度过高会烤裂新月和螺纹透镜。另外，不可长时间待机，投影器不用时应及时关闭电源。

◎　溴钨灯的投影仪灯丝受热后若收到震动容易损毁，当投影仪开始工作时，应尽可能减少搬运，勿剧烈震动。若要搬动则应先关机，待灯丝冷却后再搬运。

3. 故障排除

投影仪的故障最好由专业维修人员进行排除，一些常见的小故障则可以由使用人员自己排除，如表10-3所示为投影仪常见故障的排除方法。

表 10-3　排除投影仪常见故障

故障现象	故障原因	故障排除
投影仪打不开	电源线未通电	正确连接电源线。确保电源开关已开启
	试图在冷却过程中再次打开投影仪	请等待，直至冷却过程结束
无图像	视频信号源未打开或连接错误	打开视频信号源并检查信号电缆是否连接正确
	投影仪未与输入信号设备正确连接	检查连接
	未正确选择输入信号	通过 SOURCE 键选择正确的输入信号源
	镜头盖仍关闭	打开镜盖
图像模糊	投影镜头未准确聚焦	使用调焦圈调节镜头的焦距
	投影机未准确对准屏幕	调节投影角度和方向，必要时调节投影机高度
	镜头盖仍关闭	打开镜盖

10.7　使用刻录机

刻录机与普通光驱的外观一样，它除了可以读取光盘内容外，还可以往刻录光盘中写入数据，而普通光驱则只能读取数据不能写入数据。随着数据信息量的扩大，普通的软盘已经不能适应计算机用户的需要，越来越多的用户开始使用光盘保存庞大的数据信息。在办公时或多或少会遇到这方面的问题，有些公司为了长期保存一些重要资料，也常采用刻录机将一些资料刻录在光盘中。如图10-127所示即为一款刻录机的外观。

图10-127　刻录机外观图

10.7.1　连接刻录机

USB接口是目前刻录机最常见的接口，其安装较为简单，在使用数据线连接计算机和刻录机即可，其具体操作如下。

（1）将刻录机的USB连接线的通用USB插头端直接插入计算机的USB接口，如图10-128所示。

（2）将USB连接线另一端的专用插头插在刻录机背后的USB插座上，再使用随机附件中的电源线插入刻录机背后的电源插口中，另一端插入电源插座，打开电源开关，如图10-129所示。

（3）按刻录机正面的开仓键，弹出刻录机托盘，放入刻录光盘，如图10-130所示。再按开仓键，关闭刻录机托盘。

图10-128　连接计算机

图10-129　连接刻录机

图10-130　放入刻录光盘

10.7.2　光盘刻录软件Nero

下面将计算机中的重要资料刻录到光盘中，通过练习快速掌握刻录数据光盘的方法，其具体操作如下。

（1）在计算机中成功安装Nero后，将一张空白光盘放入具备刻录功能的光驱中，然后选择【开始】→【所有程序】→【Nero】→【Nero 10】→【Nero StartSmart】菜单命令，启动Nero并进入软件的操作界面，如图10-131所示。

图10-131　Nero 主界面

（2）在操作界面上方的功能切换区中单击"数据刻录"按钮，打开"刻录数据光盘"选项卡，在"光盘名称"文本框中输入光盘名称，如"数据备份"，单击 添加 按钮，如图10-132所示。

图10-132　刻录数据

（3）打开"添加文件和文件夹"对话框，在左侧文件夹列表中选择文件保存位置，在中间列
表框中选择需进行刻录的文件，然后单击 添加 按钮，如图10-133所示。

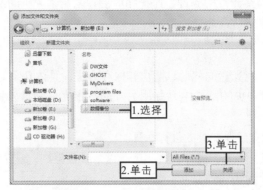

图10-133 选择需要刻录的文件

（4）用相同的方法继续添加需刻录的其他文件或文件夹，完成添加后，单击 关闭 按钮。
在添加过程中可以同步观察"数据光盘"选项卡下方的容量刻度，即光盘的已用大小和
未用大小，以此来判断添加的文件是否超出光盘的最大容量。

（5）返回"数据光盘"选项卡，在中间列表框中显示了所添加的文件和文件夹，如图10-134
所示。若要删除已添加的文件，可先选择目标文件，然后单击窗口右侧的 删除 按
钮即可。

图10-134 管理要刻录的文件

（6）确认要刻录的内容后单击窗口右下角的 刻录 按钮进入刻录状态，并显示刻录进
度，如图10-135所示。

（7）刻录完成后会打开一个提示对话框，单击 确定 按钮即可，如图10-136所示。

图10-135 显示刻录进度

图10-136 刻录成功

10.7.3 刻录机的维护和保养

刻录机的日常维护包括光盘的放置、保护和清洁，以及刻录机的清洁、使用注意事项和常见故障排除等，下面分别进行介绍。

1.光盘的放置

在刻录光盘时，应注意光盘的移动、清洁和保存方法，具体介绍如下。

◎ 将手指插入光盘中央的圆孔中，并用另外的手指夹住光盘外缘来移动光盘，如图10-137所示。

◎ 将光盘放入保护盒或保护套内进行保存。

◎ 不要将光盘从高空落下、重叠放置、在光盘上放置重物，或使光盘受到冲击。

◎ 不要触摸光盘刻录面。

◎ 不要在光盘正面粘贴标签等，否则会影响光盘的读取平衡造成故障或其他问题。

2.光盘的清洁

如果光盘上有灰尘，应用空气吹出器清除，或使用微纤维清洁布由中间呈放射状向外缘直线擦拭，如图10-138所示。

图10-137　移动光盘　　　　　　　　图10-138　清洁光盘

3.刻录机的清洁

在平时使用刻录机时要做好防尘工作，可定期对刻录机外壳进行清洁。应用柔软的清洁布擦拭，同时注意不要让水和清洁液等液体进入机体，也不要使用混有香蕉水或酒精的溶剂擦拭刻录机。

4.刻录机使用注意事项

刻录机在使用时需要注意以下几点事项，以延长其使用寿命。

◎ 避免在高温、低温、高湿度等不良环境中使用刻录机，同时避免阳光直射。

◎ 在安装时要把刻录机装在主机最上面的座架中，尽量使刻录机远离硬盘等设备，这样有利于刻录机散热，从而延缓刻录机各部件的老化，延长其使用寿命。

◎ 机箱和计算机桌等要放置平稳，避免在刻录机工作时出现震动和摇摆。

◎ 尽量不要用刻录机进行播放音乐、播放VCD、安装软件和拷贝数据等读盘工作，以避免刻录机的使用过分频繁，加速激光头老化。

◎ 虽然大部分刻录机宣称在刻录时可以运行其他程序，但为了保证刻录成功，在刻录过程中尽量不要执行其他程序。

◎ 在刻录过程中不要对刻录机面板按键进行任何操作，特别是弹出控制键，在刻录过程中弹出光驱仓门会导致光盘报废，甚至损坏机芯和激光头。另外在进行刻录时不要随意关闭刻录软件，以及中止或取消刻录操作，否则极易损坏光盘或造成光盘中的数据损坏不可读取。

◎ 在CD-R盘上的空余空间中续写（多次记录）时一定要注意刻录软件上的相关操作选项，否则容易因误操作使数据被覆盖。

◎ 不要用手将光盘托盘推进光驱仓门，这样会损害光驱的进出仓机械部件，加速部件老化；光盘不使用时，不要将其滞留在驱动器内。

10.8 使用移动办公设备

在自动化办公设备发展日新月异的今天，异地办公已经非常普遍，一些方便且功能强大的小型办公设备不断出现，主要包括移动硬盘和平板电脑等。

10.8.1 使用移动硬盘

移动硬盘是一种大容量的移动数据存储设备，其数据存储介质是半导体电介质。在音频、图像、视频等多媒体数据备份存储领域，移动硬盘具有更高的性价比。移动硬盘的外部比较简单，如图10-139所示。

1. 连接移动硬盘

购买移动硬盘后，将其连接到计算机上，然后安装相应驱动，即可进行使用，如进行文件的复制和编辑等操作。下面介绍移动硬盘的使用方法，其具体操作如下。

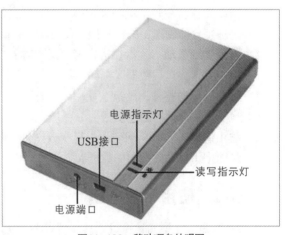

图11-139 移动硬盘外观图

（1）使用USB连接线将移动硬盘与计算机相连接，如图11-140所示。

（2）系统将自动检测硬件，并在任务栏右端显示相关信息，如图11-141所示。

图11-140 连接移动硬盘

图11-141 安装驱动程序

（3）当硬件安装完毕后，即可在"计算机"窗口中打开使用。

办公自动化实用教程

（4）在任务栏右端图标上单击，在弹出的快捷菜单中选择"弹出移动设备"命令，如图10-142所示。

（5）此时，将弹出提示已经安全弹出移动设备，如图10-143所示。

图10-142　弹出移动设备

图10-143　提示安全弹出

2. 维护和保养移动硬盘

在使用过程中若不正确维护硬盘，则有可能造成硬盘损坏，甚至导致数据丢失，产生十分严重的后果。移动硬盘的日常维护主要包括以下几个方面。

◎ **读写时不能关掉电源**：硬盘进行读写时若突然切断电源，将导致磁头与盘片猛烈摩擦，从而损坏磁盘。因此在关机时一定要等待移动硬盘上的读写指示灯不再闪烁，即硬盘停止读写后再关机。

◎ **注意使用环境**：若环境中灰尘较多，则会被吸附到印制电路板的表面和主轴电机的内部；硬盘若在较潮湿的环境中工作，则会使绝缘电阻下降；音箱、喇叭和电机等强磁场环境会将硬盘中的数据磁化使硬盘受到破坏。

◎ **避免受到震动**：硬盘在进行读写工作时若发生较大震动，则可能造成磁头和数据区相撞击，导致盘片数据区损坏，甚至丢失数据信息。

◎ **移动硬盘的整理**：硬盘在使用一段时间后应进行磁盘整理，避免垃圾文件占用空间，也防止磁盘读写速度变慢。

◎ **防止病毒**：当向移动硬盘中复制数据时，要先对数据文件进行扫描，防止其携带病毒从而损害移动硬盘中的数据。

10.8.2　使用平板电脑

平板电脑是最新型的计算机，其体积更小，携带更方便，使用它来连接显示设备进行操作和演示，在现代办公中比笔记本电脑更加方便。下面具体介绍其使用和维护方法。

1. 操作平板电脑

平板电脑的操作比较简单，通常是通过手指触摸进行，下面以联想的Miix平板电脑为例进行讲解，其具体操作如下。

（1）使用手指在平板电脑屏幕上的某个项目上点击一下，可以执行一项操作，如启动应用程序、打开链接或执行命令，如图10-144所示，其功能类似于单击鼠标左键。

（2）在平板电脑屏幕上的某个项目上按下手指并保持一段时间，可打开一个有更多选项的菜单，如图10-145所示，类似于单击鼠标右键。

知识提示　　　和普通计算机相同，平板电脑中也需要运行操作系统，主要有Android、IOS、Windows三种，Windows由于安全性较高，在现代办公中使用广泛。

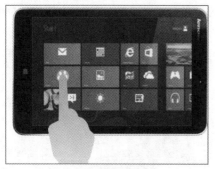

图10-144　点击操作

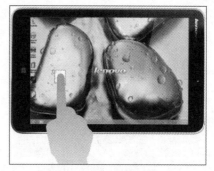

图10-145　长按操作

（3）按平板电脑侧面的电源按钮，启动设备，进入Windows操作系统的开始屏幕，在开始屏幕上点击桌面磁贴，如图10-146所示。

（4）进入Windows桌面，在其中就可以进行各种操作，与在台式机和笔记本电脑中使用的操作系统完全相同，如图10-147所示。

知识提示　　　　为了方便平板电脑的使用，Windows操作系统提供了搜索、共享、开始、设备、设置五个超级按钮。为众多基本任务提供了执行方式，无论用户当前正在使用哪个应用程序，这些超级按钮将始终可用。显示方法为使用一个手指从屏幕右边缘向中间滑动，直到显示超级按钮栏，如图10-148所示。

图10-146　打开开始屏幕

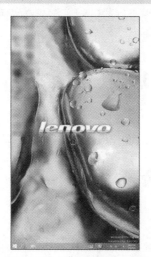

图10-147　进入Windows桌面

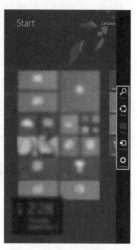

图10-148　显示超级按钮

2. 维护和保养平板电脑

平板电脑的维护和保养主要包括以下几个方面。

◎ 平板电脑散热性比其他类型的计算机都好，但需要注意，将平板电脑放置在柔软的物品上，如床上沙发上，有可能会堵住散热孔而影响散热效果进而降低运作效能，甚至死机。

◎ 平板电脑的显示屏非常脆弱，需要重点保护，用干布略为沾湿再轻轻擦拭机壳表面，请住意千万不要将任何清洁剂滴入机器内部，以避免电路短路烧毁，如图10-149所示为使用滚筒清洁器清洁机壳灰尘。

◎ 关闭电源并移除外接电源线，拆除内接电池及所有的外接设备连接线，如图10-150所示。

图10-149　清洁机壳灰尘

图10-150　拆除电池

◎ 当无外接电源的情况下，倘若当时的工作状况暂时用不到外接设备，建议先将外接设备移除以延长电池使用时间。

◎ 在可提供稳定电源的环境下使用平板电脑时，当电池电力满充之后，最好关闭充电电路，防止发生过充的现象。

◎ 累积灰尘时，可用小毛刷来清洁缝隙，或是使用吹气球将灰尘吹出，或使用掌上型吸尘器来清除缝隙里的灰尘。

◎ 尽量在平稳的状况下使用，避免在容易晃动的地点操作平板电脑。

◎ 清洁表面，可在软布上沾上少许清洁剂，在关机的情况下轻轻擦拭机器表面。

◎ 用小吸尘器将连接头、键盘缝隙等部位之灰尘吸除。

10.9　课堂练习

本次课堂练习将分别进行扫描并打印合同和双面复印身份证操作，综合练习本章学习的办公设备使用的知识点，将办公设备的操作应用到实践中，学以致用。

10.9.1　扫描并打印合同

1．练习目标

本练习要求起草一份合同初稿，并将其扫描，以图片形式传送给对方，再经双方协商洽谈，修改确定合同条款，最后将合同终稿打印出来，便于正式签订合同。本实训涉及使用扫描仪和打印机等办公设备的相关知识。

2．操作思路

根据练习目标要求，本练习的操作思路如下。

（1）打开多功能一体机的电源，将U盘插在多功能一体机的USB接口上，打开盖板，将合同的第一页放在原稿台上（左下角对齐）。

（2）放下盖板，在控制面板上选择"扫描"模式，然后按"开始"按键，扫描合同的第一页。

（3）打开盖板，取出第一页合同，放入第二页，放下盖板，执行相同的操作，扫描合同的其他内容，完成后取出合同的最后一页，拔下U盘即可。

（4）附件的形式上传到邮件中，并将邮件发送给对方。

（5）检查计算机是否与打印机相连接，检查计算机是否安装了打印机的驱动程序。

（6）打开编写合同的Word文档，选择【文件】→【打印】菜单命令，打开"打印"对话框。

（7）在"页面范围"栏中单击选中"全部"单选项，在"副本"栏的"份数"下拉列表框中输入"2"，单击 确定 按钮打印两份合同。

10.9.2　双面复印身份证

1．练习目标

很多时候需要将某些文件的双面都复印到一张纸的同一面中，比如复印身份证、驾驶证、房产证等，下面就利用数码复印机的双面复印功能来复印身份证。

2．操作思路

完成本实训需要先将身份证放入复印机，然后进行双面复印设置，先复制一面，然后复印身份证的另外一面。本实训的思路如图10-151所示。

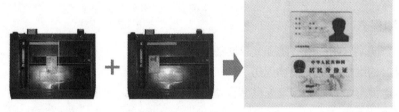

图10-151　双面复印身份证的思路

（1）将身份证正面向下，放置在扫描玻璃上。

（2）按"身份证双面复印/选项"键，或者"双面复印"键（有些复印机需要在控制面板中进行设置，通常为选择"多张合一"选项，并设置复印对象为"ID卡"或"身份证"）。

（3）按"确定"按钮或"复印"按钮，开始复印。

（4）复印完成一面后，控制面板会提示"请翻另一面"或者"再次复印"。

（5）将身份证翻面，按"确定"按钮或"复印"按钮，开始复印身份证的另外一面，然后完成双面复印操作。需要注意的是，扫描时请按紧扫描盖板，否则复印件中部可能会出现一道黑线。

10.10　拓展知识

数码设备是一种新型的办公设备，一般常用的有数码相机和数码摄像机，如图10-152为数码相机的外观图，图10-153为数码摄像机外观图。如今，数码相机和数码摄像机已经成为日常生活中常见的设备，熟练使用其操作和维护方法是办公人员需要掌握的技能。

图10-152　数码相机

图10-153　数码摄像机

1.特点

◎ 外形小巧、携带方便，自动化程度高。

◎ 可即时查看拍摄内容；图片、声音和影像采用数字记录方式，拍摄清晰。

◎ 内存大、使用时间长，并且具有USB接口。

◎ 多功能化且操作方便简单。

2.使用

　　数码相机和数码摄像机在购买时一般会配备使用说明书，用户在使用前要仔细阅读使用说明书，以便正确使用设备。

3.维护和保养

◎ 防震、防潮、防高温、防强光、防磁。

◎ 液晶屏的维护，防止硬物划伤。

◎ 注意电池寿命，避免频繁充电减少使用寿命。

◎ 做好清洁工作。

10.11　课后习题

　　（1）检查计算机是否与打印机相连接，若连接，安装本地打印机驱动，若未连接，则安装网络打印机驱动（知道对方IP地址时，可使用常见疑难解答中关于第一个问题的答案；不知道对方IP地址时，可使用安装本地打印机驱动的方法，在"本地或网络打印机"步骤中，单击选中"网络打印机或连接到其他计算机的打印机"单选项，然后按提示信息进行 操作）。

　　（2）取出打印机的硒鼓，利用维护打印机的方法取出墨盒并重新安装，清洁纸盒和激光器窗口。

　　（3）打印图片，设置传真的接收模式，并尝试将打印的图片以传真的形式发送。

　　（4）打开复印机，练习单面复印、双面复印和批量复印的操作。

　　（5）观察投影仪接口，打开投影仪，将投影仪和计算机连接起来，放映"员工培训"演示文稿。

第11章
维护计算机安全

本章将详细讲解工作中维护计算机安全的相关知识，包括计算机的日常维护、查杀病毒和木马等。读者通过学习要能够掌握维护计算机安全的相关操作，并养成经常维护计算机安全的良好习惯。

 学习要点

- ◎ 保护计算机的软件和硬件
- ◎ 认识木马和病毒
- ◎ 查杀木马和病毒
- ◎ 360安全卫士维护计算机

 学习目标

- ◎ 掌握计算机日常维护的方法
- ◎ 掌握磁盘维护的方法
- ◎ 掌握查杀病毒和木马的方法

11.1 日常维护计算机

办公自动化对计算机及其外设的依赖越来越严重，因此计算机在安全、稳定和高速的环境下运行才能顺利完成各项工作。本小节主要讲述计算机日常维护的相关知识，计算机日常维护包括硬件维护、软件维护和操作系统维护等，通过对这几方面的维护可以最大限度地保证计算机正常、高效地运行。

11.1.1 维护计算机硬件

用户的一些不正常操作可能会导致硬件出现故障，下面介绍一些使用计算机的经验供大家参考。

◎ 在计算机运行过程中，连接计算机的各种设备和主机之间的信号线不要随便装卸，也不要插拔各种接口卡。如果需进行上述操作，必须在关机且断开电源的情况下进行。

◎ 不要频繁地开关计算机。关机后立即加电会使电源装置产生突发的大冲击电流，可能会造成电源装置中的器件被损坏。建议在关闭计算机后等待10秒以上再重新启动计算机。

◎ 在计算机运行过程中，会产生一定的静电场、磁场，加上电源和CPU风扇运转产生的吸力，会将悬浮在空气中的灰尘颗粒吸进机箱并停留在主板、显卡和内存条等器件上。因此，应定期打开机箱，用干净的软布、不易脱毛的小毛刷、吹气球等工具打扫机箱内部的灰尘。

◎ 人或多或少会带有一些静电，若不注意，很有可能导致计算机硬件的损坏。在插拔各种接口卡，如声卡、显卡等硬件时，在接触这些部件之前，应该首先使身体与接地的金属或其他导电物体接触，或用水冲洗，以释放身体上的静电，以免破坏计算机的部件。

◎ 显示器的显示屏切忌碰撞，既不能在屏幕上刻画，也不能用手指在上面指指点点。有条件可以在显示屏上粘贴一张保护膜。若显示屏上粘上了一些不干净的东西，可以先试着用干布擦拭，如果不行，可以用柔软的棉布沾些工业酒精或玻璃清洁剂轻轻擦拭，最好使用专用的屏幕清洗液进行清洗。

◎ 计算机的各个组成部件做工都十分精细，因此在移动计算机的过程中需小心轻放，否则可能会造成硬件不能很好地接触，严重时还可能导致主板等硬件上的微型电子元件断裂或掉落。

◎ 鼠标、键盘是使用率最高的输入设备，在敲击键盘时切忌用力过大，否则容易造成键位失灵。而对于鼠标来说，按键用力过大，也可能使鼠标功能紊乱，如单击变为双击等。

11.1.2 维护计算机软件

计算机软件主要包括常用的应用软件和系统软件，下面分别介绍。

1. 维护系统软件

操作系统是软件运行的平台，它的稳定决定了计算机运行的稳定程度。对操作系统的维护主要包括以下几个方面。

◎ 任何操作系统都存在或多或少的漏洞，相应的开发公司为了提高操作系统的安全性，往往会及时在其网站上提供补丁，以方便用户下载并及时安装，使操作系统最大限度地处于稳定状态。

◎ 安装操作系统的磁盘中会有大量的文件，其中一些不起眼或容量很小的文件可能起着举足轻重的地位。因此，对操作系统不熟悉的用户切忌随意删除或更改其中的文件。

◎ 操作系统不仅对磁盘空间有一定的占用量，而且还需要一定的空闲磁盘空间以满足系统运行，因此计算机中的其他资源，如软件、图片、音频等文件，最好不要放在操作系统所在的磁盘中，尽量做到一个磁盘中仅存放操作系统的文件。

2. 维护应用软件

应用软件维护主要是指对安装在计算机上的各种专业软件和工具软件的维护，主要包括以下几点。

◎ 随着对计算机的使用，计算机上安装的软件越来越多，包括购买的光盘中的软件或从网上下载的免费或共享的软件等。因此在计算机中最好为这些软件的安装程序以及安装后的程序进行分别存放，以便管理。此外，最好不要将软件安装在系统盘中，因为那样会减少系统盘的剩余空间，影响系统运行速度。

◎ 软件开发公司会根据用户的反馈及时对软件进行更新，以便更好地在操作系统中稳定和高速地运行。因此用户应及时对软件进行更新或升级，以使软件始终处于最优状态。

◎ 应及时将计算机中不需要的软件删除，这样不仅可以释放磁盘空间，还便于管理计算机资源、提升计算机运行速度。

11.1.3 维护计算机磁盘

在使用计算机的过程中，由于软件的卸载、安装，文件的复制、移动和删除等各种操作，导致计算机硬盘上将会产生很多磁盘碎片和大量的临时文件等，为了保证计算机的存储空间最大限度的被利用以及计算机正常运行，需定期对磁盘进行整理。

1. 磁盘文件清理

利用Windows自带的磁盘清理程序可将Internet缓存文件、临时文件、下载文件以及不需要的文件删除，其具体操作如下。

（1）单击 按钮，在打开的菜单中选择【所有程序】→【附件】→【系统工具】→【磁盘清理】命令，打开"磁盘清理驱动器选择"对话框，在"驱动器"下拉列表框中选择需要清理的驱动器，单击 确定 按钮，如图11-1所示。

（2）此时将在打开的提示框中提示系统正在计算能够释放的磁盘空间，如图11-2所示。

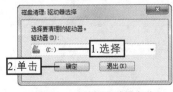

图11-1 选择驱动器名称

图11-2 计算释放空间

（3）系统开始扫描所选磁盘，并打开相应的磁盘清理对话框，在"要删除的文件"列表框中选中要删除的文件类型对应的复选框，单击 确定 按钮，如图11-3所示。

（4）打开提示对话框，单击 删除文件 按钮，如图11-4所示，系统便开始清理文件。

（5）在打开的提示对话框中将显示进度，如图11-5所示，完成后自动关闭该提示框。

图11-3　选择要删除的文件

图11-4　选择要删除的文件

图11-5　删除文件进度

2. 整理磁盘

计算是由软件和硬件共同组成的，在日常工作中，各种硬件同样需要进行维护，从而保证计算机的正常工作。其具体操作如下。

（1）打开"本地磁盘(H:) 属性"对话框，单击"工具"选
项卡，在"碎片整理"栏单击 立即进行碎片整理(D)... 按钮，如
图11-6所示。

（2）打开"磁盘碎片整理程序"窗口，在"当前状态"列
表框中选择要整理的磁盘选项，然后单击 分析磁盘(A)
按钮，即可对该磁盘进行分析，完成后将在该选项后
显示整理结果，如图11-7所示。

（3）选择分析过的磁盘选项，单击 磁盘碎片整理(D) 按钮即可整
理磁盘碎片，如图11-8所示。

图11-6　打开"属性"对话框

图11-7　分析磁盘

图11-8　整理磁盘

11.2 查杀木马和病毒

随着Internet的不断发展，各种危害计算机的操作或对象，如病毒、木马等也有了展示的"舞台"，如何维护计算机以及保证计算机运行环境的安全便引起用户的重视的，本小节主要介绍什么是木马和病毒、使用杀毒软件查杀病毒和使用360安全卫士检查计算机安全。

11.2.1 认识木马和病毒

木马和病毒都是计算机程序，它们被一些精通计算机的用户编写出来会妨碍、破坏计算机运行。要查杀计算机木马和病毒，首先应了解它们各具有什么特点。

1. 木马

木马具有隐蔽性和非授权性两大特点。

◎ **隐蔽性：** 木马设计者会采用多种手段将木马隐藏起来不被发现，即使发现，也不能确定其具体位置，从而很难清除。

◎ **非授权性：** 一旦客户端与服务器端连接后，客户端将享有服务器端的大部分操作权限，如修改文件、修改注册表和控制鼠标等，而这些权力并不是服务器端授予的，而是通过木马程序窃取的。

2. 病毒

病毒具有以下特点。

◎ **传染性：** 病毒可以通过U盘、网络等传染到其他计算机，并快速扩散，具有很强的传染性。

◎ **破坏性：** 主要是对操作系统和硬盘进行损坏，轻则影响计算机运行速度，使其不能正常运行；重则使计算机处于瘫痪状态，给用户带来不可估量的损失。

◎ **潜伏性：** 计算机感染病毒后可能不会立即发作，过了一段潜伏期并满足一定的条件后，它才会开始起作用，使用户无法提前感知它的存在。

◎ **复制性：** 就像生物病毒一样，计算机病毒具体很强的复制能力，能附着在各种类型的文件上。当文件被复制或从一个客户端传送到另一个客户端时，它们就随同文件一起蔓延开来。

11.2.2 使用杀毒软件查杀病毒

专业的杀毒软件可以保护计算机的安全，并时刻监视病毒的变化，因为被誉为计算机的安全"卫士"。目前常用的杀毒软件有瑞星、江民和金山毒霸等。下面以瑞星杀毒软件为例介绍这类软件的使用方法，以应付各种各样病毒的侵入。

1. 快速查杀病毒

瑞星杀毒软件提供了快速扫描方式，针对主要系统对象中的引导区、系统内存、关键区和系统磁盘进行扫描，清查病毒威胁，其具体操作如下。

（1）单击 按钮，选择【所有程序】→【瑞星杀毒软件】→【瑞星杀毒软件】命令，启动瑞星杀毒软件。

（2）在主界面中单击"快速扫描"按钮 ，系统自动对电脑中主要系统对象进行快速查杀，并显示扫描进度，如图11-9所示。

（3）扫描结束后，在打开的页面中将显示扫描结果。

图11-9　快速查杀病毒

2.　全盘查杀病毒

全盘查杀病毒是指对电脑中的所有磁盘一次进行扫描，查杀可能对电脑造成威胁的文件。其具体操作如下。

（1）打开瑞星杀毒主界面，单击"全盘扫描"按钮 ，系统自动对全盘进行病毒查杀，如图11-10所示。

（2）杀毒软件对系统进行扫描时会先对系统对象进行检查，再分别对每个磁盘进行扫描，因此可能会花费大量时间。

（3）扫描结束后，将自动处理电脑中存在的威胁，完成后打开如图11-11所示的界面。

图11-10　全盘查杀病毒

图11-11　处理电脑威胁

3.　扫描指定文件夹

瑞星杀毒软件的自定义查杀功能主要用于对某一个可能感染病毒的磁盘、文件夹或文件进行扫描杀毒。其具体操作如下。

（1）启动瑞星杀毒软件，在主界面中单击"自定义查杀"按钮 ，打开"选择查杀目录"对话框。

（2）选中要查杀的目标文件前的复选框，单击 开始扫描 按钮，如图11-12所示。

（3）软件自动打开自定义查杀界面，并在窗口中

图11-12　选择查杀目标文件

显示扫描进度和杀毒项目的内容。

（4）扫描完成后自动打开扫描结果界面，单击 返回首页 按钮返回首页。

4．添加白名单文件

设置白名单文件则是指将选择的文件添加到杀毒软件信任状态，防止将其误删。其具体操作如下。

（1）启动瑞星杀毒软件，在窗口主界面下方单击"白名单"超链接，打开"白名单"对话框。

（2）单击 ＋ · 按钮，在打开的下拉列表中选择"浏览文件夹"命令，打开"浏览文件或文件夹"对话框。

（3）在对话框中选择信任的文件夹，单击 确定 按钮，如图11-13所示。

（4）返回"白名单"对话框，此时选择的文件夹和进程都显示在对话框中，单击 × 按钮关闭对话框即可。

图11-13　添加白名单

11.2.3　使用360安全卫士检查计算机

360安全卫士是一款功能强大且当前较流行的安全维护软件。它拥有查杀恶意软件、查杀木马、修复漏洞和电脑体检等多种功能。

1．进行体检

对计算机进行体检的实质是对其进行全面的扫描，让用户了解计算机的当前使用状况。其具体操作如下。

（1）单击 按钮，选择【所有程序】→【360安全中心】→【360安全卫士】→【360安全卫士】命令，启动360安全卫士。

（2）在主界面单击 按钮，如图11-14所示。

（3）系统自动对计算机进行扫描体检，窗口中显示体检进度并动态显示检测结果，扫描完成后，单击 按钮，如图11-15所示。

图11-14　360安全卫士主界面

图11-15　进行一键修复

（4）系统自动解决计算机存在的问题，完成后在打开的界面中可单击"重新体检"超链接，再次对计算机进行体检。

2. 修复漏洞

系统漏洞是指应用软件或操作系统中的缺陷或错误。对计算机进行漏洞修复也是保护计算机的一种方法。其具体操作如下。

（1）单击"漏洞修复"选项卡，系统自动扫描当前计算机是否存在漏洞。

（2）单击 ▉▉▉ 按钮，如图11-16所示。程序将自动对漏洞进行修复，修复完成后将在界面中显示提示信息。

图11-16 修复漏洞

3. 清理系统垃圾

卸载程序时，残留的文件和浏览网页产生的垃圾文件会增加系统负担，此时可使用360安全卫士清理系统垃圾。其具体操作如下。

（1）单击"电脑清理"选项卡，在窗口中选中所有需要清理的项目前对应的复选框，然后单击 ▉▉▉ 按钮，如图11-17所示。

（2）系统开始扫描计算机中存在的系统垃圾，扫描完成后自动清理选择的项目。

图11-17 清理系统垃圾

4. 电脑优化加速

计算机开机启动项过多，可能导致计算机开机和运行缓慢，使用360安全卫士的计算机优化加速功能可解决此问题。其具体操作如下。

（1）单击"优化加速"选项卡，系统自动扫描计算机可以优化的项目。

（2）扫描完成后，选中需要优化项目对应的复选框，然后单击 ▉▉▉ 按钮，系统自动进行优化，如图11-18所示。

图11-18 计算机优化与加速

11.3 课堂练习

本课课堂练习将使用Windows 7自带工具整理计算机硬盘的磁盘碎片，通过360杀毒软件进行病毒查杀。通过对这两个上机任务的操作，让读者掌握维护磁盘和查杀病毒的具体操作方法。

11.3.1 对计算机进行磁盘维护

1. 练习目标

本练习要求对计算机进行磁盘维护，先对系统磁盘进行检查，选择要删除的文件，然后再清理磁盘，最后对系统磁盘进行分析，整理磁盘碎片。

2. 操作思路

根据上面的操作要求，本练习的操作思路如图11-19所示。

① 选择要删除的文件　　　　　　　② 分析并整理磁盘碎片

图11-19 维护磁盘的操作思路

（1）打开磁盘属性对话框，单击"工具"选项卡，在"碎片整理"栏单击 立即进行碎片整理(D)... 按钮。

（2）打开"磁盘碎片整理程序"窗口，选择要整理的磁盘，然后单击 分析磁盘(A) 按钮，对磁盘进行分析。单击 磁盘碎片整理(D) 按钮即可整理磁盘碎片。

11.3.2 使用360查杀病毒

1. 练习目标

本练习要求使用360杀毒软件对计算机进行病毒扫描，并对扫描结果进行处理。

 视频演示　　　光盘:\视频文件\第11章\使用360查杀病毒.swf

2. 操作思路

根据上面的操作要求，本练习的操作思路如图11-20所示。

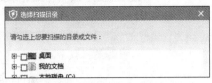

①全盘查杀电脑　　　　　　　　　②在自定义查杀模式中选择目录

图11-20　使用360杀毒软件查杀病毒的操作思路

（1）启动360杀毒软件，在主界面单击"全盘扫描"按钮。

（2）系统自动对电脑硬盘进行全盘扫描，完成后返回软件首页。

（3）单击"自定义扫描"按钮，打开"选择扫描目录"对话框。

（4）选中要自定义扫描的磁盘、文件夹或文件前的复选框，然后单击　　　　按钮。

11.4　拓展知识

360安全卫士还提供了软件下载功能，在360安全卫士主界面中单击　按钮，打开"360软件管家"界面，如图11-21所示。

图11-21　使用360杀毒软件查杀病毒的操作思路

◎ "软件大全"按钮：该选项卡下提供了多种不同类型计算机软件，用户根据需要在左侧的列表中选择软件类型，在右侧找到需要下载的软件，单击　下载　按钮即可下载。

◎ "软件升级"按钮：该选项卡下提供了360安全卫士检测到的计算机中需要升级的软件，在列表后面单击　一键升级　按钮升级软件即可。

◎ "软件卸载"按钮：该选项卡下列出了计算机中安装的所有软件，用户可根据需要卸载软件，只需在列表后面单击　卸载　按钮即可卸载软件。

11.5　课后习题

（1）清理计算机各组件的灰尘及污垢后启动计算机，清理各磁盘中无用的文件，再进行碎片整理。

（2）使用360安全卫士为计算机体检，如有漏洞立即修复，然后清理系统垃圾和痕迹。

视频演示　　　光盘:\视频文件\第2章\课后习题.swf

第12章

综合案例

本章将综合练习Office 2010三大组件的协同使用方法。读者通过学习要能够掌握三大组件协同使用的相关方法，并能应用在实践中。

 学习要点

◎ 掌握Office三大组件的综合应用方法

◎ 掌握通过网络收集资料的方法

 学习目标

◎ 能够熟练撰写基本的广告文案

◎ 能够综合使用Office三大组件制作广告案例

12.1 实例目标

本实例要求制作广告文案，涉及Office办公软件、网络和办公设备等方面的多种知识。读者不仅需要掌握Word文档的编写、Excel表格的编写和计算，以及PowerPoint演示文稿的制作和设计，还要掌握在网络中搜索资料的方法，并熟练掌握办公设备的使用方法。本实训的完成效果如图12-1所示，下面讲解具体制作方法。

素材所在位置	光盘:\素材文件\第12章\综合案例\广告文案\
效果所在位置	光盘:\效果文件\第12章\综合案例\
视频演示	光盘:\视频文件\第12章\撰写广告文案.swf

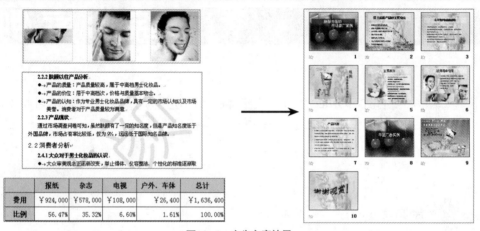

图12-1 广告文案效果

12.2 专业背景

广告文案是以语辞进行广告信息内容表现的形式。广告文案有广义和狭义之分，广义的广告文案就是指通过广告语言、形象和其他因素，对既定的广告主题、广告创意进行具体表现。狭义的广告文案则指表现广告信息的言语与文字构成。

12.2.1 广告文案的要求

广告文案在写作时应注意以下几点要求。

◎ **准确规范、点明主题**：广告文案中语言表达要规范完整，避免产生歧义或误解；要符合语言表达习惯，避免使用冷僻以及过于专业化的词语。

◎ **简明精炼、言简意赅**：广告文案的文字语言要简明扼要、精练概括，以尽可能少的语言和文字实现有效的广告信息传播，使广告受众迅速记忆下广告内容。

◎ **生动形象、表明创意**：广告文案中的生动形象能够吸引受众的注意，在进行文案创作时采用生动活泼、新颖独特的语言同时，还要辅助以一定的图像进行配合。

◎ **动听流畅、上口易记**：广告语言要注意优美、流畅和动听，使其易识别、记忆和传播，从而突显广告定位，突出广告主题和广告创意，产生良好的广告效果。

12.2.2 广告文案的构成

广告文案主要由广告标题、广告正文、广告口号以及广告图像和广告音响构成。在广告设计中，文案与图案图形同等重要，图形具有冲击力，广告文案则具有较深的影响力。

◎ **广告标题**：广告文案的主题也是广告内容的诉求重点，作用在于吸引消费者对广告的兴趣。语言应简明扼要、传递清楚，文字数量一般以在12字之内为宜。

◎ **广告正文**：广告正文是对产品及服务的说明，从而增加消费者的了解与认识。内容应实事求是，通俗易懂，要抓住主要信息进行叙述。

◎ **广告口号**：口号是战略性的语言，目的是经过反复和相同的表现，使消费者掌握商品或服务的个性。广告口号应简洁明了、语言明确、独创有趣且便于记忆。

12.2.3 广告文案的原则

广告文案写作三大原则：真实性原则、原创性原则、有效传播原则。

◎ **真实性原则**：真实性是广告文案的生命力所在，如果违背了真实性原则，广告文案会因为失真而丧失可信度。广告活动如果失去了受众的信任，其本身也就成了毫无意义的行为。

◎ **原创性原则**：包括表现手法上的独创和信息内容的独创。广告文案写作需要在形式上体现原创，寻找到独特的信息内容进行表现。

◎ **有效传播原则**：有效传播是通过沟通建立与目标消费者之间的独特关系，要衡量广告的优劣，不仅要视其销售产品的能力，更取决于其能否树立一个持久的品牌，获得消费者的忠诚和信心。

12.3 实例分析

要制作本例前，应先收集相关资料，做好前期准备。不仅可以进行相关调查活动，还可在网上查找需要的数据和图片，再进行整合处理。处理数据时可将Excel和Word结合使用，然后再利用整合的信息和收集的图片制作PPT幻灯片。本实训的操作思路如图12-2所示。

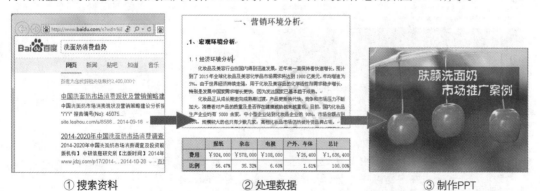

① 搜索资料　　　② 处理数据　　　③ 制作PPT

图12-2 广告文案的制作思路

12.4 制作过程

拟定好制作思路后即可按照思路逐步进行操作，下面进行讲解。

12.4.1 搜集洗面奶的相关资料

搜集洗面奶的相关资料时，可使用IE浏览器在网上进行查找。下面在网上搜集洗面奶的相关资料，其具体操作如下。

（1）启动IE浏览器，打开百度首页。在搜索框中输入需要查找的内容"洗面奶消费趋势"，然后按【Enter】键进行搜索，如图12-3所示。

（2）在搜索结果中单击相应的超链接进入"百度文库"页面进行浏览，然后在页面中单击 下载 按钮，如图12-4所示，并在打开的提示对话框中单击 立即下载 按钮确认下载。

图12-3 搜索内容

图12-4 下载文件

（3）在打开的"文件下载"对话框中单击 保存(S) 按钮，然后在打开的"另存为"对话框中选择文件的保存位置，最后单击 保存(S) 按钮即可下载文件，如图12-5所示。

图12-5 保存文件

操作技巧

　　在百度文库中下载文档需要先注册百度账号，且有些文档需要支付一定的虚拟积分，在下载前可先查看文档相关信息，然后再进行下载。

12.4.2　在Excel中制作"广告预算费用"

搜集完资料后,即可将相关数据录入到Excel表格中,使用公式等对广告投放的费用进行预算。下面在Excel中统计广告预算费用,其具体操作如下。

(1)打开Excel 2010,新建并以"广告预算费用"为名保存工作簿。

(2)插入一张新工作表,然后将所有工作表分别命名为"总计信息""报纸""杂志""电视"和"户外、车体",如图12-6所示。

(3)在工作表"报纸"中输入相应的数据,然后合并B5:G5单元格区域,并根据内容调整行高和列宽,如图12-7所示。

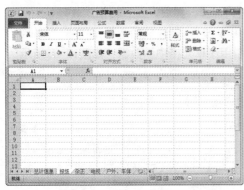

图12-6　设置工作表标签

图12-7　输入数据

(4)在F2单元格中输入公式"=D2*E2",再利用填充柄将公式填充到F4单元格中。在B5单元格中使用求和函数SUM,计算出F2:F4单元格区域中的数据总和,如图12-8所示。

(5)将E2:E4和F2:F4单元格区域,以及B5单元格中的数字类型设置为"货币",不保留小数点,如图12-9所示。

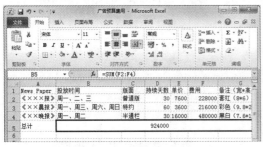
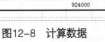

图12-8　计算数据

图12-9　设置数值格式

(6)加粗A1:A5和B1:G1单元格区域中数据的字体,并添加"浅灰"底纹,如图12-10所示。

图12-10　设置底纹

办公自动化实用教程

（7）居中显示所有表格数据，然后为表格添加粗线外边框和细线内边框，如图12-11所示。

图12-11　设置边框

（8）按照相同方法，在其他表格中输入数据并进行计算，然后设置表格格式。

（9）切换到工作表"总计信息"，在B2单元格中输入"="。然后选择工作表"报纸"，在B5单元格上单击鼠标，并按【Enter】键，引用该单元格中的数据，如图12-12所示。

图12-12　引用数据

（10）分别在C2、D2和E2单元格中引用相应表格中的数据，然后在F2单元格中计算B2:E2单元格区域中数据的总和，如图12-13所示。

（11）在F3单元格中输入"1"，然后在B3:E3单元格区域中分别输入"=B2/F2""=C2/F2""=D2/F2""=E2/F2"，计算出各项费用所占总费用的比例，如图12-14所示。

图12-13　计算总费用　　　　　　　　　　　图12-14　计算各项费用比例

（12）将B3:F3单元格区域的数字类型设置为"百分比"，如图12-15所示。

（13）按【Ctrl+S】组合键，将制作完成的表格保存即可。

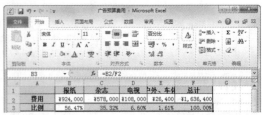

图12-15　设置单元格格式

266

12.4.3 在Word中输入相关分析资料

利用Word可整理将文字资料，制作广告的相关策划案。下面在Word中输入相关分析资料，其具体操作如下。

（1）打开Word 2010，新建文档并以"营销策划"为名将其保存。

（2）在文档中输入相关资料，并将所有正文文本设置为"宋体、小四、首行缩进、1.25倍行距"，并为小标题段落添加项目符号，如图12-16所示。

（3）为一级标题文本应用样式"标题1"，并将其居中显示；为二级标题文本应用样式"标题2"；将三级标题文本设置为"黑体、小三"；将四级标题文本设置为"宋体、小四、加粗"。然后分别为各级别的文本段落设置相应的大纲级别，如图12-17所示。

図12-16　输入文本

図12-17　设置段落格式

（4）在文档中插入表格，输入相应的数据内容并设置其格式，如图12-18所示。

（5）在表格"年龄段"下方插入素材图片"年龄段.jpg"，并使其居中显示，然后按照相同方法在其他表格下方插入相应的图片，如图12-19所示。

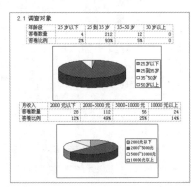

図12-18　插入表格

図12-19　插入图片

（6）绘制矩形、直线和箭头，并在矩形中输入相应的文本，然后组合所有自选图形，并将其嵌入在"1、市场调查的步骤及实施方案"段落下，如图12-20所示。

（7）打开"页面设置"对话框，将页眉和页脚设置为"首页不同"，如图12-21所示。

职业素养　市场调查是广告策划之前必须进行的一步，目的是了解目标市场，并进行分析和研究。撰写广告文案时，应该将实际调查的数据进行整理归纳，才能制作出真正符合市场需要的产品广告。

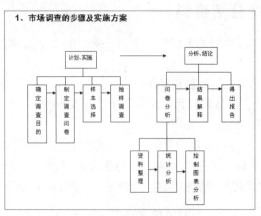

图12-20 绘制自选图形

图12-21 设置首页不同

（8）切换到"页眉和页脚"视图，在第二页页眉中输入文本"肤颜青苹果洗面奶营销策划"。

（9）打开"页码格式"对话框，将起始页码设置为"0"，然后在第二页的页脚中插入页码，如图12-22所示。

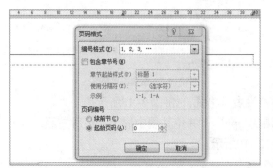

图12-22 输入页眉和页脚

（10）在第二页中插入目录，显示级别为"3"，如图12-23所示。

图12-23 插入目录

（11）在【页面布局】→【页面背景】组中单击"水印"按钮，打开"水印"对话框，为文档添加文本水印"肤颜"，格式为"幼圆、灰色-25%"，如图12-24所示。

（12）最后将制作完成的文档保存即可。

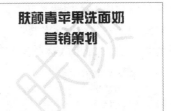

图12-24 添加水印

12.4.4 制作"洗面奶广告案例"演示文稿

将资料整理完毕之后，即可使用PowerPoint制作产品的广告演示案例，从而更直观地展示产品。下面在PowerPoint中制作广告演示案例，其具体操作如下。

（1）打开PowerPoint 2010，新建演示文稿并以"洗面奶广告案例"为名保存。

（2）插入9张空白幻灯片，为第8张幻灯片应用"标题幻灯片"版式，为第4、第9和第10张幻灯片应用"空白"版式。

（3）切换到幻灯片母版视图，新建标题母版。在幻灯片母版中设置背景格式为图片填充，并插入"背景1.jpg"，在幻灯片标题母版中插入"背景2.jpg"，效果如图12-25所示。

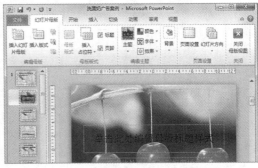

图12-25 设置母版背景

（4）将母版标题样式设置为"方正细珊瑚简体、44号、深绿"，并设置"白色、透明度40%"的填充颜色，如图12-26所示。

（5）退出母版视图，在标题幻灯片中输入标题文本，并将其设置为"方正水柱简体、54号、白色"，然后设置"透明度35%、深绿"的填充颜色，如图12-27所示。

图12-26 设置母版标题格式　　　　　　　　　图12-27 输入标题文本

（6）在其他幻灯片中输入标题和文本，并根据需要设置字符格式。

（7）在幻灯片中插入合适的素材图片，并调整位置和大小，如图12-28所示。

（8）进入母版视图，为母版标题文本框添加"缩放"自定义动画，开始时间为"上一动画后"，如图12-29所示。

图12-28　添加幻灯片对象

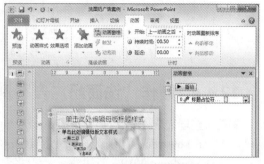

图12-29　设置母版标题动画

（9）关闭母版视图，为幻灯片2中的文本框添加"向内溶解"动画效果，然后在列表框中单击效果选项右侧的下拉按钮⏷，在打开的下拉列表中选择"效果选项"选项。

（10）在打开的"向内溶解"对话框中单击"正文文本动画"选项卡，在"组合文本"下拉列表框中选择"作为一个对象"选项，然后单击 确定 按钮，如图12-30所示。

图12-30　设置文本动画选项

（11）为幻灯片中的其他对象添加自定义动画效果。

（12）切换到"幻灯片切换"任务窗格，选择"棋盘"切换方式，持续时间为"02.25"，然后单击 全部应用 按钮将设置应用于所有幻灯片，如图12-31所示。

（13）打开"设置放映方式"对话框，单击选中"循环放映，按ESC键终止"复选框，然后单击 确定 按钮，如图12-32所示，最后将制作完成的演示文稿保存。

图12-31　设置幻灯片切换方式

图12-32　设置放映方式

12.4.5 打印和复印相关文档

制作完成的文档可将其打印出来，以便查看和使用。下面打印制作完成的文档，并将其复印3份，其具体操作如下。

（1）打开制作好的文档"营销策划.docx"，选择【文件】→【打印】命令，在打开的列表中间分别设置打印机、份数、打印方式等，如图12-33所示。

（2）等打印完奇数页面之后，将纸张翻转放回打印机，继续打印偶数页。

（3）打印完成后，在复印机纸盒中装入A4白纸，打开盖板，将打印出来的文件逐页放在原稿台上（左下方对齐）。

（4）盖上文件盖板，在面板的数字键盘上按下"3"按键，按"开始"按键，将文档复印3份。

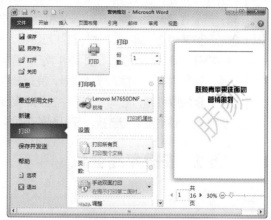

图12-33　设置打印选项

12.5 课 堂 练 习

本课课堂练习将综合练习本书所学知识，主要包括管理电子邮件和进行活动策划两部分。通过对这两个课堂练习的操作，让读者掌握办公自动化工作中的相关操作技能。

12.5.1 管理电子邮件

1. 练习目标

电子邮件是现代办公中经常使用的交流方式之一，因其便捷、稳定的特点而被用户广泛使用。本实训的目标是管理邮箱中的电子邮件，需要先注册Hotmail邮箱账户，然后在其中对邮件进行查看、回复和删除等操作。

2. 操作思路

完成本实训前需要先申请电子邮箱账户，然后收取邮件，再根据邮件内容进行回复，最后将不需要的邮件删除即可。本实训的操作思路如图12-34所示。

① 阅读邮件

② 回复邮件

③ 删除邮件

图12-34　管理电子邮件的操作思路

视频演示	光盘:\视频文件\第12章\管理电子邮件.swf

（1）打开IE浏览器，在地址栏中输入"www.hotmail.com"，打开Hotmail主页，在其中申请电子邮箱，然后在登录页面输入邮箱账号和密码，进入电子邮箱。

（2）在左侧列表最上方单击"收件箱"超链接，打开收件箱，在中间的邮件列表中单击未读的邮件，将其打开进行阅读，在页面中单击"答复"超链接，打开邮件编写页面。

（3）并输入答复内容，并插入表情符号，完成邮件的编写之后，单击"发送"超链接，将邮件发送出去。返回收件箱，在邮件列表中找到不需要的邮件，单击选中其前面的复选框，然后在列表上方单击"移动至"超链接，在打开的下拉列表中选择"已删除邮件"选项，将其删除。

12.5.2　安排年终会议

1. 练习目标

本实训要求制作年终总结演示文稿，制作过程中需要使用Office办公软件中的Word、Excel和PowerPoint 3个组件中的多种知识。读者不仅需要掌握Word文档的编写、Excel表格的编辑，还要掌握PowerPoint演示文稿的制作和设计。本实训的完成效果如图12-35所示，下面讲解具体制作方法。

素材所在位置	光盘:\素材文件\第12章\课堂练习\年终总结\
效果所在位置	光盘:\效果文件\第12章\课堂练习\年终总结\
视频演示	光盘:\视频文件\第12章\安排年终会议.swf

图12-35　"年终总结"效果

2. 操作思路

制作本例前，应先收集相关资料，做好前期准备。本例的操作思路如图12-36所示。

① 制作文档

② 制作电子表格

③ 制作演示文稿

图12-36 年终总结的制作思路

（1）在Word程序中制作"业务部年终总结""客户部年终总结""财务部年终总结"文档，并进行相关美化设置。

（2）在Excel中制作"订单明细""发货统计""库存明细"3个电子表格，并进行相关的表格设置。

（3）在演示文稿中创建多张幻灯片，并设置切换动画以及对象的动画，最后将创建的文档链接到幻灯片中，将制作的电子表格嵌入到幻灯片中。

（4）在演示文稿中插入之前制作的相关电子表格和文档。

12.6 拓 展 知 识

使用软件也可能出现各种故障，下面分析几种常见故障的现象、原因和解决办法。

◎ **丢失文件**：造成类似"不能找到某个设备文件"的启动错误信息，绝大多数原因是没有正确使用卸载软件。应该使用程序自带的"卸载"选项，一般存在于"开始"菜单的"程序"文件夹中相应文件的选项中，或者使用"控制面板"的"添加/卸载"选项进行卸载。

◎ **文件版本不匹配**：在安装新软件之前，先备份"C:\WINDOWS\SYSTEM"文件夹的内容，可以将DLL出现错误的几率降低，且大多数错误产生的原因与DLL有关，因此保证DLL运行安全非常必要。绝大多数新软件在安装时也会观察现存的DLL，如果需要更新，则会给出提示，一般可以保留新版DLL文件，标明文件名，以免出现问题。

◎ **非法操作**：每当有非法操作信息出现，相关的程序和文件都会和错误类型显示在一起，一般原因在于有两个软件同时使用了内存的同一个区域。用户可通过错误信息列出的程序和文件来研究错误起因；如果给出的是"未知"信息，可能数据文件已经损坏，可直接使用备份或者查找厂家是否有文件修补工具。

◎ **蓝屏错误信息**：要确定出现蓝屏的原因就需要仔细检查错误的信息，很多蓝屏发生在安装了新软件以后，是新软件和现行的WINDOWS设置发生冲突直接引起的。出现蓝屏的真正原因不容易搞清楚，最好的办法是把错误信息保留下来，然后用"blue screen"和文件名、"fatal exception"代码到微软的站点搜索，以便确定原因。

◎ **资源耗尽**：在程序打开和关闭之间都会消耗资源，一些在程序打开时被占用的资源在程序关闭时可以被恢复，但并不都是这样能恢复，一些程序在运行时可能导致GDI和USER资源丧失，这也就是为什么在机器运行一段时间以后最好重新启动一次补充资源的原因。

◎ **中毒**：增加安全意识，对日常工作中隐藏的病毒危害增加警觉性，如安装杀毒软件，定时更新病毒定义，运行来历不明的文件前进行查杀；文件共享时尽量控制权限和增加密码；不打开有问题的邮件等。

12.7 课后习题

（1）根据现有的数据和素材文档中的内容，使用PowerPoint制作如图12-37所示的上市营销计划。

提示：新建并保存演示文稿，打开素材文档"营销计划.docx"，根据其中的内容，在幻灯片中分别输入相应的文本；打开素材表格"销售量.xlsx"，根据其中的数据在幻灯片中插入图表；在幻灯片中插入素材图片，并调整大小和位置。

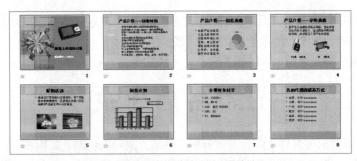

图12-37 "上市营销计划"最终效果

（2）使用IE浏览器，搜索与"行政公文"相关的资料，并使用迅雷进行下载。

（3）申请"网易"邮箱账号，然后编写新年祝福邮件，并将其发送给好友。

（4）在"京东网上商城"注册账号，然后在其中使用网上银行进行购物。

素材所在位置	光盘:\素材文件\第12章\课后习题\营销计划.docx、销售量.xlsx
效果所在位置	光盘:\效果文件\第12章\课后习题\上市营销计划.pptx
视频演示	光盘:\视频文件\第12章\课后习题.swf

附　录

项目实训

为了培养学生独立完成工作任务的能力，提高就业综合素质和思维能力，加强教学的实践性，本附录精心挑选了5个综合实训，分别围绕"制作招聘启事文档""制作日常办公费用表""制作礼仪培训演示文稿""Internet的应用"和"办公软硬件的使用"。通过完成实训，使学生进一步掌握和巩固Office软件综合应用的相关知识。

实训1　制作招聘启事文档

【实训目的】

通过实训掌握Word文档的输入、编辑、美化与编排操作，具体要求及实训目的如下。
◎　熟练掌握Word文档的新建、保存、打开与关闭操作。
◎　熟练掌握文本的复制、移动、删除、插入与改写、查找与替换操作。
◎　熟练掌握设置文档格式和输出的操作方法。

【实训实施】

1．新建和保存文档。启动Word 2010，新建空白文档，然后将其保存。

2．录入与编辑文本。输入文本，然后通过移动、复制、删除、查找与替换等操作对文档内容进行修改。

3．设置字符格式和段落格式。分别设置文本的字体、字号、字符颜色、字形、对齐方式、段落缩进和行间距等，并为相应段落添加项目符号和编号。

4．设置版面。添加页眉、边框和底纹、文字水印。

5．打印文档。设置页面大小，对文档进行预览并打印。

【实训参考效果】

本实训的部分页面参考效果如图1所示。

图1　招聘启事参考效果

效果所在位置　光盘:\效果文件\附录\招聘启示.docx

实训2　制作日常办公费用表

【实训目的】

通过实训掌握Excel电子表格的制作与数据管理，具体要求及实训目的如下。
◎ 熟练掌握Excel工作簿的新建、保存与打开操作及工作表的新建和删除等操作。
◎ 熟练掌握表格数据的输入和运用不同的方法对工作表行、列和单元格格式进行设置。
◎ 熟练掌握用公式与函数计算表格中的数据和对表格中数据的统计操作。
◎ 掌握进行页面设置和打印输出表格的方法。

【实训实施】

1. 保存工作簿。启动Excel 2010，将工作簿保存，输入数据并设置格式。在表格中输入数据，然后分别设置字体、字号、字形和对齐方式。
2. 设置工作表行和列。根据内容调整表格的行高和列宽，设置单元格格式。将单元格的数字类型设置为相应的格式，如货币格式等；对表格添加边框线，并为表头设置底纹。
3. 设置工作表标签。重命名工作表，并设置工作表标签颜色，计算和管理表格数据。运用公式或函数计算表格中的数据，并对计算结果进行排序和筛选。
4. 分析表格数据。对表格中的数据区域创建图表，分析表格数据，然后设置图表格式。
5. 打印表格。进行页面设置，然后打印表格。

【实训参考效果】

本实训的参考效果如图2所示。

日常办公费用							
项目	办公用品费用	机动车补助	节日福利	清洁费	交通费	部门合计	平均值	是否超值
总经办	125.50	350.00	800.00	150.00	200.00	1,625.50	325.10	超支
技术研发部	92.00	350.00	400.00	150.00	100.00	1,092.00	218.40	超支
销售部	79.00	300.00	400.00	80.00	100.00	959.00	191.80	未超支
财务部	85.00	240.00	400.00	90.00	100.00	915.00	183.00	未超支
行政部	100.00	200.00	400.00	75.00	100.00	875.00	175.00	未超支
企划部	75.00	180.00	400.00	40.00	100.00	795.00	159.00	未超支
费用合计	556.50	1,620.00	2,800.00	585.00	700.00	6,261.50	1,252.30	超支
平均值	92.75	270	466.6667	97.5	116.6667	1043.583	208.7167	

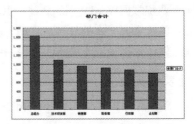

图2　日常办公费用表制作效果

 效果所在位置　光盘:\效果文件\附录\日常办公费用表.docx

实训3　制作礼仪培训演示文稿

【实训目的】

通过实训掌握PowerPoint幻灯片的制作、美化与放映操作，具体要求及实训目的如下。

◎ 熟练掌握用不同的方法实现幻灯片的新建、删除、复制和移动等操作。

◎ 熟练掌握编辑幻灯片中内容的方法，包括添加与设置文本，插入图片、剪贴画和文本框，以及绘制与编辑图形等。

◎ 通过母版快速美化幻灯片，从而使演示文稿达到统一的效果。了解不同场合演示文稿的配色方案。

◎ 熟练掌握多媒体幻灯片的制作，包括插入声音、视频和动画的操作。

◎ 熟练掌握幻灯片的放映知识，了解在不同场合下放映幻灯片要注意的细节和需求。

◎ 熟练掌握演示文稿打包的方法。

【实训实施】

1. 幻灯片的操作。创建演示文稿，在演示文稿中插入多张幻灯片，并设置幻灯片版式。

2. 编辑母版。设置母版的背景和文本格式，并在其中为幻灯片中的对象统一添加动画效果。

3. 编辑和美化幻灯片内容。在各张幻灯片中输入相应的文本，并进行格式设置；在各张幻灯片中插入素材图片并进行编辑；在部分幻灯片中插入剪贴画、艺术字和文本框等对象，丰富幻灯片的内容。

4. 设置动画和切换效果。为幻灯片中的对象添加自定义动画效果，然后为幻灯片设置切换效果。

5. 放映和输出演示文稿。对制作的幻灯片进行放映和控制，如定位幻灯片和添加标记等，最后将演示文稿打包成CD。

【实训参考效果】

本实训礼仪培训演示文稿的参考效果如图3所示。

素材所在位置 光盘:\素材文件\附录\

效果所在位置 光盘:\效果文件\附录\礼仪培训.pptx

图3 礼仪培训演示文稿制作效果

实训4 Internet的应用

【实训目的】

通过实训掌握Internet在办公自动化中的应用，具体要求及实训目的如下。

◎ 熟练掌握通过Internet查找资料的方法，总结快速、高效获取网上资料的技巧，以及利用网络来解决工作中遇到问题的方法。

◎ 熟练掌握电子邮件的使用、Outlook邮件收发软件的使用及QQ软件的使用。

◎ 熟练掌握下载网上资源的方法。

◎ 了解网上购物电子商务平台的操作流程。

【实训实施】

1. 网上查询资料。以"文秘""办公外设""办公软件"为主题，上网搜索相关资料和图片等，将其保存到计算机中，并整理成相关的文档资料。

2. 收发电子邮件。使用Outlook给自己的老师发送一封电子邮件，邮件内容为本学期的学习总结，并附上相关作品，然后收取并回复老师的邮件。

3. 相互交流。通过电子邮件和QQ等网上交流方式组织班级开展一个学习讨论组，每个人可将自己的学习心得与作品发布到网上供同学欣赏，并开展讨论。

实训5 办公软硬件的使用

【实训目的】

通过实训掌握文秘办公中常用软硬件的使用，具体要求及实训目的如下。

◎ 熟练掌握使用WinRAR压缩与解压缩的操作。

◎ 熟练掌握使用Nero刻录文件的操作。

◎ 熟练掌握尚书七号的操作。

◎ 熟练掌握打印机的使用操作。

◎ 了解扫描仪的使用操作。

◎ 熟练掌握复印机的使用操作。

◎ 熟练掌握传真机的使用操作。

【实训实施】

1. 获取相关的软件安装程序，下载后进行解压，再进行安装。

2. 将重要的工作和学习文件利用Nero刻录到光盘中。

3. 将制作的某个Word文件利用打印机打印出来。

4. 将现有的文件通过扫描仪扫描到计算机中，并利用尚书七号软件识别其中的文字并整理保存文字。

5. 将前面打印出来的Word文件复印两份。

6. 将复印出来的文件通过传真机传给相关人员。